「マツリゴト」の儀礼学

象徴天皇制と首相儀礼をめぐって

坂本 孝治郎

The Emperor and Prime Ministers : Symbol, Ritual and Performance

Kojiro SAKAMOTO

北樹出版

まえがき

　私は1970年代に学部生活・大学院生活を送ったが、岡義達先生による学部・大学院での両政治学演習ほかを通じて、社会（政治）人類学的な戦略・利得論、王権論それに通過儀礼・役割顛倒（叛乱）論、社会心理学的な象徴的リーダー論と存在証明論—集合的な〈identity 探し〉、社会学的な相互儀礼・演技論、文化哲学的な言語象徴論・道化論、といった関連の文献や論文を読んでその思考（志向）に影響をうけてきた。

　なるほど、「昭和の終焉」に結果的にシンクロして1988年・1989年に刊行した『象徴天皇がやって来る—戦後巡幸・国民体育大会・護国神社』（平凡社）・『象徴天皇制へのパフォーマンス—昭和期の天皇行幸の変遷』（山川出版社）には、そうした参照枠組みやレトリック（用語）の痕跡がいくつものぞいている。

　爾来、「政治とドラマ（イベント）」、「政治と言語（象徴）」、「政治と儀礼」、「政治と時間」といった関係視座（テーマ、知的磁石）を優先選択してきており、とりわけここ10数年の講義（日本政治過程論）や論文では、そうして摂取した滋味を“隠し味”としてよりもむしろ“アラカルト”ないし“メイン・ディッシュ”として活用・提供し、また旗幟鮮明に語っている。本書のタイトルも迷うことなく「マツリゴトの儀礼学」とした次第である。

　本書に収めた諸論稿は、1983年・出版社小冊子への寄稿を嚆矢として、1990年代に執筆した雑誌原稿等（５本）、および2010年前後に書いた学部紀要論文（３本）からなっている。なんとか工夫して５章編成としてみたが、概して第２章（第１章第３節も含む）と第３章それに第５章には単発の紀要論文を収録している。もっとも、掲載表のいくつかは2018年版にバージョンアップし、適宜説明を追加している。こうした３つの“学術論文の転載”では脚注方式を採択踏襲し、そこに参考文献・論文・記事を繰り込んでいる。「マツリゴト」へのアプローチと題した第１章においては、各節の参考文献等は章末に配置して

ある。第4章には、既述の論稿とは性格の異なる雑誌記事を集成したので、注記や参考文献の記載は割愛している。

　収録論稿の初出情報に関しては、第1章・第4章の短めの文章では各節の末尾に、そして長文の第3章・第5章については章末に掲載し、部分修正の有無等も繰り入れてある。初出の雑誌記事（第4章）においては、編集担当者が新聞写真などを適宜織り込んでくださったが、本書ではあらためて新聞写真を選びなおし、さらには第3章と第5章にも新規にあわせて数葉を掲載した。

　目次をご覧いただき第1章から読みはじめるのをためらわれる方は、まずは第4章を開いて一読されることをおすすめする。

坂本　孝治郎

「マツリゴト」の儀礼学——目次

目　次

まえがき

1　「マツリゴト」へのアプローチ —————————— 1

第1節　ケ・ケガレ・ハレについて　1

1　ハレとケの分節・混交　1

2　二項対立論からの脱却　2

3　再考：ケの意味論、ケガレの機能論　4

4　応用：日本の政治過程スケッチ　6

第2節　「マツリゴト」と「天皇制」　8

1　下から定義するマツリゴト　8

2　「大嘗祭」の構成と儀礼価値　9

3　政治的・宗教的権威としての天皇制構築へ　10

4　GHQと天皇側近とによって誕生した敗戦後象徴天皇制　12

5　象徴天皇制の定着を目指す行事　13

6　「プリンセス」の象徴価値と「開かれた皇室」の価値論争　14

第3節　「政治と時間」研究—ことはじめ　15

はじめに　15

1　時間に関する政治学的な研究　18

2　時間に関する社会（心理）学的な研究　24

2　日本政治の「時間構成」 —————————— 33

はじめに　33

第1節　五月連休と政治儀礼—国会日程とイデオロギー的綱引きを中心として　40

第2節　歴代首相の慰霊・追悼儀礼への出席と靖国参拝のパターン　47

1　広島・長崎市の原爆死没者・犠牲者慰霊式と沖縄全戦没者追悼式　47

2　靖国神社参拝　50

3　全国戦没者追悼式（8月15日）　54

第3節　首相の外国訪問の日程をめぐって　55

1　制度化された「定期的な首脳会議」への首相出席とその開始時期　56

2　「通常国会再開（召集）前」・新年の外国訪問　57

3　「五月連休期の自然休会」を利用した外国訪問　58

第4節　天皇の外国訪問・国内静養等日程が国会日程などに有意に連関したケース　59

1　昭和天皇による戦後初の外国訪問　59

2　1993年「非自民連立政権」の誕生にちなむ事例　59

3　2000年の解散日程のケース　60

4　国会召集日に開会式が行われなかったケース　61

5　新首相の誕生、内閣発足、閣僚交替　61

第5節　通常国会の異例の召集日程をめぐって　62

1　「12月1日召集」の通常国会　62

2　「1月31日召集」の通常国会　63

3　「新年早々召集」の通常国会　66

第6節　中曽根首相の日程戦略—1986年を中心として　66

3　政権交代と首相儀礼—首相の就任儀礼を中心として ——— 74

はじめに　74

第1節　2009年・歴史的な「政権交代」に見る「首相儀礼」の展開　76

1　首相就任に至る「事前儀礼」　76

次期首相への外国要人・駐日大使等の挨拶儀礼／日銀総裁・事務次官等との応接儀礼／支援組織や友好的助言者との会合／自治体首長等の民主党本部への表敬訪問／その他の儀礼

2　首相指名後の「就任儀礼」　78

首相指名直後の「就任挨拶儀礼」／米国での「外交デビュー」／「帰国の記帳」と「就任の記帳」という首相儀礼／天皇との「コミュニオン」

第2節　新首相の「就任儀礼」としての「伊勢神宮参拝」　83

1　佐藤栄作首相初の「伊勢神宮参拝」　84

2　正月に「総理大臣就任の報告参拝」を行った鳩山一郎首相　88

3　敗戦・終戦直後、首相の「新任（御）参拝」としての「伊勢神宮（等）参拝」　89

vii

4 鳩山一郎首相に続く石橋・岸両首相の伊勢神宮参拝　　91
　前首相の儀礼を踏襲した石橋湛山首相／岸信介首相による就任報告参拝と新春参拝・連続の試み
5 就任儀礼参拝のみにとどめた池田勇人首相　　96

第3節　首相・伊勢神宮参拝の様態の変遷（1945〜2018）　101

1 就任参拝・新年参拝の「始動・実践期」（1955〜1960）　101
2 伊勢神宮参拝の「端境期」（1960〜1966）　102
3 新年参拝後・伊勢での記者会見（1967〜2001）　103
4 首相官邸での記者会見、象徴効果の重視（2002〜2012）　104

4 平成期・象徴天皇制の始動と戦後50年の儀礼 ——— 107

第1節　新象徴天皇へのパフォーマンス　107

1 占領終結と「象徴皇太子」の登場　108
2 「大衆天皇制」と昭和天皇の再登場　110
3 1980年代のパフォーマンス　114
4 「平成のプリンセス」と新象徴天皇　118

第2節　「平成」の新皇室と国際親善　121

1 「平成」の象徴天皇と「国際親善」　121
　平成天皇としてのご認識を出発点に—擬似皇太子妃としての紀子さんブーム／初の外国訪問、東南アジア3カ国の意義—“平成流”の新方式で皇室の国際親善を演出／皇太子時代の外国訪問と天皇の“御名代”—“交戦国”からの招待で象徴的第一歩／21世紀の国際秩序に影響される皇室親善外交—注目される訪中、訪韓の演出の成否
2 「平成」の皇太子妃と国際親善の展開　131
　「キャリアウーマン出身」の皇太子妃／皇太子のみた「雅子さんの魅力」／「平成皇室」の新しいスタイル／「天皇外遊」の今後の展開

第3節　象徴天皇と国民の新たな関係を—戦後50年“慰霊の旅”をめぐって　138

1 戦後50年と政局の波瀾　138
2 戦後50年へ向けた皇室・親善外交　140
3 「開かれた皇室」へのバッシング　142

4 「慰霊の旅」日程と効果　144

5 象徴天皇制のアイデンティティ　146

6 “平成流”皇室と国民の関係　149

補　論　天皇・皇太子の外国訪問の概況について　150

5 象徴天皇制の儀礼構造―関係儀礼に見るソフトパワーの動態 ― 157

はじめに　157

第1節　ソフトパワーの「象徴ネットワーク」の構築　161

1 「天皇皇后の三大行幸啓」と「皇太子の八大行啓」　162

2 戦没者・原爆犠牲者等の慰霊儀礼にみる象徴天皇・皇族の連携関係　170

3 「大震災被災地お見舞い」にみる皇室の慰問儀礼　177

第2節　皇居における「対面」と「共食」にみる儀礼秩序　190

1 宮殿における対面儀礼の構造　191

2 宮殿・御所におけるコミュニオンの構成　195

第3節　三権関係者との関係儀礼　199

1 祝賀行事の儀礼構造　199

2 首相の就任・退任の挨拶儀礼　203

3 衆参両院議長の挨拶・報告儀礼　205

4 司法関係者と自治体関係者等の関係儀礼　212

結びに代えて　213

資　料　220

あとがき

索　引

第**1**章

「マツリゴト」へのアプローチ

　本章は３つのコレクションで構成されるが、まずはその導入として、日本政治過程論の初期講義の１回分、すなわち依頼に応じて紹介した民俗学・記号論的な論稿（1983年夏に執筆）を第１節に掲げてみる。第２節には、本章のタイトルに合致した論稿（マツリゴトと天皇制、1996年執筆）を配置、そして、時間論の視座からのアプローチを政治研究に導入・援用することを試みた論文（2007年執筆）を第３節に繰り入れている。３つの作品には25年ほどの時間幅があるが、社会・文化人類学、記号・象徴論、時間・儀礼論、それぞれの時期に影響をうけた痕跡の一端を編成した次第である。

第１節　ケ・ケガレ・ハレについて

1　ハレとケの分節・混交

　日本の民俗学によると、「日本人の生活の秩序」は、ハレとケとを厳然と区別し切り換えるという生活態度によって形成され維持されてきた。とりわけ自然の運行に規制される稲作を中心とする農耕生活は、自然的時間の推移にそって独特のリズムを形成してきた。季節の推移を伴う一年のサイクルはいくつかに明確に分節され、その節々が生産過程の折り目として生産の順調を祈願する

年中行事を構成する。こうした年中行事に服するハレの日は、普段の日常行為とは対照的な様式で、神に対して静かに慎み忌みこもり、心身を清浄に保って神事に従事する改まった日であった。年中行事は農耕の展開にそって基本的には予祝祭・除疫祭・収穫祭からなり、それらは季節の分節構造に応じて農耕生活のリズムを、また村落社会の象徴の秩序を支えていた。

　もとよりハレの日には、年中行事のほかに人生の節目を画する通過儀礼もある。こうした恒例のハレの日とは別に、言わば臨時のハレの日として新築や移転祝い、雨乞い・天気祭り、虫送り、その他旅立ちや旅帰りなどがある。それぞれ単調な常の生活を破る特別な日として、非日常的なハレの感覚や儀礼を伴っている。ハレとケとの対照を際立たせるのは衣服でありまた食物であった。しかし、本来混交し得ないハレとケも、生活条件の向上に伴う欲求の変化や忌み観念の衰退につれて、いつしかその境界も曖昧になり、その混交や混乱は都市生活において著しく進行した。都市生活にあって、「酒の乱用と米の常食化」がハレとケの混交を助長してきたが、今日においては食事に限らず衣服の面でもハレのケ化、ケのハレ化は顕著である。

　もっとも、都市の民俗に明瞭にみられるのは、ハレとケとの混交や混乱という側面だけでなく、個々の生命の安全や精神の安定を脅かす様々なケガレ状況の進行である。

2　二項対立論からの脱却

　ところで近年、民俗学や人類学それに宗教学などの研究者のあいだで、伝統的なハレとケの二項対立観に対する反省や批判が提示され、その捉え直しが盛んに試みられている。

　例えば、伊藤幹治は、「日本人の生活様式がふたつ以上の原理によって構造化されている、という多系原理論の視点」から、公と私、義理と人情、内と外といった概念とともにハレとケの関係論的分析の必要性を提唱した。すなわち、ハレとケとはそれぞれのサブ・カテゴリィとして他方を内在させ、またハレの

世界とケの世界とはそれぞれ他方に転じる契機を内在させている。ハレとケの相互転換的な関係は「イレカワリの原理」に基づく一対の関係として抽象され、日本の社会には似たような一対の関係がいくつも（祭と遊び、神と人、遊びと労働など）認められると指摘した。

　また、波平恵美子は日本人の生活の中に葬式の儀礼にみられるように「日常的な事柄とは異なり、特別な事柄で、しかも神ごととは全く関わり合わない事柄についての観念とそれを表明する一定の様式がある」ことに着目し、清浄性のハレと並んで不浄性のケガレを独立したカテゴリーとしてとらえることを提唱している。すなわち、ケガレの観念はハレの下位観念ではなく、ハレ・ケ・ケガレという観念や認識分類は相互に対立し、しかも三者でワンセットの大きな観念をなす「三項対立・相互補完的な観念」である、と主張している。

　以上の議論を踏まえつつ、ハレ・ケ・ケガレ論の新たな展開を画しその後の準拠枠組みを提供したのは桜井徳太郎である。桜井は三項対立観に疑問を呈し、むしろケを基体とする「ケ・ケガレ・ハレの循環構造」の仮説を提示した。ケの重要性の再認識とその機能の再検討とを提唱する桜井は、ケギ（褻着）、ケシネ（褻稲）、ケ付け、ケ植え、ケ刈りといった一連の民俗語彙を参照しつつ、〈ケ〉を「気、つまり農業生産を可能ならしめるエネルギーの源としての気から出た語」と想定する。すなわち、〈ケ〉とは、穀物、とくに稲の種子に内包され、「稲を成長させたり実らせたりする根源的な霊力」であり、農業社会の日常性は、ケのアニミズム（霊力観）によって構成された農耕作業であった。

　このような日常態のケこそが「民衆生活の正統性的基盤」と主張する桜井は、非日常性の異常態分析に主眼を置いてきた従来の民俗学を批判し、ケの維持＝常民の日常性の把握を志向する。氏の図式によれば、ケの持続にはダイナミックな多量のエネルギーを必要とする以上、「そのエネルギー源の確保ないし補強のためにハレの行事」が設定され、ケが再び充填されることになる。ここでは、ケガレとは、清浄性のハレと対立した観念として把握されるのではなく、ケの活力の減退・機能衰弱、つまりケの枯渇した状態（ケ枯れ）をしめすものと考えられている。こうして、「ケ→ケガレ、ケガレ→ハレ、ハレ→ケの循環」

が止まることなく続けられ、「それによって、人間生活は正常に運転し、人間社会の諸機能が正常回転し、共同体の生存もまた確保される」ということになる。

3 再考：ケの意味論、ケガレの機能論

次に、桜井の仮説に対する修正意見や批判的見解をいくつか紹介してみよう。谷川健一は、桜井の仮説を高く評価しながら、むしろケをマナ（神秘的・超自然的な力）の一種ととらえることによって「穀物に内在するエネルギー」という桜井説を批判する。すなわち、谷川はケを「外側からやってきて稲の種子や食物に付着することで種子や食物に活力を与えるもの、また活力を与えられた食物」とみなしている。それゆえ、ケガレとは、内在的エネルギーの枯渇を意味せず、「外からやってきて物に付着し、物を聖化する霊力（外来魂）」が物から離れることに由来する現象である。こうした離レに際しケを復活する儀式（タフマリ）がハレであり、その結果、再びケが充実してくる。ちなみに、谷川は「あらゆるものに付着する非人格的な超自然の霊力」を意味する琉球の「セジ」が「ケ」と対応する語であることを指摘するが、あるいは概念的にはカリスマやセクティ＊などと連関しているかもしれない。

＊Sekti—spiritual energy, charisma; the dynamic aspect of a deity

（C. Geertz, NAGARA: *The Theatre State in Nineteenth-Century Bali*, 1980, p. 265）

宮田登は、ケとハレを媒介する中間項たるケガレ（ケ枯れ、ケ離レ、ケ涸レ）の概念を前提として、ハレ・ケの軸よりもむしろケガレ・ハレの軸に焦点を据え、ケガレの複雑な構造やケ→ケガレからの回復の問題にアプローチしている。宮田はケ・ケガレを農耕モデルのみで説明することの限界を指摘する。すなわち、一方でケには「食・稲といった農耕民の生活感覚の基本観念で表現される部分」があり、この場合ケガレは「毛枯レからさらにケカチ（飢渇）をも含め

た農耕の危機状況」を説明する言葉となる。他方、ケには「気、生命力、気力といった人間の全存在に関わる部分」がある。ケガレは「気止、絶気といった、血気を失うような生命の危機状況」を説明する抽象概念である。換言すると、「穢れ」と漢字表記されない状態のケガレのその原初的意味は「あくまで気の発生、気の消滅を人の生と死の接点で把握した観念」にあり、「気止ル」という第一次的段階に「ケガラワシイ」とみる第二次段階が副次的に不浄観を付加させてきた。かくして、ケガレは「日常の生命力の衰退を表現する抽象概念」として再解釈され、それは「人間がケの日常的状態を維持できないプロセス」ということになる。そもそも神祭りの趣意は「神を迎え、ケガレを回復すること」にあり、またケの維持、つまり「気を強化することによって、気の弱体を防禦すること」にあった。ハレはケガレを祓い再びケに回復するための時間・空間であり、それは儀礼文化として成立する。

　こうした視点は、農村民俗に留まらず都市民俗の心意現象の分析に資するものである。宮田の指摘によると、都市にはケガレが堆積しており、そのケガレ状況にちなむ不安を除去しようとする思考が都市の心意を彩り、そこに都市民俗に顕著なハレ文化を成立せしめてきた。すなわち、衝動殺人や通り魔などの都市型犯罪や都市における自殺の名所の成立が都市の民俗空間と密接に連関し、そして都市生活の不安感が様々な都市民俗を形成している、とする都市民俗学への一視座が呈示される。

　向井英明は、ケ・ケガレ・ハレ論の引照基準となっている桜井の議論に対し、それが三項関係をエネルギーで説明していることに疑問を呈し、むしろエントロピーという用語を採用する。そして、記号論の成果を援用して三項関係の再検討を提唱する。エントロピーとは、利用可能なエネルギーが利用不可能な形態に変化してゆく、また秩序化されたものが無秩序化されたものへと変化してゆく度合いを測る目安である。向井の説明によると「共同体のシステムの秩序をケとすれば、エントロピーはケガレということになる。エントロピーは時間とともに増大するので、システムの作動効率は低下し危機におちいる。そこで、このエントロピーをなんらかのかたちでシステムの外へ廃棄する必要がおこる、

これに対応する過程をハレとすればいい」。こうして、生命体も共同体もその
ケの維持に関しては、「エントロピーを廃棄処理する自己更新の能力」に依存
する。さらに、向井は言語学の欠如的対立（privative opposition）という概念を
援用して、「日常性と非日常性」や「ケとケガレ・ハレ」の相補的な対関係の
分析を試みている。すなわち、それらが、「対立項の一方が或る標識の存在に
よって（有標項、marked）、他方がその標識の欠如によって（無標項、un-
marked）、特徴づけられるような対立項間の関係」であると想定し、非日常性
という有標項のなかで、エントロピー処理にかかわるハレはもとよりとして、
エントロピーの増大（混沌化、無秩序化、異常化）というケガレ記号の重要性を
強調する。ケガレ記号は三項関係の構造において「ケの中断とハレの誘発とい
う二重機能」を担っている。つまり、この「有標性記号による異化作用」によ
って、ケ・ケガレ・ハレの構造は機能していく。

　こうした「ケガレの記号（有標）化」への着目は、「都市民俗がケガレを基
準に再構成される志向をもっている」という宮田の示唆と並んで、都市民俗学
に重要な視点を提供するものであろう。

4　応用：日本の政治過程スケッチ

　以上、概略紹介してきたもののほかに、参照すべき重要な論文がいくつかあ
る。紙数の関係上その紹介はさし控えるが、祭式過程や祭りの構造という文脈
でケ・ケガレ・ハレ論を再構成して展開しているものとして、薗田稔と真野俊
和の論稿が参考になろう。また、桜井と薗田の論を引照しつつ、主体や共同体
の記号活動過程の重層性に着目し、ケ・ケ枯レ・ハレを記号の秩序性たる象徴
機能の文脈で再解釈しようとした中沢新一の論文も注目に値する。中沢は、「侵
犯的な事件によって攪乱されたケの機能を回復させ、衰弱した象徴機能を更新
するために、伝統的共同体が保持してきた装置」が伝説と祭りであるとみなし
ている。

　さて、ケ・ケカレ（ケガレ）・ハレ論を日本の政治過程の観察に応用してみ

ると、案外おもしろいのではなかろうか。普段、日常のケの政治は、その過程においてケカレ＝ケガレをまたエントロピーの増大を、招来せずにはいない。とりわけ権力闘争や利益政治にはケガレがつきまとう。それゆえ、そうしたケカレを回復しケガレを祓う、言わばハレの政治過程が、たとえ擬装的ではあれ、時折演出される必要がある。例えば、議会制民主政において、選挙は、政治システムの作用を再点検し正統化するハレの制度的機会である。それは象徴的には、政治家や国家が言わばデモクラシーの神々をたてまつる儀礼でもあり、そのマツリで儀式的にも呪誦され誓約されたことを、ともかく忠実に実行してみせることがマツリゴト（ケの政治）ということになろう。また、内起的ないし外来的な事件の侵犯によって、政治的な腐敗やスキャンダルがケガレとして有標化され記号化されるとき、エントロピーの廃棄処理や「祓へ」による浄化・更新が追求されよう。それは、ときに有標記号の告発・追放の試みとなり、提燈行列というハレの儀礼文化や判決に対するハレの待望を醸成する。あるいは「強行採決」による国会の「異常化」や権力闘争をめぐる政党内の混乱は、ケガレ＝ハレの政治過程を露出する。こうした異常化→正常化、乱→治といった混乱とその収拾劇の見世物を前にして、往々にして発せられるのが、ケの政治過程や生活過程を担っているのは官僚と庶民（ないし経済人）である、という呟きである。

　ところで、高等政治（high politics）や利益政治に対置されるライブリー・ポリティックス（lively politics）は、その名の通りケの生活過程に政治の正統性基盤を置く政治ということになろう。ここに日本の政治文化において、ケの象徴的秩序を再構成する視座を見いだすことも可能であろう。

　　〈本節初出〉「ケ・ケガレ・ハレについて」『創文』創文社、1983年10月号、No.237、20-24頁／一部、
　　漢数字を算用数字に変換。および、小見出しを新たに付した。

第2節 「マツリゴト」と「天皇制」

1 下から定義するマツリゴト

　前近代の政治観について平石直昭（東京大学社会科学研究科教授、当時）は、中国の影響をうけた教化としての政治＝「儒教的政治観」と、権力支配としての政治＝「法家的政治観」、そして、日本独特の政治観ともいえる上代日本の天皇制にまつわる〈奉仕としての政事〉、中世日本の鎌倉幕府権力のよって立つ政治原理である〈裁判としての政治〉、といった４類型を抽出している。

　〈奉仕としての政事〉に着目してみると、「政事」という言葉の由来は「奉仕事（マツリゴト）」であり、より古くは「献上事」であるとされる。本居宣長によれば、天下の政とは、天下の臣・連と八十伴緒（百寮）が天皇の大命をうけたまわって、それぞれの職務にあって奉仕することである。

　また天皇が神に奉仕することもマツリゴトである。天皇が天神・地祇に対して行う奉仕が「祭祀」、臣下が天皇に対して行う奉仕が「政事」で、マツリゴトは上級者に対する下位者の奉仕という構造を有している。

　かくして、天皇は神の世界と人の世界とに介在して、両者を仲介する（とりもつ）役割機能を果たしている。臣下から仕えまつられる天皇は、神をまつるなかで神意を受信し、それを人々に発信伝達する「ミコトモチ」である。そして天皇の大命をうけてそれを順次伝達、執行してゆく役人も天皇のミコトモチということになる。天皇＝ミコトモチが制度化される以前には、母系制にあって縁者たる姉、おば、妻などの女性が、第一次的なミコトモチの機能を果たしていたことが推測される。

　天皇が祭祀の主体となれば、神への奉仕に関与する氏族（忌部、中臣ら）と、天皇への政事的奉仕をもっぱらとする氏族（大伴、物部ら）との役割分化が生まれ、律令制のなかに神祇官と太政官が制度化されてゆく。ちなみに、正統性の源泉としての君主と実質上の最高決定機関を制度的に明確に分離し、「太政」

にあたる官を天皇と各省（宮内省、大蔵省など8省）とのあいだに介在させた大和朝廷に例証されるように、日本の天皇制は、各省を直属の諮問機関として単独統治のシステムをとった中国の皇帝や、西欧の絶対君主制とは大きく異なっている。

ミコトモチとしての天皇は、通常、正統性の源泉として鎮座しつつ、ミコト（神意、御言）の具体的執行を臣下に任せ（事依サシ）、臣下による租税徴収や軍事遠征の成果報告（覆奏・カヘリコトマヲス）を宮中で聴取する（キコシメス）ことによって、天下を治めている（治天下＝アメノシタシロシメス）。もっとも、天皇は、例外的な危機や対外戦争に際しては、天照大御神の傘下共同体（葦原中ツ国）を守るべく、祖神への奉仕として政治の現場に身をさらし、政治的行為者として立ち現れる。

天皇に対する奉仕としての政治的服従は、天皇の側に畏怖すべき威徳・勢威（イキホヒ）が備わっていることが必要であり、それを背景として「現人神」と見立てられる。このような奉仕＝服従関係には呪術宗教的な神聖観が内面的に介在している。

平石の分析に影響を与えている丸山眞男によれば、日本では政事が上級者への奉仕の献上事を意味し、中国や西欧とは対照的に下から上への方向で定義されており、天皇と皇祖神との関係も含めて、上から下まで「政事」が同方向的に上昇する型を示している。

そのため、究極的な最高統治者は実在せず、無限に不特定の上級者への遡及があり、政事のサイクルは完了しない。政事が「下から」定義されていることは、決定の所在が臣下へ、またその臣下へと下降してゆく日本型意思決定の特性と連関している。これは、病理的には決定の「無責任体制」を現象させ、そして消極的な機能として、典型的な「独裁体制」の成立を抑止している。

2 「大嘗祭」の構成と儀礼価値

天皇の即位儀礼は「践祚」（神器をうけつぐ剣璽渡御の儀）、「即位式」（天皇が

高御座に上がって践祚のことを百官に宣布し天下に知らせる）、および「大嘗祭」からなっている。稲の刈り上げ祭りでの農耕儀礼の大嘗祭において、新天皇はホノニニギの命すなわち「高天の原直伝の君主」として誕生し、瑞穂の国に降臨する。そしてマツリの中でうけた天照大御神の託宣を守って、自己の任務（マツリゴト）としてミズホの食国を治め、その豊饒を天照大御神に献上し、奉告する。

　大嘗祭において一定の職掌をもって参加する諸氏は、それぞれ自己の職掌への誇りを排他的に体現して、支配共同体への参画＝服属を儀礼的に再現する。その職掌への分化を統合することによって王権の象徴的秩序が再認され、更新される。このようにして、新天皇は「国土と人民にかかわる諸関係の総体を相続」し、支配共同体の正統性を担保する。

　固有天皇制神話にとって重要な儀礼であった大嘗祭も、武家政権のもと、中世の応仁の乱前後から220年間は中絶している。大嘗祭は、徳川5代将軍・綱吉政権下の1687年、東山天皇即位時に再興されたが、再び中断、8代将軍吉宗の積極的働きかけによって1738年に再々興されている。吉宗は1740年に毎年の収穫祭「新嘗祭」の再興（280年間中断）も認め、幕府統制のもとでの朝儀再興が進展する。結局、京都（御所）に封じ込められ、改暦権・元号権・官位授与権という権威に押しとどめられた天皇は、朝儀再興に求心力を復元する活路を見いだし、幕府統制からの脱却・運動のエネルギーを充電し、また放電してゆく。

3　政治的・宗教的権威としての天皇制構築へ

　日本史における二大変革のひとつ、大化の改新は、律令体制の確立によって古代天皇制国家の形態を整えたが、明治維新は日本古代モデルの再編成と洋式モデルの導入によって近代天皇制国家をつくりあげた。京都・畿内の限界的権威圏から天皇と都を幕藩体制支配圏の中心地であった東京へ移して、天皇を日本全土を統べる政治的・宗教的な権威の中心として現前させるために、いろい

ろな作為が施されてゆく。

宮廷儀礼・皇室祭祀の再編復興と近代国家建設の営みは、明治22（1889）年
2月11日（紀元節。神武天皇の即位を祝う祭日）に発布された「皇室典範」と
「大日本帝国憲法」に結実する。この〈1889年体制〉においては、憲法・法
律・命令（勅令、閣令、省令）という国務法の体系と、一般国務から独立して
皇室関係を規定する皇室典範、諸皇室令、付属法令からなる宮務法の体系とが、
厳然と区別されている。皇室典範は、憲法とならぶ最高法と位置づけられ、そ
の内容規定について議会の関与を排除していた。ちなみに、敗戦後の1947年5
月3日、「日本国憲法」と同時に施行された新皇室典範は、日本国憲法の下位
法として議会の議決の制約をうける法律の一つとなっている。

旧皇室典範の第1章では、男系の皇位継承が規定され、第2章践祚即位では
皇嗣による神器の継承、即位礼・大嘗祭を京都で行うこと、一世一元の制が明
記されている。明治天皇の大嘗祭は、明治4（1871）年、皇室制度の不備のなか、
京都でなく東京で執行され、そして日本全国を統治する権威＝権力の正統性を
認知させるため、明治天皇の地方巡幸が演出され、国民の祝祭日が宮中祭祀に
従って制定されてゆく。“神聖天皇・大元帥陛下”イメージの最盛期・1941年
に続いて、1996年に再興された祝日「海の日」（7月20日／2003年より移動祝日
化）は、明治9（1876）年の東北・北海道巡幸の帰途、明治天皇が横浜港に到
着した記念日にちなむものである。

〈1947年体制〉の新皇室典範では、皇位継承については、皇嗣の即位（第4
条）と即位の礼執行（第24条）のみが淡々と規定されているのみで、旧皇室典
範にあった「神器・元号・大嘗祭」に関する規定が欠落している。

大日本帝国憲法は「第1章天皇」において、「大日本帝国ハ萬世一系ノ天皇
之ヲ統治ス」（第1条）、「天皇ハ神聖ニシテ侵スヘカラス」（第3条）、「天皇ハ
国ノ元首ニシテ統治権ヲ総攬シ此ノ憲法ノ條規ニ依リ之ヲ行フ」（第4条）、「天
皇ハ帝国議会ノ協賛ヲ以テ立法権ヲ行フ」（第5条）、「天皇ハ陸海軍ヲ統帥ス」
（第11条）、「天皇ハ戦ヲ宣シ和ヲ講シ及諸般ノ條約ヲ締結ス」（第13条）、と規定
している。そして第2章（第18条〜32条）に「臣民権利義務」を置いている。

明治維新後天皇制は、軍人勅諭（明治15（1882）年）や教育勅語（明治23（1890）年）に増幅されて、憲法を超越する大権主義的な神聖天皇観と、他方で天皇機関説に代表されるような、憲法によって統治権を行使する制限君主観とに分岐した。前者は国民大衆向けの「顕教」として肥大化、昭和期の軍国主義の精神的基盤となっていった。

4　GHQと天皇側近とによって誕生した敗戦後象徴天皇制

　敗戦後天皇制は、昭和天皇が「日本の民主主義」の理念として評価する、明治天皇の「五箇條の誓文」を冒頭に引用、そして神話的な現御神観（あきつみかみ）を否定した昭和21（1946）年年頭の詔書を前口上として、米国の対日占領政策の演出のもと、象徴天皇制として立ち現れる。日本国憲法は、結果的に1946年11月３日に公布された。この日は明治天皇の偉業を称えて昭和２（1927）年に制定された明治節（明治天皇誕生日）だった。そして半年後の1947年５月３日、極東国際軍事裁判（東京裁判）の開廷１周年に施行される、という意味深長な政治的力学の痕跡をとどめて、占領下・戦後日本にあって新たな象徴体系を構成することになった。

　大日本帝国憲法の改正手続きにのっとって制定された日本国憲法は、帝国憲法と同じく第１章に「天皇」を配置することで、米国主導の"占領憲法"という色彩を希釈してみせた。しかし、帝国憲法の「臣民権利義務」とは異質の、「戦争の放棄」を宣言する規定（第９条）のみが第２章に掲げられ、そこには連合国・占領軍の明確な政治的意思が露呈している。

　換言すると、象徴天皇制は、国家神道と陸海軍を解体、神聖天皇観を廃して日本の民主化と非軍事化を達成せんとする米国の対日占領政策と、その意向をうけた日本政府・天皇（側近）による天皇制延命策との複合的所産であり、戦争放棄・戦力不保持・交戦権否認を明記した「第９条」とセットになって、敗戦後日本に導入された制度である。象徴天皇には、軍隊の統率者、それに国教の擁護者たる地位を保持する西欧の君主（例えば英国および北欧３国）とは異な

るプレゼンスが期待されている。

　日本国憲法において、天皇の基本的地位は、第1条の規定する「主権の存す
る日本国民の総意に基く」、「日本国・日本国民統合の象徴」として、第6条
（内閣総理大臣、最高裁長官の任命）と第7条（内閣の助言と承認により国会召集、
衆議院解散、栄典授与、外国大公使の接受など10項目）に掲げられた「国事に関
する行為」のみを行い、「国政に関する権能を有しない」（第4条）地位へと相
対化された。

5　象徴天皇制の定着を目指す行事

　君主主権から国民主権へ、「神聖天皇」から「人間天皇」へという劇的変身
のドラマは、「年頭の詔書」に示された「相互ノ信頼ト敬愛トニ依リテ結バレ」
る紐帯を再認、また「当面ノ困苦克服、産業及文運振興ノ為ニ勇往セン」がた
めに、昭和天皇の側からする国民への積極的アクセスの試み、"戦後地方巡幸"
の興行として、とりわけ1946年から47年にわたって精力的に上演された。
「神聖天皇・大元帥陛下」という天皇イメージを管理するためにか、元首天皇
制では、天皇は隔絶した存在として帝国臣民の前に立ち現れ、皇后を随伴して
みせることは希有であった。象徴天皇制の画期的特徴の一つは、天皇・皇后が
揃って日本国民の前に姿を現し、身体・言語表現を介して国民と相互作用する
ことにある。

　最初の事例は、1946年11月3日、宮城前広場で催された日本国憲法公布記
念・祝賀都民大会で、次の劇的な機会は日本国憲法施行の翌日、5月4日、明
治神宮外苑競技場で開催された新憲法施行記念・第1回都民体育大会である。
このとき昭和天皇は、良子皇后のみでなく明仁皇太子も含めた「天皇一家」を
伴って現れている。皇后をほとんど随伴しなかった戦後巡幸に代えて、春の全
国植樹祭や秋の国民体育大会が「天皇・皇后がお揃いでやって来る」イベント
として、また「国民統合」の表現舞台として制度化される所以である。

6 「プリンセス」の象徴価値と「開かれた皇室」の価値論争

　象徴天皇制が大衆天皇制として展開されることになれば、関心の焦点はプリンセスに集中する（ミッチー・ブーム、紀子さん・雅子さんブーム）。男系世襲天皇制が大衆化すれば、プリンセス上位皇太子制とならざるをえない。つまり象徴天皇制は、30年の世代交代周期ごとに「魅力的なプリンセス」を獲得し、親王を登場させなければ、その活力を失う運命にある。「女帝」の存在回路を開くかどうか、皇室典範の改正が着目されよう。

　また、あいつぐスキャンダルで失墜した「英国王室」を反面教師として、「開かれた皇室」路線の自己修正、ないし同論の再構築の必要性と、その牽制・撤収の要請とが拮抗している。前者については、開明的な皇室像を結んで、福祉、環境などのある種の人類的な普遍価値への接近が期待されている。すなわち、「触れてほしい、触れてみたい」といった大衆的求愛（愛憎）願望によって皇室の象徴価値が逓減・消耗する傾性を抑止し、適切な関係距離・関係様式の新たな制度化を模索する方向である。他方、開かれた皇室論の牽制、その路線からの撤収を求める側にあっては、固有天皇制の想起、すなわち「民の安寧と世界の平和」をもっぱら祈願する「天皇本位」の象徴天皇制の磁場の強化を求めている。それは、"皇室バッシング"の背景に透けて見えるように、天皇に対して固有天皇制儀礼・皇室祭祀の「厳修」をあらためて要望するのみでなく、皇族に対しては大衆的価値との疎隔、その禁欲を要請している。

　翻ってみるに、女帝の存在回路をめぐっては、近代的・憲法的価値に準拠、ないし親王の希少化・不在という現実に由来する必要論のみでなく、古代律令制国家以前に存した、「詔命伝達」としての象徴機能を担っていた宮廷シャーマン（高巫）への遡及という側面もある。ここに、大衆的欲求・価値の媒介者としてのプリンセスのイメージと、神々の詔命の媒介者としての后（キサキ）の表象との綱引きが象徴空間で展開されていることが了解され、その要として、あらためて天皇の役割機能が着目されることになろう。

〈本節初出〉「天皇制─「マツリゴト」と「天皇制」」『AERA Mook 政治学がわかる。』朝日新聞社、1996年12月、89-92頁（『AERA MOOK 新版 政治学がわかる。』2003年3月、134-138頁）。／概して漢数字を算用数字に変換、それに小見出しを一部修正・追加した。

第3節 「政治と時間」研究─ことはじめ

■ はじめに

　2007年7月29日の参議院選挙において、安倍晋三首相は閣僚のあいつぐ不祥事や年金問題・社会保険庁の失態を背景に、1989年のそれに匹敵する「歴史的大敗」を喫したが、なんと開票速報の段階から「続投」を表明し、「辞任」の観測（画策・要求）に抗して延命を図った。察するに、「政権についてまだ1年も経っていない／衆院選でなく参院選の結果で首相が辞任する必要はない」という心理的・政治的な合理化がなされたようである。安倍首相は、8月上旬に召集された短期の臨時国会では野党多数となった参議院の構成を決めるにとどめ、11月1日に期限切れを迎えるテロ対策特別措置法の更新を保障するために連続した長期の会期日程をあらかじめ確保する、といった国会日程戦略をとらなかった。

　安倍首相は酷暑のなか8月下旬に所定のインド等訪問をこなしたあと、延命のため内閣改造・党三役人事を行い、さらに9月上旬にはAPEC出席のため豪州に出かけ、インド洋上での給油継続に「職を賭す」と記者団に語って9月10日早朝に帰国した。そして、この日に召集された臨時国会の冒頭で所信表明演説を披露し、これをうけて12日に各党代表質問が行われることになっていた。しかし、安倍首相は、異例にも直前にそれをキャンセルして官邸で記者会見、民主党の小沢代表との会談が実現しなかったことにも触れ、正式に辞任を表明した。この辞任表明の「タイミング」の唐突・不可解・非常識さは、その記者会見において安倍首相が「体調の変調・限界」になんら言及しなかったゆえに、「無責任・前代未聞」といった厳しい批判を惹起することになった[1]。

かくして、自民党総裁選の日程が急遽セットされ（9月14日告示、23日投開票）、幹事長・麻生太郎と元官房長官・福田康夫が立候補、後者に党内各派の支持が一気に傾斜して福田新総裁が誕生した。9月25日に衆議院では福田康夫、参議院では小沢一郎が首相に指名された。結局、両院協議が整わなかったため衆議院の議決が優越、ここに福田首相が誕生した。

　自民党執行部は当初、臨時国会開会中の総裁選ゆえに「政治空白」をできるだけ短縮するため9月19日投開票を提案したが、国民に政策を訴える期間をもっと確保すべきと議員総会で強く要求され、4日間だけ延ばすことになった。この予期せぬ自民党総裁選の日程出現で、「9月下旬・定例の」国連総会での首相演説がキャンセルされ、11月1日に期限切れを迎えるテロ特措法に備えた対処日程を狂わすことになった。

　この異例なタイミングでの辞任表明の事例に表出されたテーマは、まさしく「政治と時間」である。一連の論評の背景に透けて見えるのは、「一国の首相たるものは、緊急事態発生などの例外状況はさておき、制度化された議会日程や国際会議日程をスケジュール通りにこなす責任があり、それに向けて体調管理もすべきである」、という想定である。換言すると、政治においては日程の構築・管理・調整や意思決定のタイミングが重要であり、それをこなす技量を練磨することが政治家（側近）に期待されている。トップを目指す政治家は、公衆を魅了する「言葉」への嗅覚に加えて、事柄を予期しそれに対処していく「時間」センス、さらには政治行動が展開される「場」を弁える感覚、これらをあわせ持つに越したことはないであろう。ともあれ、安倍政権は、国政選挙での敗北・危機管理（「政治とカネ」等のスキャンダル）の失敗・首相自身の健康問題、といった3点セットがすべて出揃って自壊したといえる[2]。

1　安倍首相は内閣総辞職の前日、2007年9月24日夕に入院先の病院で記者会見して、辞任を決断したのは自身の健康問題にあり、またその時期が「最悪のタイミング」であったことを認めた。そして、国会や国政に支障をきたしたことも含めて国民に多大な迷惑をかけたと、遅まきながら陳謝した。
2　こうした指摘は、例えば国正武重「崩壊の危機が始まった自民党」『世界』2007年11月号、69-75頁を参照のこと。後に判明したが、最大の理由は健康問題であった。

ちなみに、2007年・英国では、トニー・ブレア首相が地方選挙での労働党後退をうけその1週間後の5月10日、首相を「6月27日に辞任する」と正式に表明した。こうして、6週間にわたる党首・副党首選挙を経て労働党の新党首に選出された財務相のゴードン・ブラウンが、6月27日の「首相質問（Prime Minister's Questions）」を拍手喝采で終えたブレアと入れ替わって首相となる、といったスケジュールが巧みに構築され展開されている。ここでは、その日程構成の紹介は割愛するが、日本の首相交替・党首選出のそれとの比較事例として参照に値しよう[3]。

　筆者は、日本政治がいかなるリズムとテンポを有して展開されているか、換言すれば、通常国会や臨時国会などの議会日程の展開を基軸として、どのように内閣や政党の日程および外交日程が構築されているか、また3年・4年おきの周期性をもつ参院選・統一地方選が介在する場合、どのように国会日程の微調整が行われるか、などに長きにわたって関心を抱いてきた。そして、年間の政治暦と有意に相関して位置している、国民（ないし国家）の祝日や歴史的な正負の記念日などが構成する輻輳した関係にも着目すべきであると考えている。

　そこで、第2章においてあらためて、ときに現実の政治・社会運動や意味空間においてイデオロギー的な綱引きが惹起される、天皇誕生日（→みどりの日→昭和の日）を含む「五月連休期」の動静をクローズアップする。また、歴代首相の平和儀礼式典へのアクセス・パターンや靖国神社への参拝状況にも言及する。あわせて、在位50年、60年その他の天皇関連の日程がどのように日本の政治・議会日程に影響しているか、そして戦後30年・40年・50年・60年といった節目において、どのような象徴政治が拮抗して展開され、政治儀礼が演出されてきたか、その一端にも触れていく。

　以下、次章で「日本政治の時間構成」に言及する前に、本節では「政治と時間」研究のことはじめとして、これまでの研究から参照すべき先行研究を試み

3　詳しくは、拙稿「「政治と時間」研究：ことはじめ」第3章（2007年・英国首相交替の日程構成）を参照されたい。『学習院大学法学会雑誌』43巻2号（2008年3月）所収。

にいくつか紹介してみよう。もっとも、ここでは多岐にわたる時間研究のなかで、主として政治学的（人類学的）なアプローチと社会（心理）学的なアプローチによる近年の研究に限定して、参照すべき視座・先行研究を取りあげることにする。

1 時間に関する政治学的な研究

　近年、「政治と言語」というテーマが政治学会でも着目されているが、「政治と時間」に関しては、政治学会として照準が明確に定められていない。かつて永井陽之助は、米国のベトナム戦争の敗北理由に関し、「2年周期」で選挙という時間制約をもつ開かれた民主主義体制[4]と、党大会の定期開催に拘束されない時間的融通性をもつ権威主義体制との対峙に着眼し、1979年に『時間の政治学』を世に問うた[5]。永井によれば、「国際内戦」型の「非対称紛争」としてのベトナム戦争は、軍事的な「能力」の闘争にも増して「意志」の闘争として展開され、それゆえに「意思決定の公開性」いかんと「時間」の闘いという様相が付け加わることになった。すなわち、そこでは政策決定者の「時間パースペクティヴ」の重要性（制約性）、言い換えると「政治的資源としての時間」という問題がみごとにクローズアップされることになった。

　それから約20年後の1998年、International Political Science Review（Vol.10, No.1）が「デモクラシーと時間」を特集し、「政治と時間」研究の視座がさらに大きく深く広がることになった。この特集号にはその編者（Andreas Schedler & Javier Santiso）による「民主政と時間」研究への誘いに続いて4本の論文が掲載されている。

4　例えば、米国の政治家が短期的・周期的な選挙に制約されていることについては、Anthony King, The Vulnerable American Politician, *British Journal of Political Science*, 27, 1997, pp.1-22を参照のこと。

5　この本に収録されている論文、〈政治的資源としての時間—「ベトナム戦争」再考〉の初出は1975年である。

① Juan J. Linz, Democracy's Time Constraints. ② Robert E. Goodin, Keeping Political Time: The Rhythms of Democracy. ③ Thomas E. Patterson, Time and News: The Media's Limitations as an Instrument of Democracy. ④ Philippe G. Schmitter and Javier Santiso, Three Temporal Dimensions to the Consolidation of Democracy.

　編者によれば、時間研究の視座は大きく二つに分けられる。すなわち、未来を展望し過去を振返り現在の観点を考察する「地平・射程（horizons）としての時間」という視座からすれば、現代においてはもはやユートピア的な未来は構想しがたく、また過去も統合の神話として引証・利用しがたく、結局、過去と未来との移行点である現在はますます民主政治の主たる参照点と化している。言わば「果てしなく生起する諸問題」に不断に対処しやりくりするしか術がない。他方、「資源としての時間」という視座は、稀少で更新不能な時間編成（time tables）を通して配分される限定的・測定可能な量としての時間、すなわち、継続期間・テンポ・タイミング・進行順序・周期性などに着目し、そして、民主政における時間資源の特質（制約としての時間）に焦点をあてていくことになる。かくして、政治的時間の研究は、①時間ルール（民主政が直面している制度的な時間制約）の研究、②時間戦略（政治アクターがいろいろな時間制約を操作するやりかた）の研究、③時間言説（政治アクターが時間戦略を正当化・批判するために用いる議論）の研究、④時間の痕跡・影響（準客観的な独立変数としての時間が生み出す諸結果・影響）の研究、などに下位分類される。

　　こうした「資源・制約としての時間」といった編者の視角は、永井陽之助のそれとも呼応しているが、J. リンス（Juan J. Linz）の論文—Democracy's Time Constraints—に更に明確になって結晶している。政治的時間論として大いに準拠に値するこの論文では、権力者が明確な「権限と任期」のルールに制約される民主主義体制と、権力者の肉体生命以外にときに「時間制限」のない権威主義体制、さらには時間制約のない（時間が融解している）革命状況的デモクラシーとの対照性を前提として、概して定期的ないし一定期間内で実施される選挙によって画される「時限的統治（government pro tempore）としての民主

政」のその時間制約について、様々な側面が照射されている。すなわち、どのくらいの頻度で選挙を実施すべきか、政府が説明責任を果たし効率的に機能するまでにはどのくらいの時間が必要か、諸次元（地方・地域・国家・国際）の選挙サイクルをどのように意義づけ調整したらよいか、大統領制下での議会選挙と大統領選挙のその時間配置はどうあるべきなのか、議員・首長に関してその任期（当選回数）制限の導入は民主的意義を有するのか[6]、政府の安定性はどれほど価値があるのか、政治家（それに国民）の時間予算はどのような特質をもっているか、などが的確に論じられている。

　ちなみに、こうした近年の政治学的な時間研究の高まりに日本でいちはやく着目したのは小川有美（2003）[7]であり、歴史政治学の立場から政治史・比較政治における時間の意味を理論化していく試みとして、政治的時間に関する諸考察を紹介しつつ発展的な仮説の構築に乗り出している。小川は既述の International Political Science Review に掲載された J. リンス等の論文を参照して、まず多様な政治決定システムを次の３つに配列している。①意見の多元性を抑圧し決定にかかる時間を論理的にはゼロに近づけられる「独裁」、② pro tempore な代表制を通じてルーティンの時間枠で決定する民主体制、③参加者・議題が自由に開かれた時間制限なき（ある種の）直接民主主義。次に、時間に関する客観的な量的アプローチに加えて質的なアプローチ（アクターによる時間認識・表現）も必要であることに鑑み、時間は客観的・制約的に存在するだけでなく、社会的・政治的に（再）構成されるものとして考察すべきことを特筆している。以上を前置きとして、小川はさらに政治史的事例を実際に（再）理解・説明する分析枠組みとして、「政治的時間の遠近法」と「社会的時間の政治化」の２つを提案している。すなわち、第一に「異なる政治的時間を遠近法的に描き分けること、さらにそれらの相互関係を発見すること」、第二に補完

6　米国における「任期」をめぐる議論として例えば、Robert Kurfirst, Term-Limit Logic: Paradigms and Paradoxes, *Polity*, Vol.29 No.1 (Fall 1996), pp.119-140を参照のこと。

7　小川有美「時間の歴史政治学・端書—民主化論・社会運動論・労働時間論から、遠近法的分析へ」『千葉大学法学論集』第18巻第1号、2003年、287-311頁。

的に「社会的時間（社会的に規制される個人の生活時間のパターン／ルール）とその政治化を観察すること」を提案し、時間の歴史政治学の立場から、事例としてフランス「人民戦線」を取りあげ、その再理解を試みいくつかの知見を披露している。そして、最後にヨーロッパ統治の時間的階層性に注目したエーケングレンの研究[8]などを参照しつつ、従来の国民国家、ヨーロッパ化、グローバル化は単純な垂直関係でなくマルチ・レベルな関係としてあること、公共空間は経済・政治・科学技術・環境問題それぞれの領域の時間軸が食い違う同期・同調性を欠いた時間フレームに置かれていること、に注意を喚起している。

　ともあれ、小川の「民主化論・社会運動論・労働時間論から、遠近法的分析へ」という副題を付された「時間の歴史政治学・端書」という論稿はすぐれて刺激的・示唆的であり、政治史・比較政治からのアプローチに限らず多元的な時間研究を政治学者が協働して推進することが肝要であろう。

　もうひとつ「政治と時間」研究において注目に値する論文として、2006年の武藤祥の論稿[9]がある。武藤は、J. リンスなどの「権威主義体制」概念に依拠した体制類型論にとどまることなく、さらにその内的ダイナミズムに着目・解明した研究を試みる必要があるという問題意識に立って、「政治構造分析とは異なる視点、すなわち権威主義体制に働く時間的メカニズムに着目し」、脆弱に思えるないし正統性を欠いているように見える権威主義体制が、予想に反して長く続くパラドクスを明らかにし、権威主義体制論に新たな地平を切り開かんとしてみせた。なるほど、権威主義と民主主義との境界はむしろ不明確であり、「両者は連続線上に位置づけ・理解しなければならない」という指摘は的を射ている。

　さらに、政治における時間の影響といった問題に精緻な分析を加えたのは

8　Ekengren, *The Time of European Governance*, Manchester University Press, 2002.

9　武藤祥、「「暫定性」と「持続力」―権威主義体制の動態分析に関する一試論」日本国際政治学会編『国際政治』第144号、2006年2月、116-129頁。

10　Pierson, Paul, *Politics in Time: History, Institutions, and Social Analysis*, Princeton University Press, 2004.　粕谷裕子監訳『ポリティクス・イン・タイム』勁草書房、2010年。

P. ピアソン（Paul Pierson, 2004）である[10]。ピアソンは、政治の特異な点として、「曖昧さがつきまとうこと、きわめて粘りのある制度が普及すること、集合的行為問題が顕著であること、権力の非対称性を増幅するために政策権威を活用する見込みのあること」などを指摘している。彼の知見では、政策や制度を構想する人々は、政治の支配権がやがて移っていく可能性を見込んで、自分たちが導入した制度がひっくり返されにくいようなルールをあらかじめ仕込んでおき、後継者を拘束するきらいがあるという。また、政治アクターは将来の選択肢のメニューからいくつかあらかじめ除外することで、政治的不確定性に備え次善の策でしのごうとする、といった制約を自らに課すことが多い。換言すると、制度のデザイナーは、自分たちと他の人々を制約すべく粘り気のある制度を仕込み、それによって不確定性を減じかつ安定性を増やし、そうでなければおよそ不可能な協力・交換の形態を促進していく。

　かくして、初期の有意な政策選択によって、ある特定の政策による利益が増幅され（positive feedback）、時間の経過とともにその政策の変更は困難になる。政治制度に現状維持のバイアスが仕組まれているとなれば、集合的行動からする競争メカニズムの弱さや政治特有の短期的な時間射程とあいまって、政治発展における「経路依存」の傾性はとりわけ強いことになる。経路依存性の強調は、社会的な出来事ないしプロセスが展開される時間的順序（sequence）の重要性を指し示すことになる。ある初期の出来事ないしプロセスがある特定の結果を生み出し、そうした所産がそのあとずっと再生産される（オリジナルなそれが再起しなくとも）。政治には、経済とは異なり、変化抗体（change resistant）が作用しており、変化は概して長期的な過程で進むことになる。

　もとより、政治的変化の実現には歴史的過去を想起しつつ重要な節目やタイミングをとらえることが肝要であるが、第一次安倍政権の樹立を担った「戦後レジームからの脱却運動」には、周知のごとく「戦後制度の現状維持志向バイアス」が立ちはだかることになった。敗戦後の占領改革・民主化の時間的影響に対抗して、それに先行する時間体制・明治維新の歴史神話への依存ないし回帰運動が継起的に繰り返される所以であろう。言わば戦後制度の下層には維新

後制度が滑り込んでおり、ときに時間層が擦れ合って維新後バネによる隆起が間歇的に現れる、といった牽制構造が継続しているともいえよう。「(昭和)天皇誕生日→みどりの日」が「昭和の日」に立ち退きを迫られた近年の事例にも、現在と歴史との拮抗が透けて見える。ここでは小川有美の知見にちなみ「遠近法的分析」が必要であり、その典型的な練習問題の解き方を「五月連休と政治儀礼」として第2章で試みたい。

　翻ってみるに、上記の特集号・「民主政と時間」に先行すること6年、1992年には注目に値する『時間の政治学』[11]という論文集が編纂されている。編者 Henry J. Rutz の序文（The Idea of a Politics of Time）によれば、この論文集を統合するアイデアは「時間は権力関係の客体である」と概括しているが、寄稿者はそれぞれ異なった客体化（時間のテクノロジー）の形態に関心があり、とりわけ時間を概念や資源として具体化する権力の争いに関心を有する研究者たちである。時間の政治学の観点からみれば、時計・暦・スケジュール・規範的コード（例えば、"when", "how long", "before and after"）などは、時間の概念化や意義が客体化されるある種の方策であり、かくして権力関係によってコントロールされやすい類の便法ということになる。強調点の差異はあれ、具体的なフィールドワークを背景とした各論文で繰り返される主題は、時間のコントロールが権力の行使にどれほど必須であるか、ということである。すなわち、この論文集では社会生活における時間と権力の問題をめぐって、他者の時間を取り込む、ある支配的な時間を制度化する、時間を統制することで権力を正統化する、といったテーマが取りあげられている。そこでは、基層をなす「持続と継起（duration and sequence）」によって構築された特定の文化的構成に応じて時間の様相は異なっている、それに時間の象りは社会的権力をめぐる闘争のなかで形成される、といった見方が採用されている。権力は必ずや時間の統制に

---

11 Henry J. Rutz (ed.), *The Politics of Time*, American Ethnological Society Monograph Series, No.4.

"関心を寄せる" ものであるが、もとより権力と時間の関係は特定の文化的・歴史的条件に依存している。参考に以下、寄稿論文のタイトルを列挙する。

① Robert Rotenberg, The Power to Time and the Time to Power. ② Katherine Verdery, The "Etatization" of Time in Ceausescu's Romania. ③ H. J. Rutz and Erol M. Balkan, Never on Sunday: Time-discipline and Fijian Nationalism. ④ Anne M. Lovell, Seizing the Moment: Power, Contingency, and Temporality in Street Life. ⑤ Bonnie Urciuoli, Time, Talk, and Class: New York Puerto Ricans as Temporal and Linguistic Others. ⑥ Kostas Gounis, Temporality and the Domestication of Homelessness. ⑦ Robert Paine, Jewish Ontologies of Time and Political Legitimation in Israel. ⑧ John R. Bowen, Centralizing Agricultural Time: A Case from South Sulawaesi.

2 時間に関する社会（心理）学的な研究

ここでは、「政治と時間」研究に資する2つの著書を紹介するにとどめる。

(1) John Hassard (ed.), *The Sociology of Time*, The Macmillan Press, 1990.

本書は、1980年代に盛んになった時間の社会学研究を背景として、時間の社会学的研究を規定する多くの概念・テーマ・イッシューへの案内を初心者に提供すべく、「時間の概念、社会的時間、資本主義（の時間）、労働と組織、文化と（時間）視座」といった5つのパートに分けて、それまでの主要な関連論文を編纂・収録したものである。

編者の書いた序文（時間の社会学的研究）によれば、É. デュルケームが『宗教的生活の原初的形態』で先鞭をつけたものの、社会における時間的問題を調査する研究者はそれほど多くなく、時間は近代の社会学的分析にあっては「見失われた」変数である。換言すると、時間は、説明変数としては除外されるか、ないし事後的な正当化のためにのみ導入されてきた。編者はこうした状況をなんとか打開すべく、時間を研究する社会学者に有用な枠組みと視座の紹介を試

みている。

　まず、時間の社会学に貢献したランドマークとして、Émile Durkheim（質的な時間）、Pitirim Sorokin（文化、リズム、意味）、George Gurvitch（多様な時間次元）、Wilbert Moore（時計時間と機能主義）の４人の論稿を取りあげている。そして、社会理論における典型的な競合する時間イメージとして、「社会的時間と時計的時間」、「循環する時間と線形的時間（時間のメタファー）」に言及したあと、社会的時間の研究枠組みの類型化を試みている。①社会的要因としての時間（→時間は社会的相互作用に、資源としてまた社会的意味として、影響を及ぼしている）、②因果的な環・リンクとしての時間（例えば→コンテキストとしての時間という考えの中では、空間と時間は出来事が意味を帯びる背景を形成する）、③量的尺度としての時間（→あるイベントが生起する時間・期間の長さが、概してその構造的帰結を決定する可能性がある）、④質的尺度としての時間（→変化過程の累積的影響は、質的に異なったシステム関係と新しい社会構造とのセットである）。以上、1980年代までの社会学的な時間研究の到達点を概観するには非常に役立つであろう[12]。

　上記の論集に先んじて、すでに日本では80年代の初頭に注目すべき真木悠介の『時間の比較社会学』（1981）が刊行されている。ともあれ、時間研究の拡充・深化は、前述の『時間の政治学』が刊行された1992年に、Barbara Adam[13]などによって『TIME & SOCIETY』誌が発刊されたことに象徴され、また1994年には『時間の百科事典』（Samuel L. Macey, Encyclopedia of Time, Gar-

---

12　これに加えて、次の特集号も参照されたい。Gilles Pronovost, The Sociology of Time. *Current Sociology*, Vol.37 No.3, Winter 1989. この時間の社会学のトレンド・レポートでは、第１章で社会学的な時間研究の歴史的ランドマークとして、デュルケーム学派、G. H. ミード、P. A. Sorokin、G. Gurvitch の業績が特筆され、以下、近代社会における社会的時間の変容、社会的時間の多様性—制度の役割、時間と社会集団、時間の計測と管理、結び、といった章立てになっている。参考文献・論文リストがとても充実している。

13　ちなみに、B. Adam には下記のような著書がある。*Time and Social Theory*, Cambridge: Polity, 1990./*Timewatch: The Social Analysisi of Time*, Cambridge: Polity, 1995./*Timescapes of Modernity: The Environment and Invisible Hazards*, London: Routledge, 1998./*Time*, Cambridge: Polity, 2004.

land Pub.）が出版されている。年３回ほど刊行されている『TIME & SOCI-ETY』には、時間の理論的探求・整理にもまして、フィールドワークを背景とした産業・都市社会の時間、通勤・労働・家事の時間、医療関係者の時間、教育の時間、などといった幅広い具体的事象を扱った論稿が掲載されている。もとより、例えば東西ドイツ統一（２つの時間システムの非融合）にちなむアイデンティティ問題、といった正しく「政治と時間」というテーマを扱った論文も散見される[14]。

(2) Robert Levine, *A Geography of Time*, Basic Books, 1997.

R. レバインは、量的・客観的に刻まれる「時計時間」と質的・主観的に感得される「出来事時間」との対照性を参照基準として、様々な社会での歩く速度や単純な窓口業務の処理時間などを計測・比較しつつ、ある種の「時間の地理学」を社会心理学的な立場から試みている。「効率重視」型の時間管理は、時間がお金に還元される、時間をお金で買う社会として表出する。対照的に時計時間に無頓着で当事者の関係性が時間を決定する、ある意味で恣意的な社会もある。換言すると、他者の行為でなく何事かが熟成・生起するその「ときを待つ文化」も存在する。本書から政治学的な時間論に援用できるのは、第５章（Time and Power: The Rules of the Waiting Game）で展開されている、「待つこと」をめぐる経済的・政治的関係論である。

時間はまずもって最も即物的な指標である金銭に還元され（時給、分・秒単位の請求、買取り）、それゆえ、ウェイティング・ゲームの第１ルール（基本原則）は「時は金なり」となる。以下、経済法則に準じて、第２ルールは「需要と供給の法則が行列（の長さ）を規定する」となり、そして第３に「人々は待っている対象・事物を価値あるものと合理化する」。経済関係の次に、待つことを律するルールとして地位・身分関係が介在してくる。高位・高官、医者・

---

14 本報告との関連で注目すべき例証として、Javier Santiso, The Fall Into the Present: The emergence of limited political temporalities in Latin America, *TIME & SOCIETY*, Vol.7 (1) pp.25-54, 1998.

弁護士に会ってもらうまでには時間がかかる。すなわち、第4に「地位が待つ側（者）を規定する」。重要な人物の時間は高価な商品と同様に保護装置がついているので、その人に会えるのはアポがある場合のみ。地位の高い側は低いものを待たせることができるが、その逆は禁じ手である。そして、第5に「人々が待っていてくれる時間が長い人ほど、地位が相対的に高いということになる」。また、特権階層であれば待たずに前列の席（順番）が買え、代行者を使って待つ時間を節約できる（Money buys a place in front）。また、保釈金を積めるかどうかで、待つ環境すら変わってくる。

　地位とお金の次には、自己と他者の時間を制御できる能力が焦点化される。まさしくウェイティング・ゲームの核心は「Time is power」であり、ここに権力の原理が三重に立ち現れる。①ある人を待たせることは、ひとつの力の行使である、②権力のある人間は他者を待たせる能力・資源を有している、③喜んで（甘んじて）待つということは、この権力を承認し正統化することになる。かくして、「より力を持っている側が待つ人を制御する」ことになる。逆に、待機を可能な限り引き伸ばして対決の場に臨む、ないし遠隔からの攻撃に反応しないで敵側に事態を判読させないようにする、といった「待機戦略」もときに機能する場合がある。

　しかし、待つことはドライな経済・社会関係や露骨な政治的駆け引きに終始するわけではない。ここに、時計時間から出来事時間へと頭を切り替えてゆけば、自分の目標を達成するために必要十分な時間を喜んで使うことも可能である（青春の特権／信念をかけた修行）。これは、時間以外に限られた手段しかない人にとってとりわけ有効なアプローチである。さらには、時は金なりの社会にあって、むしろ自発的な待機は貴い贈与・ささげ物である。「末期ケア」へのつきそいや高位者の葬送儀礼（例えばダイアナ妃）への自主的参加は、言わば時間の無償贈与として自己充足的また連帯的な時間のかたちになりうる。

　もとより、待つことに割かれる時間は、経済・身分・権力関係として客体化されるだけでなく、主観的な自由自在な関係にも開かれている。「待つわ、いつまでも待つわ」という情念の世界も看過しがたい。詳細な哲学的機微につい

ては、鷲田清一著・『「待つ」ということ』（角川選書、2006年）を参照されたい。

　ところで、自民党における「郵政造反議員」の復党問題は、執行部による時機選択の問題に縮減されかねないようにも見えるが、その対象となる側からの待機戦略もそこに働いていた。また、ときに総裁選への出馬待機（見送り）が時間をおいて功を奏することもあろう。「未熟な」安倍政権の誕生とその挫折は、総裁・首相になるまでの習熟・待機時間の短さも影響していたかもしれない。ちなみに、1980年代の末までは「10回当選、党三役・主要大臣の経験」が自民党総裁の時間条件となっていた。また、閣僚起用は間違いないと目され、議員会館に待機していたのに、呼び出しの電話が結局かかってこなかったとなれば、権力者への怨念は深いものがあろう。

　さて、「ことはじめ」と題した論稿の主たる目的は、こうした先行研究を参照しつつ、個々の政治体制がどのような議会・政党・政府・選挙関連の日程を構築し制度化しているか、また祝祭日や歴史的記念日がどのように選択され配置されているか等の基本情報、すなわち「政治体制の時間構成」を整理し比較政治学的な知見を拡充する、その研究ネットワーク構築をアピールすることにあり、様々な専門分野をもつ政治学者が、「政治と時間」に関する研究に多角的に参入されることを願っている。そこで自らの研究職責を果たすべく、第2章でもっぱら日本政治を対象として概括的な時間論的スケッチを披露してみたい。

　〈本節初出〉「「政治と時間」研究：ことはじめ」『学習院大学法学会雑誌』43巻2号、2008年3月、145-223頁。概して第3節は初出原稿の第1章を転載している。なおその第2章部分は、本書の第2章に繰り入れ、転載することにした。ちなみに、筆者が代表を務めた「政治と時間」研究会に、サントリー文化財団から研究助成（2006年度、2007年度）を頂戴した。本論文はその成果の一部である。ここにあらためて感謝申し上げる。

《参考文献》
第1節

伊藤幹治「日本文化の構造的理解をめざして」『季刊人類学』第4巻2号、1973年

桜井徳太郎「結衆の原点」鶴見和子・市井三郎編『思想の冒険』筑摩書房、1974年

波平恵美子「日本民間信仰とその構造」『民族学研究』第38巻3・4号、1974年

　　―「通過儀礼における『ハレ』と『ケガレ』の観念分析」『民族学研究』第40巻4号、1976年

　　―「水死体をエビス神として祀る信仰―その意味と解釈」『民族学研究』第42巻4号、1979年

　　―「ハレとケとケガレ」『講座日本の民俗宗教・1』弘文堂、1979年

直江広治「日本人の生活秩序」柳田国男編『日本人』毎日新聞社、1976年

北見俊夫『ことばの風土』三省堂選書、1977年

薗田稔「残響の彼方―神話の宗教学試論」『講座宗教学4』東京大学出版会、1977年

真野俊和「神事と祭事」五来重ほか編『講座日本の民俗宗教・1』弘文堂、1979年

中沢新一「罪と穢れ」五来重ほか編『講座日本の民俗宗教・4』弘文堂、1979年

宮田登『神の民俗誌』岩波新書、1979年

　　―『江戸歳時記』吉川弘文館、1982年

　　―「都市民俗学」『地域開発』1982年10月号

　　―「座談会、都市民族学の可能性」『歴史公論』1983年7月号

谷川健一「『ハレとケ』新考」『毎日新聞』1981年8月10日付夕刊

ジェレミー・リフキン『エントロピーの法則』竹内均訳、祥伝社、1982年

篠原一「ライブリー・ポリティックスとは何か」『現代の理論』190号、1983年

向井英明「記号論と民俗学」『歴史公論』1983年7月号

第2節

大原康男『天皇―その論の変遷と皇室制度』展転社、1988年

坂本孝治郎『象徴天皇制へのパフォーマンス―昭和期の天皇行幸の変遷』山川出版社、1989年

平石直昭「前近代の政治観―日本と中国を中心に」『思想』1990年6月号

吉本隆明・赤坂憲雄『天皇制の基層』作品社、1990年

渡辺治『戦後政治史の中の天皇制』青木書店、1990年

高埜利彦ほか編『講座 前近代の天皇（第2巻）天皇権力の構造と展開―その2』青木書店、1993年

丸山眞男「政事（まつりごと）の構造―政治意識の執拗低音」『現代思想』1994年1月号

坂本多加雄『象徴天皇制度と日本の来歴』都市出版、1995年

中村生雄『折口信夫の戦後天皇論』法蔵館、1995年

武田清子『天皇観の相克―1945年前後』岩波書店、2001年

西郷信綱『古事記研究』未来社、2002年

第3節（＊を付した文献・論文は本節および第2章でも具体的に参照・言及しているもの）

永井陽之助『時間の政治学』中央公論社、1979年＊

真木悠介『時間の比較社会学』岩波書店、1981年

坂本孝治郎「第102回通常国会の審議日程経過―データにみる審査状況」『学習院大学法学部研究年

報・22』1987年、111-226頁＊

坂本孝治郎『象徴天皇制へのパフォーマンス』山川出版社、1989年＊

Pronovost, Gilles, The Sociology of Time, *Current Sociology*, Vol.37 No.3, 1989.

Hassard, John (ed.), *The Sociology of Time*, 1990.＊

Rutz, Henry J. (ed.), *The Politics of Time*, American Ethnological Society Monograph Series, No.4, 1992.＊

Miller, Donald F., Political Time: The problem of timing and chance, *TIME & SOCIETY*, Vol.2(2), 1993, pp.179-197.

Macey, Samuel L., *Encyclopedia of Time*, Garland Pub, 1994.

Stuhr, John J. (1996), Pragmatism, Life, and the Politics of Time. In: *The Study of Time*, Vol.8, ed. J. T. Fraser & M. P. Soulsby. Madison, Conn.: International Universities Press, pp.267-283.

Kurfirst, Robert, Term-Limit Logic: Paradigms and Paradoxes, *Polity*, Vol.29 No.1 (Fall 1996), pp.119-140.

Robert Levine, *A Geography of Time*, Basic Books, 1997.＊

King, Anthony, The Vulnerable American Politician, *British Journal of Political Science*: 27, 1997, pp.1-22.

"Democracy and Time", *International Political Science Review*, Vol.19 No.1, 1998.＊

① A. Schedler & J. Santiso, Democracy and Time: An Invitation

② Juan J. Linz, Democracy's Time Constraints

③ Robert E. Goodin, Keeping Political Time: The Rhythms of Democracy

④ Thomas E. Patterson, Time and News: The Media's Limitations as an Instrument of Democracy

⑤ Philippe. G. Schmitter and Javier Santiso, Three Temporal Dimensions to the Consolidation of Democracy

Javier Santiso, The Fall Into the Present: The emergence of limited political temporalities in Latin America, *TIME & SOCIETY*, Vol.7(1), 1998, pp.25-54.

Ekengren, The Time of European Governance, Manchester University Press, 2002.

Revel, Jacques & Levi, Giovanni, *Political Uses of the Past: The Recent Mediterranean Experience*, Frank Cass, 2002.

Zerubavel, Eviatar, *Time Maps: Collective Memory and the Social Shape of The Past*, University of Chicago Press, 2003.

小川有美「時間の歴史政治学・端書―民主化論・社会運動論・労働時間論から、遠近法的分析へ」『千葉大学法学論集』第18巻第1号、2003年、287-311頁＊

千葉正士『法と時間』信山社、2003年

Pierson, Paul, *Politics in Time: History, Institutions, and Social Analysis*, Princeton University Press, 2004.

Adam, Barbara, *Time*, Cambridge: Polity, 2004.＊

佐藤卓己『八月十五日の神話―終戦記念日のメディア学』ちくま新書、2005年

武藤祥「「暫定性」と「持続力」―権威主義体制の動態分析に関する一試論」日本国際政治学会編

『国際政治』第144号、116-129頁、2006年＊

蒲島郁夫・竹下俊郎・芹川洋一『メディアと政治』有斐閣アルマ、2007年

その他、時間研究関連の参考文献・論文

ジャック・ル・ゴフ「教会の時間と商人の時間」『思想』No.663、1979年9月

向坊隆ほか『東京大学公開講座31時間』東京大学出版会、1980年

木村敏『時間と自己』中公新書、1982年

植田重雄『ヨーロッパ歳時記』岩波新書、1983年

ホール，E. T.『文化としての時間』宇波彰訳、TBSブリタニカ、1983年

ゼルバベル，E.『かくれたリズム—時間の社会学』木田橋美和子訳、サイマル出版会、1984年

相良亨・尾藤正英・秋山慶編集『講座日本思想4　時間』東京大学出版会、1984年

角山栄『時計の社会史』中公新書、1984年

「自民党・社会党代議士、地方議会議員の日常活動」ジュリスト増刊総合特集・第35号『日本の政党』、
　　1984年

アタリ，J.『時間の歴史』蔵持不三也訳、原書房、1986年

ルーマン，N.『社会システムと時間論』土方昭監訳、新泉社、1986年

小原信『日本人の時間意識』三笠書房、1987年（『時間意識の構造』1979年を改題）

リフキン，J.『タイムウォーズ—時間意識の第四の革命』松田銑訳、早川書房、1989年

桂俊夫「衆議院本会議の発言順位と時間」『議会政治研究』No.24、1992年

宮田登『日和見—日本王権論の試み』平凡社選書、1992年

本川達雄『ゾウの時間　ネズミの時間』中公新書、1992年

内山節『時間についての十二章—哲学における時間の問題』岩波書店、1993年

大森荘蔵『時間と存在』青土社、1994年

岡田芳朗『明治改暦・時の文明開化』大修館書店、1994年

オマリー，M.『時計と人間—アメリカの時間の歴史』晶文社、1994年

広井良典『生命と時間—科学・医療・文化の接点』勁草書房、1994年

矢野眞和編著『生活時間の社会学』東京大学出版会、1995年

松田文子・甲村和三・神宮英夫ほか編著『心理的時間—その広くて深いなぞ』北大路書房、1996年

バーバラ，A.『時間と社会理論』伊藤誓・磯山甚一訳、法政大学出版局、1997年

山口和人・廣瀬淳子「欧米四カ国議会の活動期間に関する制度」『議会政治研究』No.46、1998年

今野或男「国会における立法期の認識の変遷」『議会政治研究』No.46、1998年

赤田光男・福田アジオ編『講座日本の民俗学6　時間の民俗学』雄山閣、1998年

佐藤次高・福井憲彦編『ときの地域史』山川出版社、1999年

特集「歴史と記憶」『思想』No.911、2000年5月号

橋本毅彦・栗山茂久編『遅刻の誕生—近代日本における時間意識の形成』三元社、2001年

辻信一『スロー・イズ・ビューティフル—遅さとしての文化』平凡社、2001年

織田一朗『「時」の国際バトル』文春新書、2002年

ヘッシェル，A. J.『シャバット—安息日の現代的意味』森泉弘次訳、教文館、2002年

グリフィス，J.『《まるい時間》を生きる女、《まっすぐな時間》を生きる男』浅倉久志訳、飛鳥新社、

2002年

中山康雄『時間論の構築』勁草書房、2003年

Carrier, Peter, *Holocaust Monuments and National Memory Cultures in France and Germany since 1989*, Berghahn Books, 2005.

米窪明美『明治天皇の一日―皇室システムの伝統と現在』新潮新書、2006年

初出以降の参考文献

ポール・ピアソン『ポリティクス・イン・タイム』粕谷祐子監訳、勁草書房、2010年

藤井貞和『日本語と時間―〈時の文法〉をたどる』岩波新書、2010年

西井涼子編『時間の人類学―情動・自然・社会空間』世界思想社、2011年

鈴木洋仁『「元号」と戦後日本』青土社、2017年

第2章

日本政治の「時間構成」

■ はじめに

　一般にそれなりに安定化している民主主義体制は、制度化した議会日程を中心として内閣・行政官庁・政党の各日程が構成され、内政と外交の日程がそれを参照して組み立てられている。例えば、日本政治の1年間はどのような節目・日程によって分節、構成され展開されているか、その制度化された動態を「歳時記風」に追い綴ってみることは可能である。それを分節的基準とすれば、日本政治の動静情報を収集・整理しやすくなる[1]。この作業を継続することで、政治日程の予測・展望もある程度可能となる。もとより、政治・外交日程の構成には、年間に配置された歴史的記念日や各種の祝休日、すなわち儀礼日程も影響している。ともあれ、こうした複合的な日程情報もまた、「比較政治学の基礎情報」のひとつとして位置づけ、標準化される必要があろう。

　日本政治の年間の展開は、試みに年末の「次年度政府予算案の閣議決定」後の通常国会召集を起点に（但し、1992年から1月召集！）分節してみると、次の

1　日本政治の歳時記については、内田健三『現代日本の保守政治』岩波新書、1989年、181-193頁を参照のこと。

ように舞台転換を見立てることができよう[2]。①年末・年始の自然休会期（常会再開・召集までの時期）、②通常国会の序盤（政府施政方針演説・各党代表質問に次ぐ新年度予算案の国会審議の時期）、③予算成立後の中盤国会（４月から五月連休の時期）、④五月連休明けからの終盤国会（１月召集になって、この期間が長くなった）、⑤常会閉幕後、各省庁人事異動、８月夏休み中心の「第３四半期」、⑥風水害対策の補正予算案ほか、ときに重要法案も審議する秋の臨時国会、⑦予算編成過程のまとめの時期。ちなみに、予算関連日程と儀礼日程を繰り込んだ概括的な「日本政治の日程構成」に関しては、**表2-1**を参照のこと。細かくは、１週間単位の曜日情報をも繰り込んだ展開、それに１日単位の動き（首相動静欄！）も押さえる必要があるが、ここでは割愛する[3]。

　ちなみに、新年度予算案の審議経過を平成期に限定してたどってみよう（**表2-2-1 & 2**）。試みに約10年の幅で平成期を３つの時期—前期（1989〜1998年度予算）、中期（1999〜2009年度予算）、後期（2010〜2018年度予算）—に分けてみると、平成前期は新年度予算が３月末までに成立した事例はむしろ稀で、７回にわたり暫定予算年を記録している。平成元年・1989年度予算案は昭和天皇の関連葬儀にちなむ大幅な遅延（長期の暫定予算）、90年度予算案は１月24日解散・総選挙（2.18）に伴う当然の展開、細川内閣（共産を除く非自民連立政権）の94年度予算案は、選挙制度改革（小選挙区・比例代表並立制の導入）を扱った臨時国会が年を跨いだために、予算案編成が越年したことに由来している。橋本内閣期の96年度と98年度の予算案の場合は、住専問題（野党の強硬な抵抗）や金融関連法案の扱い（野党への譲歩）を巡り、政府与党が野党に押し込まれたケースである。

2　英国の議会は従来、11月の開会式を起点に（近年は５月ないし６月が多い）、通年の会期制をとっている。それは事前に予定されたクリスマス休会、イースター休会、夏休み休会、秋の党大会休会など、６つないし７つの制度化された休会（Recess）によって分節される。３月下旬には「予算（告示）の日」があり、９月中旬から10月上旬には主要各党の党大会が開かれる。１週間の展開は水曜日（正午から30分間）の「首相質問（Prime Minister's Questions）」がハイライトになり、リズムを刻んでいる。
3　日本政治の制度化された１週間の動きについては、蒲島郁夫・竹下俊郎・芹川洋一『メディアと政治』有斐閣アルマ、2007年、第６章「政治取材はどう行なわれているか」を参照のこと。

表2-1 日本政治の時間構成（予算関連日程と儀礼日程）

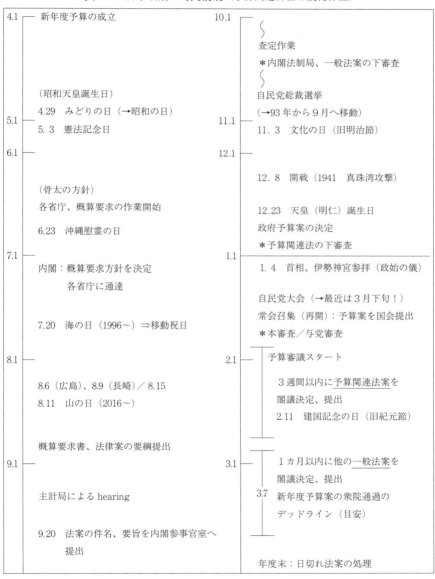

4.1	新年度予算の成立	10.1	査定作業
			＊内閣法制局、一般法案の下審査
	（昭和天皇誕生日）		自民党総裁選挙
	4.29 みどりの日（→昭和の日）		（→93年から9月へ移動）
5.1	5.3 憲法記念日	11.1	11.3 文化の日（旧明治節）
6.1		12.1	
	（骨太の方針）		12.8 開戦（1941 真珠湾攻撃）
	各省庁、概算要求の作業開始		12.23 天皇（明仁）誕生日
	6.23 沖縄慰霊の日		政府予算案の決定
			＊予算関連法の下審査
7.1	内閣：概算要求方針を決定	1.1	1.4 首相、伊勢神宮参拝（政始の儀）
	各省庁に通達		自民党大会（→最近は3月下旬！）
			常会召集（再開）：予算案を国会提出
	7.20 海の日（1996～）⇒移動祝日		＊本審査／与党審査
8.1		2.1	予算審議スタート
	8.6（広島）、8.9（長崎）／8.15		3週間以内に予算関連法案を
	8.11 山の日（2016～）		閣議決定、提出
			2.11 建国記念の日（旧紀元節）
	概算要求書、法律案の要綱提出		
9.1		3.1	1カ月以内に他の一般法案を
	主計局によるhearing		閣議決定、提出
		3.7	新年度予算案の衆院通過の
	9.20 法案の件名、要旨を内閣参事官室へ		デッドライン（目安）
	提出		
			年度末：日切れ法案の処理

第2章　日本政治の「時間構成」

表2-2-1　平成期・新年度予算案の審議日程経過 （1989〜2009）

国会提出（○）、審議開始（＊大臣の財政演説）、衆院通過（△）、成立（□）、暫定予算成立（●）

年度・首相	1月	2月	3月前半	3月後半
1989年 竹下		○　　再開2.10 2.08		● 3.31
1990年 海部	再開1.22　▼ 　　　1.24	○ 2.28		
1991年 海部	再開1.25　○ 　　　1.25		△ 3.14	● 3.28
1992年 宮沢	1月召集　○ 1.24　1.24		△ 3.13	● 3.31
1993年 宮沢	召集1.22　○ 　　　1.22		△ 3.06	□ 3.31
1994年 細川→羽田	選挙制度改革 　　召集1.31		○ 3.04	
1995年 村山	召集1.20　○ 　　　1.20	△ 2.27		□ 3.22
1996年 橋本	召集1.22　○ 　　　1.22			● 3.29
1997年 橋本	召集1.20　○ 　　　1.20		△ 3.05	□ 3.28
1998年 橋本	召集1.12　○ 　　　1.19			△　● 3.20　3.30
1999年 小渕	召集1.19　○＊ 　　　1.19	△ 2.19		□ 3.17
2000年 小渕	召集1.20　○＊ 　　　1.28	△ 2.29		□ 3.17
2001年 森	召集1.31　○＊ 　　　1.31		△ 3.02	□ 3.26
2002年 小泉	召集1.21　○ 　　　1.25	＊ 2.04	△ 3.06	□ 3.27
2003年 小泉	召集1.20　○　＊ 　　　1.24　31		△ 3.04	□ 3.28
2004年 小泉	召集1.19　○＊ 　　　1.19		△ 3.05	□ 3.26
2005年 小泉	召集1.21　○＊ 　　　1.21		△ 3.02	□ 3.23
2006年 小泉	召集1.20　○＊ 　　　1.20		△ 3.02	□ 3.27
2007年 安倍	召集1.25　○＊ 　　1.25　26		△ 3.03	□ 3.26
2008年 福田	召集1.18　○＊ 　　　1.18	△ 2.29		□ 3.28
2009年 麻生	召集1.05　○　　＊ 　　1.19　1.28	△ 2.27		□ 3.27

（注）1989年度予算案は暫定補正を閣議決定（5.22）したが、国会が受け入れを棚上げ。1954年度予算案以来、35年ぶりに自然成立。

4 月	5 月	6 月	備　考
△ 4.28	自然成立□ 5.27	補正、審議せず 7 日間の空白	昭和天皇葬儀 50（プラス7）日間の暫定予算
● 4.4	△　　● 5.10　5.18	□ 6.07	▼　1 月解散　2.18総選挙 50＋19日間の暫定予算
□ 4.11			湾岸危機対応問題
□ 4.09			リクルート等の証人喚問問題で 中断
● 4.1	● 5.20	△　　　□ 6.8　　6.23	予算の越年編成 50＋40日間の暫定予算
			地震対策（1.17阪神淡路）
△ 4.11	□ 5.10		住専問題 50日間の暫定予算
□ 4.08			4 週遅れて審議入り ＊金融関連2法案
			多数決（99.1.14　自自連立） （自公連立　99.10.5）
			巨大与党 （4.5　森内閣、自公保連立）
			（2003.11.18自公連立合意）
			衆院、未明採決
			衆院、採決強行 参院否決、衆院の優越
			参院否決、衆院の優越

第2章　日本政治の「時間構成」

表2-2-2　平成期・新年度予算案の審議日程経過（2010〜2018）

国会提出（○）、審議開始（＊大臣の財政演説）、衆院通過（△）、成立（□）、暫定予算成立（●）

	1月	2月	3月前半	3月後半
2010年	召集1.18　○　　　＊		△	□
鳩　山	1.22　　1.29		3.02	3.24
2011年	召集1.24　○＊		△	□
菅	1.24		3.01	3.29
2012年	召集1.24　○＊		△	●
野　田	1.24		3.08	3.30
2013年	召集1.28	○＊		●
安　倍		2.28		3.29
2014年	召集1.24　○＊	△	□	
安　倍	1.24	2.28	3.20	
2015年	召集1.26	○＊	△	●
安　倍		2.12	3.13	3.30
2016年	召集1.04　○＊		△	□
安　倍	1.22		3.01	3.29
2017年	召集1.20　○＊	△		□
安　倍	1.20	2.27		3.27
2018年	召集1.22　○＊	△		□
安　倍	1.22	2.28		3.28

参考　2011年度補正予算（東日本大震災3.11復興等対策）

	首　相	閣議決定	国会提出	審議開始	成　立
第1次	菅	4.22	4.28	4.28	5.02
第2次	菅	7.05	7.15	7.15	7.25
第3次	野田	10.21	10.28	10.28	11.21
第4次	野田	12.20	2012.1.24	1.24	2.08

4月	5月	6月	備　考
			政権交代（2009年9月） 予算編成方針・閣議決定（9.29）
第一次補正 （参考）			**東日本大地震（2011.3.11）** 参院否決、衆院の優越
□ 4.05			14年ぶりに**暫定予算編成** （3.29閣議決定・国会提出） 2012年12月総選挙
△ 4.16	□ 5.15		1.29　本予算案閣議決定 50日間の暫定予算
			4.01　消費税8％ 2014年12月総選挙
□ 4.09			閣議決定　1.14
			衆院スピード通過（戦後2番目） 閣議決定　12.22
			閣議決定　12.22 自然成立日に採決、成立

平成中期は前期とは対照的に、自民党と小沢自由党の連立、自自公・自公保
３党連立、自公連立のもと小渕内閣から麻生内閣に至るまですべて３月末まで
に予算が成立（□の記号）している。多数決路線の採択に傾斜した時期では、
最も早い成立（3.17）を２回も記録している。しかし留意すべきは、2007年夏・
参議院選での自民党惨敗にちなみ「ねじれ国会」の状態にあった福田・麻生両
内閣では、保険（自然成立確保）をかけて２月末あたりに衆議院で採決を強行し、
参議院否決に遭遇しても衆議院議決優越ルールを活用して３月末に成立させて
いる。

　平成後期には暫定予算を組んだ例が３回あるが、うち２例は年末（12月）の
衆院総選挙に伴い、政府予算案の閣議決定が年明けへと大幅にずれ込んだこと
に由来するケースである。民主党・野田内閣の2012年度予算案のそれは、一部
ねじれ国会要因が絡んでいる。民主党政権の崩壊、自公政権の復活によって、
両院での安定過半数（絶対安定）を反映して、順当に新年度予算の成立にこぎ
つけている。

　もとより、新年度予算の年度内成立の事例では、２月中ないし３月初めに予
算案を衆議院通過させているケースがほとんどである。参議院送付後・30日で
自然成立という予算審議ルールが前提となって（参院は自然成立を忌避）、慣例上、
３月６日前後が衆議院通過のタイムリミットとなっている。

　次に、「国会日程と儀礼日程」というテーマの典型例として、日本政治にお
ける五月連休の意義、それがはらむ複雑な構成を照射してみよう。

第１節　五月連休と政治儀礼
―国会日程とイデオロギー的綱引きを中心として

　昭和天皇の誕生日から、メーデー、憲法記念日、こどもの日までを含む期間
（飛び石連休：ゴールデンウイーク）を、ここでは「五月連休」と便宜的に総称
することにする。国会がこの時期、慣例的に「自然休会」となることがどのよ
うな政治的意義を有するか、それを「五月連休の政治学」としてクローズアッ

プしたのは内田健三である[4]。すなわち、日本の政治・議会日程において五月連休・自然休会は下記のような意義を有している。

①通常国会が12月に召集されていた時代は（年末年始の約4週間の自然休会＝日程ロスあり！）、概して150日間の会期切れは5月下旬になることが多く、連休が明けると審議日程は3週間ほどしか残っていなかった。それゆえ、五月連休入り前には、衆議院において重要法案の審議をできるだけ進展させておきたい政府与党と、それを遅延させることで取引の資源・カードを確保しておきたい野党とのあいだで、日程攻防戦が展開・演出されることが慣例となっていた。換言すると、予算案の衆議院通過のヤマ場が3月7日前後にあったように、重要対決法案のそれは五月連休前後に置かれていた。

②自然休会にちなみ国会の拘束から解き放たれる首相や閣僚は、この時期を外交日程として活用することができた。天皇誕生日の祝賀行事を終えて4月29日の夕刻から、ないし30日以降に、外遊日程を設定できる条件が存在した。

③幹部（国対）議員は、重要法案成立に必要な日程を確保するための国会延長幅をめぐり折衝を試みたり、ときに政局のシナリオに関する密議をかわす時間が保障されていた。

④一般の国会議員は地元選挙区に戻って、国会報告会を催し各種行事に顔を出しては、もっぱら票田の維持培養（田の草取り）に努めることになっていた。

しかし、「天皇誕生日」が「平成」に入って12月に移動し4月29日が1989年から「みどりの日」に変更されたこと、それに通常国会が1992年から1月召集に切り替わったことにちなみ、こうした国会日程上の五月連休の意義は相当に変化を被ることになった。4月29日の儀礼拘束がなくなれば、首相等は曜日次第では4月28日からでも外遊が可能となり、かくして外交日程の設定幅（自由度）が広がった。後者の召集日程の変更が与えた影響は野党に大きく作用し、

4　1983年4月29日のNHK教育テレビ（テレビコラム）で、内田健三は「五月連休の政治学」と題して、日本の議会政治日程に占めるこの連休の意義について解説した。

野党は国会日程上の抵抗の時間武器を失うことになった。つまり、6月中旬・下旬へと常会の会期切れが先延ばしされることで、政府与党は五月連休後にも7週間ほどの審議日程を確保できるようになり、ここに五月連休前後の国会対策上の攻防戦のウェイト（切迫感）は低下することになった。

　もとより、日本政治に占める五月連休期の意義は、上記のような議会・外交日程上の意義にとどまるものではない[5]。この時期になると、戦後レジーム問題ともかかわるイデオロギー的な綱引きが周期的に展開され、特殊な政治的・歴史的意味空間が露出してくる。靖国神社の春季例大祭から憲法記念日に至る約2週間は、日本の政治儀礼や戦後政治の展開においてとりわけ注目すべき意義を有している。それは、〈4.28＝4.29コンプレックス〉、〈5.3コンプレックス〉とでも要約されよう。近年に至るまで毎年、この時期になると頑強な保守勢力にあって複雑な感情が隆起し、ときに確信犯的な「失言・問題発言」が間歇泉的に吹き出てくる[6]。その歴史的構成（淵源）は以下のようになっている[7]。

　①占領下の1946年、「天長節（4.29）」の前日には、A級戦犯容疑者の起訴状が発表されている。奇しくも6年後（1952年）の同日、講和条約の発効をうけて日本は再独立を果たしている。この日程の組み合わせには、米国・占領軍からする天皇制の価値体系への攻撃戦略と日本国・政府支配層からする象徴的威信の回復戦略とが透けて見える。米国は1945年に「帝国陸軍記念日（3.10）」や「海軍記念日（5.27）」などにあわせ大空襲を仕掛け、また国際検察局は「12月8日」に設置されている。1946年の「5月3日」に開廷された極東軍事裁判（東京裁判）の終盤・1948年の「紀元節（2.11）」に最終論告がスタートし、判決文の朗読は「旧明治節（11.3）」の翌日から始まり、東条英機ら7人の絞首刑は

5　春と秋の褒章・叙勲は、「昭和天皇」と「明治天皇」の誕生日に際してそれぞれ発表されている。もとより、メーデーも「五月連休と政治儀礼」の一環を構成している。その変遷も検証の対象になろう。近年では非共産党系の中央メーデーは連休初日（4.29）またその前日に繰り上げ開催されることが多い。
6　戦後政治家の失言・問題発言などについては、例えば保阪正康『戦後政治家暴言録』中公新書ラクレ、2005年を参照のこと。
7　詳しくは、坂本孝治郎『象徴天皇制へのパフォーマンス』山川出版社、1989年、第9章を参照のこと。

表2-3 五月連休と政治儀礼（1946年と1952年）

1946年（昭和21年）	1952年（昭和27年）
4月28日（日）極東国際軍事裁判所、東条英機元首相ら28人のＡ級戦犯容疑者の起訴状発表（翌日の紙面に掲載）	（月）対日講和条約、日米安保条約の発効（日本時間、午後10時30分：ワシントン、午前9時30分）
4月29日：天長節（国民の祝日に関する法律公布〈1948.7.20〉により天皇誕生日となる）	
（月）占領下、45回目の「御誕辰」に際し天皇は午前中、各皇族方や有資格者らの祝詞をうけ、義宮はじめ三内親王と簡素な家族的お祝いをしただけ、宮中での宴会その他の催しは控える	（火）独立後、初の天皇誕生日：服喪中のため参賀はなし。私事として、宮中三殿で午前9時に天長祭、10時に独立奉告祭を、掌典が天皇に代わって執り行う。トルーマン米大統領、天皇に祝賀メッセージ
4月30日（火）靖国神社例大祭、合祀祭：従来の天皇の参拝、勅使参向もなし（勅使参向の復活は1953年10月18日）	（水）天皇・皇后、5月1日からの募金運動を前に、赤十字募金に金一封
5月1日：メーデー	
（水）復活メーデー（11年ぶり、第17回）宮城前広場（1948年7月1日、皇居と改称）を50万の勤労大衆が埋めつくす	（木）独立後初のメーデー（第23回）：使用不許可（前年に続き）の皇居前広場に押し寄せたデモ隊が警官隊と衝突、2人射殺され、血のメーデーとなる。「アカハタ」復刊さる
5月2日（木）	（金）政府、新宿御苑で「全国戦没者追悼式」を挙行、天皇・皇后出席：天皇、哀悼の意を表明
5月3日（金）極東国際軍事裁判所が開廷	（土）皇居前広場で「平和条約発効ならびに憲法施行五周年記念式典」：天皇、"退位説"に終止符
（有罪判決は1948.11.12、絞首刑執行は12月23日）＊日本国憲法公布（1946年11月3日）施行（1947年5月3日）→憲法記念日	

第2章　日本政治の「時間構成」

クリスマス前の「皇太子誕生日（12.23）」に執行されている。こうした日本の象徴的威信のダメージを狙った、米国主導の日程戦略の展開を勘案してみれば、それらによる心理的トラウマを補償し象徴的威信の修復を目指して、あるいは占領からの独立日程が構築されたのではないか（表2-3参照）。

　②日本国憲法の制定過程をたどってみると、GHQ草案は1946年の2月13日に日本政府へ手交され、22日に受け入れを閣議決定している。この日程の背景には極東委員会の第1回会議の日程（2.26）が控えていたこともあるが、「リンカーン誕生日（2.12）」と「ワシントン誕生日（2.22）」のあいだに決着をつける、という象徴作戦もあったようである。日本政府は憲法改正草案要綱を3月6日に公表し、総選挙（4.10）の1週間後に憲法草案を発表した。結局、8月11日までに成立させ翌年の「2月11日（紀元節：神武天皇即位日／大日本帝国憲法発布日）」に施行せんとする吉田首相の目論見は、修正審議が滞り10月7日に衆院可決・成立となったことで頓挫することになった。天皇の署名（10.29→半年後は4.29）をうけて、維新後時間体制において相対的に重要度の高い「明治節（11.3：明治天皇の誕生日）」を新憲法の公布日として選定したことによって、施行は半年後の1947年5月3日となった。そこには日本政府と占領軍との駆け引き・綱引きの痕跡が残っている。もとより、この日は東京裁判の「開廷1周年」に相当していた。かくして、1948年の夏に始まる国民の祝日体系（表2-4参照）において、5月3日が「憲法記念日」として命名され歴史的意義を帯びていくことになれば、とりわけ「押し付け憲法」論に準拠する信念派にとっては、「勝者による東京裁判」批判とあいまって、周期的に到来する「5月3日」は二重に複合的感情が疼く日となってくる可能性がある。占領下でほぼ毎年、公式に執り行われていた憲法記念日儀礼は、独立記念式典と重ねて行われた1952年のそれを最後に、なるほど政府主催式典としては戦後の時空から消失していくことになる[8]。

　ここに、5月3日の恒例の風景・「護憲派と改憲派の綱引き」が勝負のつきにくいイデオロギー的ゲームであるとすれば、「東京裁判・占領憲法」の不当

表2-4　日本の祝日の構成 （旧11祝祭日と新9祝日）

旧法定・祝日、祭日 （1873～）	月　　日	新しい国民の祝日 （1948）	改正祝日法
（四方拝、歳旦祭）	1. 1	元日	
元始祭	1. 3		
・新年宴会	1. 5		
	1.15	成人の日	☆　第2月曜日
・紀元節	2.11		建国記念の日
春季皇霊祭	春分日	春分の日	
神武天皇祭	4. 3		
・天長節	4.29	天皇誕生日	＊みどりの日→2007～　昭和の日
	5. 3	憲法記念日	2007.5.4　みどりの日
	5. 5	こどもの日	
	7.20		※海の日　☆
	8.11		山の日
	9.15		敬老の日　☆
秋季皇霊祭	秋分日	秋分の日	
	10.10		体育の日　☆
神嘗祭	10.17		
・明治節	11. 3	文化の日	
新嘗祭	11.23	勤労感謝の日	
	12.23		＊天皇誕生日
大正天皇祭	12.25		

注1）新しい「国民の祝日に関する法律」は1948年7月20日に公布・施行されたが、1966年6月25日施行の改正法で3祝日が追加される。また、73年4月12日に祝日の振り替え休日制、85年12月27日に祝日の谷間休日制が導入され、そして「昭和」から「平成」への移行に伴う改正（＊）で天皇誕生日が12月23日に移動、4月29日はみどりの日と名称をかえて祝日として存続。2007年から「昭和の日」に名称変更、また「みどりの日」は5月4日に移動する。

　　2）明治改暦（太陰太陽暦→太陽暦）に伴い、1873年（明治6年／紀元2533年）に祝祭日が制定され、1876年に春季・秋季皇霊祭が追加される。明治期の天長節（11月3日）は昭和に入って1927年に「明治節」として復活。／孝明天皇祭（1・30）、明治天皇祭（7・30）、昭和天皇祭（1・7）／大正天皇誕生日（8・31）

　　3）※1996年より「海の日」スタート／☆移動祝日：2000年より「成人の日」と「体育の日」がそれぞれ第2月曜日へ移動（98年10月改正）。2003年より「海の日」と「敬老の日」がそれぞれ第3月曜日へ移動。新しく2016年に「山の日（8.11）」がスタート。

性を批判し日本の保守的価値体系を再構築せんとする側は、4月29日を「みど
りの日」から昭和天皇を顕彰する日に変えることにその運動の照準を合わせて
くる。1998年4月に「昭和の日」推進議員連盟を発足させ、2000年の通常国会
に国民の祝日法改正案を提出、幾度かの曲折を経て2005年5月に、自公民の賛
成多数で4月29日を「昭和の日」とし5月4日を「みどりの日」とする改正案
が成立した。

　もとより、「激動の日々を経て、復興を遂げた昭和の時代を顧み、国の将来
に思いをいたす」と意味付与された「昭和の日」は、その改正趣旨の背後に存
するイデオロギー的な意味空間にあっては、旧来の「紀元節・明治節」と並ぶ
「昭和節」にほかならない。それは、4月29日が「明治維新後体制」の「政治
神話的時間」に回収されたことを意味し、「戦後体制」の中で「文化の日」に
変わった11月3日を再び「明治節」に戻そうという動きと呼応しているであろ
う。かくして、一旦は概して季節にちなむ中立的な「みどりの日」となった昭
和天皇の誕生日は、「昭和の日」という時間名称が冠されたことで政治的色彩
をあるいは過剰に帯びることになり、周期的に戦争責任論のからむ昭和史論争
を惹起する可能性もある。

　ともあれ、4月下旬から5月上旬に至る時期を毎年観察し、また振り返って
検証してみれば、比喩的には維新後（正統性）プレートと戦後（正統性）プ
レートとの角逐・拮抗ともいえる、戦前・戦後体制に関する価値評価のからむ象
徴政治の断面が濃縮されて表出していることがわかる。同様なことは、8月期
についても妥当する。

8　自主憲法制定を党是とする自民党政権での唯一の例外として、1976年5月3日に三木首相が政府主
催の憲法記念日式典を憲政記念館で行ったが、参列者はたった300人、13分で式典終了、約30分のパー
ティー、と盛り上がりに欠けたものとなった。なお、安倍首相が憲法改正を参院選の争点にすると身
構える中、憲法施行60周年記念式典が2007年4月25日に、政府主催ではなく「衆参両院主催」で行われ、
三権の長が揃って記念の植樹に参加した。それは50周年の1997年にも行われている。憲法記念日の歴
史的機微を同様に喚起したものとして、『朝日新聞（2007.4.30)』に掲載された、山室信一「憲法記念
日：主権者自ら鼓舞するために」を参照されたい。

第2節 歴代首相の慰霊・追悼儀礼への出席と 靖国参拝のパターン

　広島（8.6）・長崎（8.9）の原爆忌、終戦記念日（8.15）、それに沖縄戦終結の日（6.23）といった"四つの記憶すべき日"[9]に行われる追悼儀礼に、歴代の現職首相はどのようにかかわってきたのか、その出席パターンに注目してみよう。ここでは、あわせて戦後歴代の首相による靖国参拝の軌跡にも照準を据える（**表2-5-1＆2**を参照のこと）。

1 広島・長崎市の原爆死没者・犠牲者慰霊式と沖縄全戦没者追悼式

　政府は、内閣総理大臣代理として内閣官房長官・厚生大臣・総務（副）長官などを、1950年代の半ばから広島市で行われる「原爆死没者慰霊式並びに平和祈念式」に、また1960年代の末から長崎市主催の「原爆犠牲者慰霊平和祈念式典」に差遣し、メッセージを代読させる慣例を踏襲してきた。1971年に佐藤栄作が現職首相として初めて広島市での式典に出席した際には、それまでの議長代理に代わって衆院議長・船田中と参院副議長・森八三一も姿を見せた。この年の秋に裕仁天皇を「訪欧の旅（戦争責任と絡んで訪問先での天皇批判が予測される）」に送り出す際し、その前に原爆慰霊碑への供花儀礼を天皇に済ませてもらう必要があった。戦後巡幸や国体（国民体育大会）巡幸の機会でも概して回避されてきた天皇の供花儀礼は、結局、植樹祭巡幸の脈絡を活用して演出されることになった。すなわち、島根県での1971年・全国植樹祭に出席する途次、天皇・皇后は広島市に立ち寄り宿泊し、翌4月16日（金）、両陛下が先に

9　明仁天皇が皇太子時代に、これらの戦争にちなむ慰霊の日を「四つの記憶すべき日」として厳粛に過ごしている、といったことに関しては、『選択』1984年1月号の"「五十路の皇太子」最近事情"という特別レポートを参照のこと。

写真1　昭和天皇ご夫妻が訪欧に先立ち、初めて広島市の原爆慰霊碑に参拝
　　　　（1971年4月16日）（写真提供：朝日新聞社）

写真2　佐藤栄作首相が現職首相として初めて広島市の原爆記念日式典に出席、
　　　　一部に抗議行動あり（1971年8月6日）（写真提供：朝日新聞社）

お供えした一対の生花のかごの置かれた原爆慰霊碑に初めて赴き原爆犠牲者の冥福を祈念、そのあと原爆養護ホームも訪問された。かくして、戦後に残されていた不可避の儀礼課題はともあれ解消された。こうした天皇儀礼の演出に関与した佐藤首相は、8月6日の式典（初の首相出席で騒然とした"阻止行動"あり）に自ら足を運んだ次第である。

　ちなみに、1960年の安保改定に伴う政治的混乱が終息したあと、明仁皇太子をこの8月6日の平和儀礼にデビューさせている。この式典には総理大臣代理で厚生大臣・中山マサ、衆院議長・清瀬一郎と参院副議長・平井太郎が参席している。その秋には皇太子夫妻を日米修好100年記念の「米国訪問の旅」に送り出している。

　以上、天皇と皇太子の事例は慰霊式出席と外国訪問とがパラレルになっていることがわかる。興味あることに、皇太子の平和儀礼のイニシエーションに先行して、1954年と58年に高松宮夫妻、57年に三笠宮夫妻が広島市での原爆死没者慰霊式に出席している。これらを除いて、2007年に至るまで皇族の出席はみられないようである。

　佐藤首相出席のあと5年が経過する時点の1976年に、三木武夫首相は広島市の慰霊式典に出席、続いて長崎市の式典に初めて現職首相として参席した。なお、三木首相はその前年、すなわち1975年・戦後30周年に際し、戦後の首相として初めて「8月15日・靖国参拝」に"私的参拝"という体裁で踏み出している。1976年の平和儀礼へのアクセスは靖国参拝との儀礼バランスを考慮したのであろうか。また1976年から5年後、1981年に鈴木善幸首相が広島市の式典に赴いて、5年ごとの出席パターンを踏襲してみせた。さらに、鈴木首相はその翌年に長崎市の式典に出席し、広島・長崎と毎年交互に出席するパターンを切り拓いたが、その方式を中曽根康弘首相も継承した。そして、竹下登首相もそれに続いている。ただし、1986年には竹下首相は両慰霊式に出席しようと構えていたが、予算委員会の審議日程との絡みで、ともに断念せざるをえなかった。

　さて、海部俊樹が1989年の参院選・自民党惨敗をうけて8月に首相に就任するが、その翌年・1990年に、三木派出身の系譜・"ハト派首相"を意識してか、

表2-5-1　歴代首相の靖国神社参拝等のパターン（1945～1970年）

年次	首相	1月期	春季例大祭	広島原爆忌	長崎原爆忌	終戦記念日	秋季例大祭	その他　　　　備　考
1945						8.18 東久迩	10.23 幣原	11.20　臨時大招魂祭 幣原　12.15「神道指令」
1951	吉田						10.18	9.8　講和・安保条約
1952	吉田						10.17	10.16　4.28　日本再独立
1953	吉田	(3.16)	4.23				10.24	
1954	吉田		4.24				10.19	
1957	岸		4.24 4.23					
1958	岸						10.21	
1959			4.8					90周年臨時大祭 (6.24)　3.28千鳥ヶ淵墓苑完成
1960	池田			(8.6)			10.10	
1961	池田							6.18/11.15
1962	池田							11.4
1963	池田							9.22
1965	佐藤		4.24				10.19	戦後20年
1966	佐藤		4.21 (4.23)					
1967	佐藤		4.22					
1968	佐藤		4.23					明治維新後百年
1969	佐藤		4.22				10.18	
							10.20	(12.9)　創立百年大祭
1970	佐藤		4.22				10.17	

注1）四角で囲んである 日付 は、昭和天皇が参拝した事例、（日付）は皇太子の参拝事例を示す。

2）1969年6月、自民党は靖国神社国家管理法案を国会に提出。1974年、審議未了で廃案。

3）「英霊にこたえる会（1976.6.22）」、「英霊にこたえる議員協議会（78.4.2）」、「みんなで靖国神社に参拝する国会議員の会（81.3.18）」。

4）全国戦没者追悼式：1952.5.2（新宿御苑）、63.8.15（第1回、日比谷公会堂）、第2回は靖国神社境内内（幔幕をはり）、第3回以降は日本武道館にて開催。天皇の出席するこの政府主催の式典には、首相を含め三権の長が揃って出席する。

表2-5-2　歴代首相の平和儀礼出席・靖国神社参拝等のパターン（1971〜2007年）

年次	首相	1月期	春季例大祭	沖縄戦終結	広島・長崎原爆忌		終戦記念日	秋季例大祭	その他・備考
1971	佐藤		4.22		*8.6			10.19	4.16天皇原爆慰霊碑供花
1972	佐藤		4.22						7.8（田中）
1973	田中		4.23					10.18	
1974	田中		4.23					10.19	
1975	三木		4.22				*8.15		11.21　戦後30年
1976	三木		4.22		8.6	8.9		10.18	
1977	福田		4.21						
1978	福田		4.21				8.15	10.18	*10.17　A級戦犯合祀
1979	大平		4.21					10.18	
1980	大平		4.21			鈴木 8.15		10.18	11.21
1981	鈴木		4.21		8.6		8.15	10.17	
1982	鈴木		4.21			8.9	8.15	10.18	
1983	中曽根		4.21		8.6		8.15	10.18	
1984	中曽根	1.5	4.21			8.9	8.15	10.18	
1985	中曽根	1.21	4.22		8.6		*8.15		公式参拝・戦後40年
1986	中曽根					8.9			
1987	中曽根				8.6				
1988	竹下				(8.6/8.9)				予算委審議で出席断念
1989	宇野				8.6				
1990	海部			*6.23	8.6	8.9			
1991	海部				8.6				
1992	宮沢								*10月下旬、極秘参拝
1993	宮沢→細川								
1994	村山				8.6	8.9			
1995	村山			6.23	8.6	8.9			戦後50年
1996	橋本				8.6	8.9			*7.29 誕生日参拝
1997	橋本				8.6				
1998	小渕				8.6	8.9			
1999	小渕				8.6				
2000	森			6.23	8.6	8.9			沖縄サミット（7.21-23）
2001	小泉			6.23	8.6	8.9	*8.13		*小泉首相、参拝開始
2002	小泉		4.21	6.23	8.6	8.9			
2003	小泉	1.14		6.23	8.6	8.9			
2004	小泉	1.1		6.23	8.6	8.9			
2005	小泉			6.23	8.6	8.9		10.17	
2006	小泉→安倍（9.26）			6.23	8.6	8.9	*8.15		*小泉、退陣を前に8.15参拝
2007	安倍→福田（9.26）								

広島・長崎の両式典に顔を出している。1994年には、社会党出身の村山富市首相が海部首相に倣って広島・長崎での慰霊式に出席した。かくして1990年代の半ば以降、歴代首相が両儀礼に出席するパターンが定着した。なお、戦後50年・1995年には、「三権の長」が沖縄・広島・長崎での式典に、初めて揃い踏みしている。戦後60年・2005年には、広島の式典のみに「三権の長」が揃って出席、長崎の式典には総理大臣と最高裁長官が出席している[10]。

翻って「沖縄戦終結、沖縄慰霊の日」に照準をあわせてみると、沖縄で6月23日に行われる沖縄全戦没者追悼式に、政府は復帰前の1965年から総理大臣代理として、総務副長官、沖縄開発庁長官・政務次官などを派遣している。1966年・70年には衆院議長が出席、また1982・83年は参院議長が列席している。現職首相として初めて出席したのは海部首相（1990年）で、そのときは衆院議長・桜内義雄も参席している。海部首相は、1990年には既述のように沖縄に加えて広島・長崎の平和儀礼にも赴いている。それから5年後、戦後50年・1995年には、社会党出身の村山首相が海部方式を踏襲している。さらに5年後の2000年からは、同年沖縄で先進国サミットが開催されたこともあり、この三地域の慰霊式に首相が重ねて出席するパターンが定着していく。戦争にまつわる慰霊式の政治的・象徴的意義が、戦後の意味空間において一定の位置に均衡し収まったようである。

2　靖国神社参拝

表2-5-1に見るごとく、裕仁天皇は敗戦後の1945年11月20日、臨時大招魂祭に際し参拝したあと、神道指令をうけて占領期は靖国神社に赴いていない。東久邇宮稔彦首相が敗戦直後の8月18日に参拝、そして幣原喜重郎首相が秋季例

---

10 立法・行政・司法の「三権の長」が同一の時空に会する、ないし居合わせる儀礼・式典として、ほかに全国戦没者追悼式、国会開会式、天皇の外国訪問の際の羽田での送迎、皇居での新嘗祭などがある。他の例も含めて点検し、その意義を考察すべきであろう。

大祭の10月23日に参拝したあと、首相による靖国参拝も占領期にはほとんど途絶えている。しかし、サンフランシスコでの講和条約調印式に全権として出席した吉田茂首相は、その重責を果たしたあと1951年10月18日（すなわち秋季例大祭の時期）に、首相による靖国参拝を再始動させ、そして再独立後の翌1953年には春季例大祭時の参拝にも着手した。1955年の保守合同後は岸信介・池田勇人の両首相の足は比較的遠のいた感があったが、吉田茂を師と仰ぐ佐藤栄作首相にあっては、1965年以降は春の参拝を欠かさなかった。かくして、佐藤時代の1969年から中曽根首相の1985年まで、歴代の自民党総裁・首相は春と秋の例大祭参拝をみごとに踏襲している。

　終戦記念日に際する靖国参拝は戦後30周年の1975年に端を発している。1980年以降は恒例の首相儀礼といった様相を呈するようになり、ついには中曽根首相が、戦後40年の1985年8月15日に「公式参拝」を敢行した。これに中国・韓国などが激しく反発したことで、Ａ級戦犯も合祀されている靖国神社への首相参拝は、その後は政治・外交問題化を回避するために自粛されるようになった。それは、自民党総裁選で終戦記念日参拝を約束した小泉純一郎首相の登場まで続いた。小泉は首相職に就いた2001年のその終戦記念日に参拝を企図したが、内外からの牽制をうけて8月13日参拝で折り合った。翌年からは争点化しやすい8月参拝を避けて春季・1月・秋季に参拝を敢行し、毎年1回は参拝する政治的意志を堅持し誇示してみせた。かくして、2006年に辞任直前という脈絡において、小泉首相は「8.15参拝」に踏み込んだ。しかし、安倍晋三首相は日中・日韓関係の改善のため、靖国参拝を自重した。

　周知のごとく、靖国神社が1978年10月、秋季例大祭の儀礼時間枠でＡ級戦犯者の合祀を行って以来、それを快く思わなかった昭和天皇は靖国参拝を控えることになった。天皇による靖国参拝の軌跡は戦後8回に及ぶが、1975年11月のそれが最後である。概して昭和天皇の靖国神社参拝の時期は、春季・秋季の例大祭や新嘗祭の前後、すなわち4月・10月・11月となっている。

3 全国戦没者追悼式 （8月15日）

　日本政府は、占領から再独立した直後の1952年5月2日、天皇・皇后を迎えて新宿御苑で「全国戦没者追悼式」を挙行した。翌3日には、皇居前広場で「平和条約発効ならびに憲法施行五周年記念式典」が催され、裕仁天皇は"退位説"に明確に終止符を打った。広島・長崎などの自治体によって原爆犠牲者慰霊式が戦後直後から行われ、それは継起・持続することによってある種の「平和儀礼」の様相をも帯びてくる。それゆえ、こうした儀礼に戦後歴代の保守政権がどのようにかかわってきたか、その一端は前述した首相出席の軌跡にも明確に現れている。

　自民党政権は1960年代になって（占領終結後10年が経過して）、各種の政治的・社会的儀礼の体系整備に乗り出してくる。①1963年8月15日、政府主催で「第1回・全国戦没者追悼式」が日比谷公会堂で挙行され、また10月22日には赤坂御苑で園遊会が開催され、天皇のかかわる儀礼が新たに制度化されている。翌年の全国戦没者追悼式は靖国神社境内（幔幕で仕切り挙行）に持ち込まれたが、1965年の第3回以降は日本武道館で行われている。②1964年の天皇誕生日に際して生存者叙勲が復活し、吉田茂元首相に最高位の大勲位菊花大綬章が授与された。また、政府は4月25日に戦後初の戦没者叙勲を発令している。③裕仁天皇は、1964年10月10日に東京オリンピックの名誉総裁として開会を宣言し、日本国の国際舞台への復帰を完結させた。そして翌・戦後20年には皇后とともに、千鳥ヶ淵戦没者墓苑に参拝（3.28）、第3回全国戦没者追悼式に出席（8.15）、靖国神社にも参拝（10.19）している。④次には、1968年の「明治100年」をも見越して、1966年6月に国民祝日法一部改正が公布されて「敬老の日」と「体育の日」が追加され、また12月に政令で「建国記念の日」を旧紀元節の2月11日とすることが通告されている。明治100年キャンペーンの政治的・象徴的狙いは、敗戦・占領に伴う「（敗）戦後体制」を「明治維新後体制」に価値的・時間的に包摂していくことにあったといえよう。

政府主催の終戦（敗戦）記念日に際する全国戦没者追悼式は、「天皇」と「三権の長」が揃って出席する、ある種の「国民統合の儀礼」という象徴的意義をも帯びている。ちなみに、「三権の長」が沖縄・広島・長崎を含む４つの重要な慰霊・追悼式に揃って参席するという軌跡を残した年は、戦後50年・1995年のみである。「戦後50年」にちなみ村山首相の発した『総理大臣談話』が、その後も首相・政府の戦争責任をめぐる見解としてたびたび「護符」のごとく引用されている。なお、1995年には、明仁天皇も所定の追悼儀礼に先立って、沖縄・広島・長崎・東京大空襲被災地などを巡る"慰霊の旅"を行っている[11]。中曽根首相期の1985年のそれと比較対照した「1995年の歴史政治学」が書かれるべきであろう。

　ちなみに、佐藤卓己は戦後世代からの提言として、「戦没者を追悼し平和を祈念する日」を二分割して、「戦没者追悼の日（8.15）」と「平和祈念の日（9.2）」とすることを提案している。すなわち、お盆には静謐な慰霊供養を行い、日本の降伏が確定した９月２日には近隣諸国との歴史的対話を目指し、民族的伝統の「お盆＝追悼」と政治的記憶の「終戦＝祈念」とを政教分離しようという、着目に値する儀礼案である[12]。

第３節　首相の外国訪問の日程をめぐって

　戦後日本について、国会の召集と閉会、衆院選と参院選の投票日、首相と天皇の外国訪問など、2007年まで約60年間の日程一覧表を作成してみると、歴代の首相による外交訪問日程の構成・軌跡のパターンがそれなりに見やすくなってくる[13]。首相の出席が想定されている国際会議日程の増殖は、その直前に首相辞任を迫る（内部から引き摺り下ろす）わけにもいかないので、政権のスタビ

11　坂本孝治郎「象徴天皇と国民の新たな関係を—戦後50年"慰霊の旅"をめぐって」『世界』1995年10月号、155-163頁。
12　佐藤卓己『八月十五日の神話—終戦記念日のメディア学』ちくま新書、2005年、第３章の５を参照のこと。

ライザー（安定化装置）ともなっている。

1　制度化された「定期的な首脳会議」への首相出席とその開始時期

　①「先進国首脳会議（サミット）」は戦後30年・1975年にスタート、フランスのランブイエで11月に開催され、三木首相が出席した。その後、米国・英国・西独・日本・イタリア・カナダの順番で、概して各国の議会日程を勘案して6月ないし7月に開催されている。戦後40年の1985年、先進国サミットは西ドイツのボンで5月上旬に催されている。その日程設定には、対ナチス戦争に勝利した連合国が40周年を記念して5月8日（V-E Day／ソ連・ロシアは5.9）に盛大な勝利記念式典を演出することが関連していた。すなわち、西ドイツのコール首相はこれに先んじてサミットを5月初めに開催することで、あるいは国家の面目（国民の士気）を保とうとしたようである。後述のごとく、この日程戦略は翌86年の東京サミットの日程（5月上旬）にも影響を与えた節がある。ちなみに、日本での開催は、1979、1986、1993、2000、2008年となっている。

　②「日本・EC首脳会議」は1988年にブリュッセルで拡大首脳会合として初会合がもたれ、竹下首相が出席した。1995年からは「日本・EU定期首脳会議」と改称された。なお、それは1991年から2年に1度と定期化した。ほかに、1年おきに行われる会合として、「アジア・欧州会合（ASEM）」が1996年（於・タイ、3月初め）に、また、北欧5カ国との会合である「日本・北欧首脳会談」が1997年（於・ノルウェー）に始まっている。

　③「アジア太平洋経済協力（APEC）・非公式首脳会議」は、1993年（於・米

---

13 加藤淳平は、独立回復後（1952年4月）から森喜朗首相の退陣・小泉首相の就任（2001年4月）までの約50年間に、首相が外交訪問して首脳外交を展開した軌跡を概観している。そこでは、独立回復から佐藤内閣まで（1952～72年）、田中内閣から中曽根内閣まで（1972～87年）、竹下内閣から森内閣まで（1987～2001年）の三つの時期に分け、各時期の首脳外交の内容や外遊先を点検し、50年間の日本外交との関連を論じている。「戦後日本の首脳外交—独立回復後、森首相退陣まで」、『外務省調査月報（2002/No.1）』77-104頁。

国、シアトル）にスタートしている。この会議に「非自民連立政権」の細川首相が出席し、そのファッションが話題ともなった。

④日本の首相が「ASEAN（＋3）首脳会議」へ出席する、それが制度化されるのは1997年（於・クアラルンプール、12月中旬）からである。この首脳会議は1998年にハノイ（12月中旬）、99年にマニラ（11月下旬）、2000年はシンガポール（11月下旬）と、11月ないし12月に開催され、日本の首相日程に恒例の外国訪問のリズムを添えている。さらに、2005年（於・マレーシア、12月中旬）から「東アジア・サミット」が新設され、首相が出席する国際会議がもうひとつ増えた。ちなみに、ASEAN首脳会議は1976年2月に初めて開催され、福田赳夫首相が、1977年8月にクアラルンプールでの第2回ASEAN公式首脳会議に出席、それから10年後の1987年12月にマニラで開かれた第3回ASEAN公式首脳会議には、竹下登首相が出席している。

⑤毎年、秋の国連総会で各国首脳が演説する機会があるが、日本の首相はこの出席を利用してほかの諸国も訪問する日程を作ることが多い。しかし、2006・07年と9月に自民党総裁選があり、総裁・首相の交代が重なったために、日本の首相は連続して国連総会出席の機会を逃し、日本のプレゼンスを弱めることになった。

2 「通常国会再開（召集）前」・新年の外国訪問

国会日程との関係で、首相の外国訪問日程を設定しやすいのは、年末年始の自然休会（1992年からは召集前ゆえ会期中ではない）の時期、五月連休期、国会閉会中の夏休み、臨時国会前の9月期などである。この項では最初の時期のみを扱うことにする。この新年の時期に限定して首相の外国訪問のケースを点検してみると、1980年を契機にこの訪問パターンが定着していることがわかる。

①1960年代には2例、すなわち、岸信介首相の米国・カナダ訪問（1960.1.16〜24）、そして佐藤首相の米国訪問（1965.1.10〜17）のみ。また、1970年代も2例を数えるだけで、佐藤首相が米国（1972.1.5〜17）、田中首相が東南アジア

（1974.1.7〜17）を訪問している。後者の田中首相の例は、訪問先それ自体が注目に値する。

　②1980年に大平首相が豪州・ニュージーランドを訪問（1.15〜20）して以降は、概して毎年、1月外遊が設定されている。中曽根首相が1983年、訪米（1.17〜21）に先んじて電撃的に韓国訪問（1.11〜12）を敢行した事例は想起に値しよう。1980年以降（2007年まで）で例外的に訪問のなかった年は、1982、1984、1994（越年国会）、1998、2004年の5回のみである。94年は小選挙区制導入をめぐり与野党の攻防が激しく展開されたゆえに、外遊の余裕がまったくなかったケースである。

3　「五月連休期の自然休会」を利用した外国訪問

　五月連休と政治儀礼の項で一部言及したが、近年、首相に限らず多くの閣僚・議員がこの時期に外国訪問していることは周知のことである。首相として、先鞭をつけたのは福田赳夫首相であるが、これまた訪問先は米国である。

　①1978年、福田首相が米国を訪問（4.30〜5.7）して以降は、概して毎年、昭和天皇の誕生日祝賀行事を終えたところから、首相の外遊日程が組まれている。1989年初頭に「平成」に変わり、4月29日が「みどりの日」となったことで、首相の祝賀行事出席の制約がなくなった。ここに、首相は4月29日の午前中ないし28日以前から、曜日や国会日程を勘案して外国訪問できるようになった。例えば、海部首相は南西アジア（1990.4.28〜5.6）、宮沢首相は東南アジア（1991.4.27〜5.6）とフランス・ドイツ（1992.4.28〜5.2）、橋本首相は豪州・ニュージーランド（1997.4.28〜30）などを訪問している。

　②2007年まで5月連休期に例外的に訪問のなかった年は、1981、1982、1986（東京サミット、5.4〜6）、1996、1998、2001（小泉首相選出4.26）、2004年の7回であるが、実質的には5回のみと言ってよい。

第4節 天皇の外国訪問・国内静養等日程が 国会日程などに有意に連関したケース

　国会日程との関連では首相訪問だけでなく、天皇の外国訪問もときに注目しておく必要がある。通常は、国会日程への影響を避けて天皇の日程は構築されるが、天皇の外国訪問が予測外のことをうけてなされるとき、または政局日程が割り込んでくるとき、場合によっては天皇の日程が有意に国会・政治日程に影響を及ぼすことがある。

1 昭和天皇による戦後初の外国訪問

　裕仁天皇の初の外国訪問（欧州訪問）は、1971年の国会閉会中の時期をえらんで、すなわち9月27日から10月14日までという日程で慎重を期して演出された。それゆえ、第67回臨時国会は、天皇の帰国を待って10月16日に召集されている。しかし、欧州訪問の日程を参照した観のある1975年の米国訪問（9.30〜10.14）のケースでは、第76回臨時国会（9.11〜12.25）の会期中に天皇は出かけている。ちなみに、昭和天皇の存命中に果たせなかった重要な中国訪問は、平成に入って4年目の1992年の秋に演出されることになった。明仁天皇の中国訪問は、訪中反対・時期尚早論の抵抗をうけて多少遅延した。第125回臨時国会は、その訪問（10月23日〜28日）をともかく無事に終えて、10月30日に召集されている。そして、宮沢首相はある勢力との黙約を果たすためか10月下旬にひそかに靖国神社を参拝している。

2 1993年「非自民連立政権」の誕生にちなむ事例

　これは、多少込み入っている。内閣不信任に伴う解散（6.18）によって7月18日に総選挙の投票が行われ、自民党の過半数割れをとらえて「非自民・連立

第2章　日本政治の「時間構成」

59

政権」が立ち上げられることになった。首相指名選挙を行う第127回特別国会は8月5日に召集されたが、ベルギーの故ボードアン国王の葬儀に参列する天皇の訪問日程（8.6〜8.9）が入り込んだために、細川内閣の発足は8月9日（月）にずれ込み、天皇を迎えて行う開会式は12日（木）に開催されることになった。「政治改革（選挙制度改革）国会」たる第128回臨時国会は9月17日（金）に召集され（当初会期は90日間、12月15日まで）、細川内閣はこの臨時国会の冒頭に政治改革関連法案を国会に提出した。野党になった自民党はこの審議入りを遅らせるため、開会式前に所信表明演説を消化することに強く反対した。というのも、この時期、天皇はイタリア・ベルギー・ドイツを訪問（9.3〜19）していたので、その帰国を待って行われる開会式は早くても9月20日（月）となる見込みであった。結局、開会式を21日（火）に設定しその日に所信表明演説、22日から24日まで各党代表質問、国連総会出席のための首相訪米（9.25〜28）、自民党臨時党大会（9.29〜30）、というスケジュールが展開された。ちなみに、細川首相は9月20日には、来日したメージャー英国首相と官邸で会談している。

3　2000年の解散日程のケース

　これは天皇の外国訪問日程が間接的に解散日程の考慮要因になった例である。すなわち、通常国会の会期末・6月19日までの解散をうっかり吐露してしまった森首相は、7月下旬（7.21〜23）の沖縄サミットを前提とした解散日程を最終的に決めるにあたって、両陛下のスウェーデン・オランダ訪問（5.20〜6.1）の日程を勘案せざるをえず、結果的に投開票日が"仏滅"となる選択をした。もとより、国事行為臨時代行の皇太子による解散詔書でも制度上は解散可能なのだが、優先考慮したのは天皇の帰国を待って衆議院解散詔書を調達（6月2日解散、12日公示）することであった。かくして、総選挙投票日は異例にも仏滅・6月25日（5.14に死去した小渕前首相の誕生日）となった。

4　国会召集日に開会式が行われなかったケース

　国会の慣例として、特別の事由がない限り国会の召集日に開会式を行うことになっているが、2007年の通常国会は1月25日（木）に召集されたのに、開会式は翌26日にずれ込むことになった。なんと、チーム安倍・官邸は、天皇の健康診断の日程（検査入院の日）が25日であることを把握していなかったので、慌てて開会式を1日遅らせる失態を演じた。安倍首相による施政方針演説も1月26日の開会式のあとへと延期された。

5　新首相の誕生、内閣発足、閣僚交替

　これらの機会に際しては、天皇による任命・認証の儀礼的手続きが必要なので、天皇の日程それ自体が政局日程等の影響をうけることになる。それは反面、後者が天皇の既定の日程を勘案せざるをえないことを意味する。2007年5月28日（月）、松岡利勝農水相が突然自殺した。そこで、天皇・皇后の訪欧日程（2007.5.21～5.30）を所与の条件として、環境大臣にしばし農水大臣を兼任させ、天皇が帰国した翌々日（6.1、金曜）に赤城徳彦・新農水大臣の認証式が皇居で行われた。宮内庁は、天皇帰国の翌5月31日に、皇太子の入院予定（東大病院で6月6日にポリープ切除手術、前後1週間ほど入院）を発表している。また、閣僚が不祥事で辞任せざるをえない局面では、天皇が静養先に移動する前に皇居での新閣僚認証式を済ませるため、それをタイムリミットとして辞任日程が構築されることもある。2001年1月23日に辞任を余儀なくされた額賀福志郎・経済財政担当大臣の例が想起されよう。ちなみに、この日に天皇は葉山御用邸に静養のため出かけている。

第5節　通常国会の異例の召集日程をめぐって

　ここでは、通常国会が12月に召集されていた時代、また1月召集に変更されて以降の時期につき、その召集がぎりぎり可能な開始点と限界点に設定された、むしろ異例と目される召集事例に焦点をあてる。

1　「12月1日召集」の通常国会〈超長期の特別会と12月1日召集の常会〉

　戦後の国会史において、12月1日に召集された通常国会は2例ある。いずれも、超長期の特別国会が先行したケースになっている。

　①田中角栄内閣下の第72回通常国会（1973.12.1〜74.6.3／7週間の会期延長を含む）：この通常国会に先行する国会としては、そこに臨時国会の介在もなく、280日間の「超長期の特別国会（1972.12.22〜73.9.27）」が展開されている。1972年12月10日に行われた総選挙の結果、共産党が38議席（24増）を獲得して衆院議運委の理事ポストを獲得する事態が生じた（自共対決！）。ここに、田中首相が小選挙区制導入を企図したことで特別国会は空転した。また、自民党は2度にわたり65日間の会期延長を強行採決、国鉄運賃値上げ・防衛二法改正・筑波大設置法案を強行可決した。12月1日召集の通常国会では、12月に補正予算と「石油二法」を成立させ年末年始の自然休会入りしている。

　②中曽根内閣下の第102回通常国会（1984.12.1〜85.6.25／57日間の会期延長を含む）：先行する国会は、1983年12月18日の総選挙をうけた「超長期の特別国会（1983.12.26〜84.8.8）」である。自民党が過半数割れしたので中曽根首相は新自由クラブとの連立を選択した。与野党伯仲国会となったこともあり、この特別国会は77日間の会期延長がなされたが、強行採決なしの展開となった。第102回通常国会では、12月に電々改革関連3法案を処理して年末年始の自然休会入りしている。

上記の両ケースにあって、**表2-6**に見るごとく、その日程経過は相当に類似している。中曽根官邸・自民党執行部が1973〜74年の展開を参照したことが窺える。両通常国会の直前の11月に、ともに内閣改造（中曽根は総裁再選をうけて）を行っているし、奇しくも２つのケースは曜日の展開もまったく同じである。通常国会召集の閣議決定（11.9）と会期延長の議決（4.26）の日程も一致、それに通常国会の後には74年は参院選、85年は都議選が控えていた[14]。

2 「１月31日召集」の通常国会

　1992年に通常国会が１月召集に切り替わってから、１月の最終日に召集された事例は２つある。すなわち、消極的な日程設定と積極的な日程指定との対照が見られるケースである。

　①細川内閣下の第129回通常国会（1994.1.31〜6.29）：小選挙区・比例代表並立制導入の法案を審議した第128回臨時国会は、審議が異例にも年を跨ぐこととなり、その決着が１月下旬までずれ込んだ。その結果、細川首相は常会の１月31日召集を余儀なくされている。これは、追い込まれた状態での選択の余地なき事例である。

　②森喜朗（→小泉純一郎）内閣下の第151回通常国会（2001.1.31〜6.29）：2001年は、都議選と参院選が12年おきに重なる巳年にあたっていた。連立与党の公明党は選挙運動の動員上、６月下旬予定の都議選（6.24）と参院選とのあいだをできるだけ空けたいと要望していた。政権としては、KSD事件や外務省機密費問題の波及を見守る必要もあった。そこで、森首相・連立与党執行部は、参院選の投票日を７月末の日曜日（7.29）に持ち込むために、常会の１月召集条件をぎりぎりみたす31日召集を選択した。これは、明確に企図した日程戦略による例である。

---

14 詳しくは拙稿参照のこと。坂本孝治郎「第102回通常国会の審議日程経過—データにみる審査状況」『学習院大学法学部研究年報・22』1987年、111-226頁。

表2-6 「12月1日召集」通常国会の日程経過

第72回通常国会に先立つ国会の経過	第102回通常国会に先立つ国会の経過
1972年（昭和47年）	1983年（昭和58年）
11.13　衆院解散	10.12　ロッキード・田中判決（一審　実刑判決）
11.20　総選挙（戦後12回目）の公示	11.28　衆院解散（総選挙の公示は12.3）
12.10　第33回衆院選挙（自民党　271＋13）	12.18　第37回衆院選挙（自民党　250＋9）
12.22　第71回〈特別国会〉召集	12.26　第101回〈特別国会〉召集
12.22　第2次田中内閣発足	12.27　第2次中曽根内閣発足（新自クと連立）
1973年（昭和48年）	1984年（昭和59年）
▽ 1.15　昭和48年度予算政府案を閣議で決定	▽ 1.20　昭和59年度予算政府案を閣議で決定
1.27　（土）特別国会・再開、国会開会式	2.6　（月）特別国会・再開、国会開会式
	2.9　アンドロポフ死去（2.14　国葬：安倍外相参列）
2.1　（木）衆院予算委員会、総括質疑開始	2.13　（月）衆院予算委員会、総括質疑開始
3.13　（火）48年度予算案、衆院通過	3.13　（火）59年度予算案、衆院通過
	3.23　（金）首相、中国訪問（帰国　3.26　月）
＊3.28　（水）暫定予選案提出	＊3.28　（水）暫定予算案提出
（成立　3.31　土）	（成立　3.30　金）
4.11　（水）48年度予算案、参院通過・成立	4.10　（火）59年度予算案、参院通過・成立
	4.10　皇太子夫妻、銀婚式
5.19　衆院本会議、自民党は65日間延長を単独採決（7.24まで）	5.23　衆院本会議、自民党・新自由国民連合の賛成で77日間延長を議決（5.24から審議停止）
7.17　65日間の再延長を単独可決	
	6.15　ロンドン・サミット（6.7-9）からの首相帰国（6.13）を機に、国会を再開
9.27　特別国会　閉会	8.8　特別国会　閉会（成立率83％、修正率
（政府提出法案の成立率81％、修正率37％）	26％）
	8.21　臨時教育審議会　発足
▽臨時国会なし	▽臨時国会なし

（出典）坂本孝治郎「第102回通常国会の審議日程経過—データにみる審査状況」『学習院大学法学部研究年報・22』1987年、124-125頁

第72回通常国会の経過（1973.12.1-74.4.29-6.3）	第102回通常国会の経過（1984.12.1-85.4.29-6.25）
	10.31　自民党両院議会総会、中曽根首相の総裁再選を正式決定（二階堂副総裁擁立事件）
	11. 1　第2次中曽根改造内閣発足
	11. 3　故ガンジー首相の国葬：中曽根首相参列
11. 9　通常国会の12月1日召集を正式決定	11. 9　通常国会の12月1日召集を正式決定
11.25　第2次田中改造内閣発足	11.26　中曽根政権、満2年（田中元首相退陣10年）
☆12. 1　（土）第72回〈通常国会〉召集	☆12. 1　（土）第102回〈通常国会〉召集
12.22　（土）年末自然休会に入る	12.22　（土）年末自然休会に入る
12.29　昭和49年度予算政府案を閣議で決定	12.29　昭和60年度予算政府案を閣議で決定
1974年（昭和49年）	1985年（昭和60年）
1. 7　東南アジア5カ国訪問（帰国　1.17）	1. 1　新年訪米（帰国　1.5）
（1.2-6　大平外相訪中、1.7-14　三木副総理訪米）	1.13　大洋州4ヵ国訪問（帰国　1.20）
1.21　（月）通常国会・再開、国会開会式	1.25　（金）通常国会・再開、国会開会式
1.26　天皇・皇后、金婚式	1.31　（木）衆院予算委員会、総括質疑開始
1.28　（月）衆院予算委員会、総括質疑開始	2. 7　（木）「創成会」が初会合
	2.27　（水）田中元首相、逓信病院に入院
3.12　（火）49年度予算、衆院通過	3. 9　（土）60年度予算、衆院通過
＊3.27　（水）暫定予算案提出（成立　3.30）	3.13　故チェルネンコ書記長の国葬：首相参列
4.10　（水）49年度予算案、参院通過・成立	4. 5　（金）60年度予算案、参院通過・成立
4.26　（金）衆参両院、35日間の延長議決	4.26　（金）衆院、57日間の延長議決
政府提出法案の成立：（33/90、36.7%）	新規の政府提出法案の成立率：（36/84、42.9%）
▽延長議決、5月連休で国会休会	▽延長議決、5月連休で国会休会
	5. 2　ボン・サミット（〜5.4）
5. 7　延長後国会　再開	5. 9　延長後国会　再開（首相、帰国報告）
6. 3　通常国会　閉会	6.25　通常国会　閉会
政府提出法案の成立率：95法案のうち79件	政府提出法案の成立率：84法案のうち77件
成立（83%）、修正率　33%	成立（92%）、修正率　23%
6.14　第10回参院選挙の公示	6.28　東京都議会選挙の公示
☆7. 7　七夕参院選（自民党62、改選議席8減）	☆7. 7　七夕都議選（自民党、5議席増）
7.12　三木副総理・環境庁長官が、自民党の体質改善に専念と辞任：福田蔵相、保利行政管理庁長官も辞表提出（7.16）	7.12　首相、訪欧（帰国　7.21：パリ祭　7.14）

3 「新年早々召集」の通常国会

　平成期の国会において、年明け早々の常会召集は2例存在する。最初の例は2009年1月5日（月）の召集である。麻生首相は、参院野党多数の状況下で福田康夫内閣がイラク特措法案の成立等に苦労したケース（臨時国会が越年）、換言すれば国会審議の遅延・滞留を教訓として審議日程を前倒し・確保しようとした。

　次は両院与党多数下、安倍首相による2016年1月4日の召集例である。2015年の通常国会において、安倍政権は重要対決法案の安保法制処理に多大な時間をかけた（95日間の長期延長、1.26〜9.27）ために、野党は臨時国会開催を強く要求したが、安倍首相にあっては争点舞台の焦点化を忌避する防衛機制が働いて、臨時国会の召集を棚上げした。それを政治的に合理化するために、翌年の通常国会を正月・三箇日の明ける1月4日（月曜）に設定した次第である。

第6節　中曽根首相の日程戦略──1986年を中心として

　自民党の歴史、戦後政治史にあって相対的に長期政権を担った中曽根康弘首相は、「政治はリズムとテンポである」ことを強く意識し、そうした日程戦略を行使しようとした稀有の首相であった。就任まもない1983年初頭の電撃的な韓国訪問、1986年の衆参同日選挙の演出（死んだふり解散）などはとりわけ、われわれの記憶に残っている。1986年の戦略的な日程構築は、戦後4回目の10年周期に相当する「1985年・戦後40年」の日程経過とあわせて点検してみる必要がある。翻ってみるに、1986年は「昭和天皇在位60年」に相当した年でもあった。中曽根首相はその栄誉を担うべく、祝賀日程を前例に反して天皇誕生日に強引に繰り上げ設定した。それは、1976年の秋に三木首相が「三木降ろし」の画策に抗するために、11月10日実施の「天皇在位50年記念式典」を政治的に活用し、衆院任期満了・総選挙に持ち込んだケースを参照、比較していかねば

ならない。もとより、三木首相にとっても「戦後30年」の意義は大きく、既述のように、私的資格とはいえ、1975年に「8月15日・靖国参拝」の端緒を開いている。

①中曽根首相は、1986年の「昭和天皇在位60年式典」を自分が主催するために、いろいろと画策した。前例に倣って11月10日に実施するとなれば、その前に自民党総裁任期が切れて首相にとどまっていないケースを想定して、それを強引に4月29日（天皇誕生日）に繰り上げセットした。

②中曽根首相は、1986年の東京サミットの日程を5月4日～6日に設定した。第二次世界大戦後40周年にあたる1985年、英米仏露の旧連合国は5月8日のV-E Day に盛大な記念式典を催すことになっていた。西ドイツはボン・サミットをこの式典の前（日本の5月連休期）に設定した。この日程構築が参考になったのか、中曽根首相は翌年の東京サミットを同時期に行うことにした。

③東京サミットの直後には、「英国皇太子夫妻の日本訪問（5月8日～13日）」が展開されている。カナダのバンクーバーでの世界交通博覧会に夫妻が出席したあと来日するスケジュールを引き出した次第である。さらに、中曽根首相は5月ないし6月に日本の皇太子夫妻を韓国訪問させようという日程をも演出しようと画策した節がある。しかし、美智子妃殿下の体調理由もあり、この日程構築は早々と撤回・頓挫している。

④極めつけは、金丸信幹事長と仕組んだとされる、「死んだふり解散（6月2日）→ダブル選挙（7月6日、仏滅）」である。異例の衆参同日選挙の結果は自民党大勝となり、中曽根首相はその功績で総裁任期の特別1年延長を勝ちとり、長期政権を誇ることになった。

　以上、第1章の第3節において「政治と時間」研究の準拠枠や有意義な研究対象の次元・範域などを試みに提示し、本章ではその実践的応用を披露し例証してみた。翻ってみるに、本章での日本政治研究への適用もあるいは体系的でもなく、事例の羅列的紹介にとどまったようである。

　もとより、「政治と時間」という問題視野は、ミクロ的な日程の設定・調整

表2-7　日本と英国の議会・祝日等の日程構成（2006-2007年）

備考：▼は議会閉会ないし休会（Recess）入り、▽は開会ないし再開（return）、☆は重要な追悼の日、□は選挙／○内の数は第何週目・月曜日

英国の祝日（8）	Westminster	年　月
	☆11.12　Remembrance Sunday ▽11.15　**State Opening**	11月 2006年
12.25　Christmas 12.26　Boxing Day	▼12.19　Christmas recess	12月
1. 1　New Year's Day	▽1.8	1月 2007年
	▼2.8　Half term recess ▽2.19	2月
	＊3.21　**Budget Day** ▼3.29　Easter recess	3月
4. 6　Good Friday （＊4.8　Easter Sunday） 4. 9　Easter Monday 5. 7　① May Day Bank Holiday	▽4.16	4月
	□5.3　Local Elections	5月
5.28　Spring Bank Holiday	▼5.24　Whitsun recess ▽6.4	6月
（＊6.16　Trooping the Colour）	6.27　G. Brown が首相に	7月
	▼7.26　Summer recess	8月
8.27　Summer Bank Holiday		9月
	党大会（4、5日間）：Lib. Dem. 9.16～ Lab. 9.23～/Con. 9.30～ ▽10. 8 ▼10.30	10月
	▽11. 6　**State Opening** ▼12.18　Christmas recess	

国　会　9.26安倍内閣発足	国民の祝日（15）	年　月	参　考
	11. 3　文化の日	11月	**旧明治節**
		2006年	
	11.23　勤労感謝の日		新嘗祭
		12月	
▼12.15　臨時会閉会			
	12.23　天皇誕生日		
1.17　自民党大会	1. 1　新年	1月	
▽1.25　常会召集	1. 8　②成人の日	2007年	
		2月	
	2.11　建国記念の日		**旧紀元節**
			2.23　皇太子誕生日
		3月	
			3.10　東京都慰霊堂・春季慰霊大法要
＊3.26　予算成立	3.21　春分の日		
		4月	
□統一地方選挙			靖国・春季例大祭（4.21-23）
	4.29　昭和の日		**旧天長節**（天皇誕生日→みどりの日→）
（5月連休・自然休会）	5. 3　**憲法記念日**	5月	（5.1　May Day）
	5. 4　みどりの日		東京裁判開廷日（1946.5.3）
	5. 5　こどもの日		
			5.28　千鳥ヶ淵戦没者墓苑拝礼式
		6月	
6.23　当初会期末			☆6.23　沖縄全戦没者追悼式
▼7.6		7月	
	7.16　③海の日		
□7.29　参院選挙			☆8. 6　広島市・原爆死没者慰霊式
▽8. 7　**臨時会**　▼8.10		8月	☆8. 9　長崎市・原爆犠牲者慰霊式
			☆8.15　全国戦没者追悼式
▽9.10　**臨時会召集**		9月	9.2　戦艦ミズーリ号上で降伏調印式
			(1945)
9.12　安倍、辞任会見	9.17　③敬老の日		
9.25　福田首相選出	9.23　秋分の日		
10. 1　所信表明演説	10. 8　②体育の日	10月	
			靖国・秋季例大祭（10.17-20）
▼11.10　閉会予定（延長→12.15、			
再延長→2008.1.15）			

第2章　日本政治の「時間構成」

から、周期的・臨時的な選挙日程の構築、マクロ的な体制変動の進展に至るまで多岐にわたる。諸時間システムを統合・管理する政治、それらに同調・適応を迫られる政治、新聞発行の締め切り時間を活用する政治家、視聴率の高いテレビ・ニュースにあわせて記者会見する政治家、メディアの監視を浴びない（逆に、あるいはメディアの増幅効果に適した）時期・時間帯を狙って事を仕掛ける狡知、など様々な次元で時間がかかわっている[15]。また、政治事象に限らず、国際的スポーツ大会にあっても、主要スポンサーの当該国のゴールデン・タイムでのテレビ中継・放映時間にあわせて、競技の開始時間が恣意的に決定されることもある。

　なるほど、一国の時間展開には多層の歴史的な時間（プレート）が滑り込んでいるし、また国際的・地域的な時間展開が波及的に影響している。ともあれ、政治体制の制度化された年間の時間構成、また宗教的・世俗的な年間暦の構成などの情報も、比較政治研究に繰り込まれる必要があろう。

　ここでは、日本と英国の議会（開会、休会・再開、閉会）や祝日等の日程の年間構成を比較参照していただくために、ささやかな例示として、**表2-7**を掲載する。英国議会の最大のハイライトたる開会式（State Opening of Parliament）すなわち Queen's Speech は、かつては11月に行われることが多かったが、最近の事例では5・6月に傾斜している。参考にこの対照表では、先述したように日本の祝日・歴史的記念日等にちなみ、ある種の綱引きがイデオロギー的意味空間において展開されているイメージを表出するため、追悼儀礼の情報も加味して、試みに矢印を付してみた。

　ところで、1914年に勃発した第一次世界大戦は、予期せぬほど惨憺たる死者を生み出したあげく、1918年11月11日・午前11時を期して停戦に入った。これを契機としてその後、関係国において「11月11日」が第二次世界大戦等も含む

---

15 ちなみに、イラン海軍が英海軍兵士15名を拉致し人質にとったあと（2007.3.23）、結局、イラン大統領が英兵士を解放すると声明（4.4）して英国へ帰国の途（4.5）につかせた、その日程戦略には家族と過ごすイースター・Good Friday（April 6）が背景として意識されていた。

戦没者追悼の日（Remembrance Day）となり、概して祝日（休日）の扱いをうけている。しかし、英国（連合王国）では当該日を祝日化することなく、11日に近い日曜日を Remembrance Sunday とし、国を挙げて追悼儀礼を執り行っている。当然に、女王以下・王室メンバーも毎年、この追悼儀礼に参列している。概して公人たちは、その数週間前から戦没者を象徴する「赤いポピーの飾り」を身につけるのが慣習となっている。最近年では、第一次世界大戦百周年（2014〜18年）にちなみ、各節目に際し重大な戦いの記念追悼の儀礼が継起的に繰り広げられている[16]。なお、英国では６月中旬に、女王に対する軍旗敬礼式（Trooping the Colour）が盛大に挙行されている。ちなみに、大日本帝国時代においても、例えば４月29日・「天長節」に際し東京・代々木練兵場で大元帥陛下による「観兵式」が行われていたことを想起されたい。

　本章を終えるにあたって、日中韓の歴史的記念日等の関連日程情報（**表2-8**）を供することにしたい。なるほど、国外で働くに際しても正負の記念日・日程を念頭において動くこと、すなわち「日中韓の歴史的教養」を身につけ無用な摩擦や感情的な条件反射を逓減させることが肝要であろう。消極的には地雷原に立ち入らないための、あるいは積極的には異文化享受に資する、有意な日程情報として、「政治教育」の参照素材としても活用できるであろう。

〈本章初出〉「「政治と時間」研究：ことはじめ」『学習院大学法学会雑誌』43巻２号、2008年３月。概して本章は初出原稿の第２章から転載している。なお、2007年・英国首相交替の日程構成（初出・第３章）は割愛した。転載に際し、新たに予算関連日程の「表2-2」を繰り入れ、また「表2-8」を補充掲載し説明文を追加挿入した。それに適宜、一部で小見出しも含め表現を修正している。

---

16 英国においては、100周年キャンペーンは2013年から始動している。詳しくは拙稿参照のこと。〈「政治と儀礼」研究ノート（Ⅲ）─2013年・戦没者追悼儀礼を中心として〉『学習院大学法学会雑誌』第49巻２号（2014年３月）、233-277頁。

表2-8　日本・中国・韓国等の「歴史的記念日」と「祝日」ほか（一覧）：2014年暫定版

中　　　国	日　　　本
1.01　元旦	
1.31　春節（2014年：1.31-2.6　7連休）	2.11　☆建国記念の日（旧紀元節）
	2.26　2.26事件（1936年）
3.01　満州国、建国宣言	3.10　陸軍記念日（1905年奉天の会戦勝利）
	（1945年東京大空襲）
	3.11　東日本大震災（2011年）
4.05　清明節（2014年、3連休）	4.21　～4.23　靖国神社 春の例大祭　※
5.01　労働節（2014年、3連休）	（※4.30　日露戦争陸軍凱旋観兵式）
5.04　★五・四運動（1919年）	4.29　☆昭和の日（旧天長節）
	5.03　☆憲法記念日／東京裁判開廷（1946年）
6.02　端午節（2014年、5.31から3連休）	5.15　5.15事件（1932年）・犬養首相射殺
6.05　重慶爆撃（1941年）	5.27　海軍記念日（日露海戦勝利）
	6.23　沖縄戦終結
7.07　★盧溝橋事件（1937年）：日中戦争	
7.25　日清戦争開戦（1894年）	
	8.06　ヒロシマ
	8.09　長崎
	8.15　終戦・敗戦（1945年）
9.03　抗日戦争勝利記念日（1945年）	9.02　降伏調印式（1945年）
9.08　中秋節（2014年、9.6から3連休）	9.11　尖閣諸島国有化（2012年、野田首相）
9.18　★柳条湖事件（1931年）：満州事変	
10.01　国慶節（2014年、10.1から7連休）	10.17　～10.20　靖国神社　秋の例大祭　※
	（※10.23　日露戦争海軍凱旋観艦式）
	11.03　☆文化の日（明治節：1946年　新憲法公布）
11.11　上海陥落（1937年）	
12.13　南京虐殺（1937年）：「国家哀悼日」	12.08　真珠湾攻撃（1941年）
12.26　毛沢東誕生日（2013年、120周年）	12.26　2013年：安倍首相・政権1年、靖国参拝

（参考）『年表　昭和・平成史』岩波ブックレット、2012年／「日中韓の歴史教養は世界で働くための第一歩」（『AERA』2014.4.28、10-15頁）／『日本史総合年表（第2版）』吉川弘文館　2005.8／韓国観光公社

韓　国（◎は旧暦・毎年変動）	備　考（▽は北朝鮮）
1.01　新正月	
1.30　ソルラル（2014年：〜2.1）◎	旧正月
	▽2.16　光明星節（金総書記誕生日）
3.01　**独立運動記念日**（1919年）＊	＊三一節
3.26　安重根処刑の日（1910年）	
4.03　済州島四・三事件（1948年）	▽4.15　太陽節（金日成誕生日）
4.19　四・一九革命（サイルグ）＊	＊1960年
5.05　**こどもの日**	▽4.25　軍創建記念日
5.06　**釈迦誕生日◎**	
5.18　光州事件（1980年）	
6.04　**2014地方選挙（水曜日）＊**	＊韓国法定公休日
6.06　**顕忠日（忠霊記念日）**	
6.25　朝鮮戦争勃発（ユギオ）＊	＊1950年
6.29　六月民主抗争（1987年）	
8.14　日本軍慰安婦被害者をたたえる日＊	＊2018年より法定記念日
8.15　**光復節（独立記念日）**	
8.29　韓国併合（1910年）	
9.07　**秋夕**（旧暦 8.15）◎〜9.10＊	＊9.10は振替休日
	9.11　米国への同時多発テロ（2001年）
10.03　**開天節（建国記念日）**	
10.09　**ハングルの日**　＊	＊2013年度に追加
	12.07　Remember Pearl Harbor
12.25　**クリスマス**	（日本時間、12.08）

第 3 章

政権交代と首相儀礼

首相の就任儀礼を中心として

■ はじめに

　日本の国会や首相・各党幹部等の動きを新聞やテレビで観察、あるいはその
動向を詳細に追跡する作業を積み重ねていると、定例化された行動や制度化さ
れたパターン、慣行がいくつも見えてくる。例えば、①新年度予算案の衆議院
通過後、そして参議院本会議で可決・成立後、首相は各党の国会控え室を訪ね
て挨拶、②通常国会がともあれ閉幕すると、首相は両院正副議長や与野党各会
派に挨拶回り（国対委員長・官房正副長官が随行）、③衆議院本会議場で解散詔
書が議長によって読みあげられると、議場の議員が「万歳三唱」を一斉に唱和
して散会する、④総選挙結果をうけて、国会で首相指名投票が行われ新首相が
確定すると、当該者は立って議場の諸兄にお辞儀、散会後さっそく新首相は国
会内に両院正副議長を訪ね、また各党を回って取り急ぎ首相指名のお礼挨拶。

　以上、例にはこと欠かないが、こうした挨拶儀礼はそもそもいつごろから始
まっているのか、これらは果して帝国議会開設以来の日本の議会政治・政党政
治（さらに遡行して封建政治・主従関係）に独特な儀礼文化なのか、いろいろな
疑問が浮かんでくる。首相儀礼については戦前から続く慣例も多いようだが、
もとよりその詳細を正確につかむのは困難であろう。ともあれ、具体的にどの

時期・どの首相からそうした儀礼が試みられ、継承・踏襲されるようになったのか等を追跡するには、やはり政治史研究者の助けに期待せざるをえない。各守備範囲や研究対象時期に応じてその知見を披露してもらって、事例を集積しその変容をたどって、首相儀礼・議会儀礼・政党儀礼などを明確化していく連携作業が必要であろう。すでに、参照すべき「議会儀礼の研究」も存在する[1]。

ここでは、日本政治史上極めて画期的な「2009年の政権交代」に刺激されて、試みに日本国憲法下における首相の就任関連儀礼に照準をあわせる。そこで、まず鳩山由紀夫首相の就任儀礼を先行的に取りあげ、次に歴代の保守政党首相の就任儀礼、とりわけ伊勢神宮参拝に着目して、観察的な記述を展開する。特定化（ときに制度化）された政治的時間・就任時期への接近観察は、そうした区分けされた時間・時期における政治家の儀礼的行為に焦点をあてる以上、本章は「政治と時間」研究の一環をなしている[2]。広くは、「三権の長の固有・相互の儀礼／天皇・皇室との関係儀礼」といった研究テーマに包摂されるが、日本の政治儀礼に関し調査点検さるべき対象についての提案の試み、という意味でも暫定的たらざるをえないゆえに、当初の執筆時点（2010年）では「政治と儀礼」研究ノートと銘打った次第である。

なお、執筆に際しては、1945年以降は主として『朝日新聞縮刷版』を、また1985年以降については朝日新聞記事データベース「聞蔵Ⅱビジュアル」も加えて活用した。それに、政治的出来事の展開を概観するために、戦後日本政治史研究会編『現代日本政治史年表・解説』（法律文化社、1988年）を参照した。

---

1 例えば、Emma Crewe, Marion G. Muller (eds.), *Rituals in Parliaments*, Peter Lang GmbH, 2006.
2 それゆえ、本章は「政治と時間」研究の成果のひとつである。あらためて、サントリー文化財団の研究助成（2006年度・2007年度）に感謝したい。なお、その研究成果である拙稿を参照されたい。（「「政治と時間」研究—ことはじめ」『学習院大学法学会雑誌』43巻2号所収、2008年）。

第1節　2009年・歴史的な「政権交代」に見る「首相儀礼」の展開

　試みに「首相就任に伴う関連儀礼に着目してみよう」といった課題を設定した場合、なるほど重宝なのは新聞各紙に毎日掲載される「首相動静」の欄である。2009年8月30日・投開票の衆議院総選挙において自民党が歴史的惨敗を喫し、民主党が圧倒的な単独過半数（308議席）を獲得したのに伴い、9月16日に日本の議会政治史上まさしく画期的な光景、「野党が総選挙で勝利して政権交代を実現する」事態が現出し、鳩山由紀夫「連立政権」が発足することになった。ここに、「政権移行期」がスタートした8月31日（月）の動静から、例えば讀賣新聞では「麻生首相の一日」と並んで「鳩山さんの一日」が掲載されるようになり、この併記方式は9月16日分の動静報道まで続いている。そこで、総選挙大勝利から首相就任までの2週間ちょっとの鳩山民主党代表の動静のなかから、報道各社のインタビュー、民主党幹部や連立相手との打ち合わせ等を除き、「歴史的政権交代」に向けた「就任事前儀礼」の意味合いを帯びている情報をいくつか抽出してみよう。

1　首相就任に至る「事前儀礼」

(1) 次期首相への外国要人・駐日大使等の挨拶儀礼

　早速、選挙結果の判明した翌日・8月31日（月）の午後には韓国大統領・豪州首相・駐日米大使と「電話会談」、9月3日（木）の午前中にオバマ米大統領、午後に国連事務総長・英国やスペインの首相と電話で挨拶が交わされ、また同日には党本部で駐日米大使・露大使とそれぞれ会い、そして翌日（金）の午後には駐日中国大使・韓国大使の表敬訪問を受けている。また、9日（水）の午前に中国の外務次官を応接している。

(2) 日銀総裁・事務次官等との応接儀礼

「脱官僚・政治主導」を主張して勝利した民主党の代表としては、省庁の長との早期接触をむしろ忌避していたこともあり、極めて限定的に対応している。9月1日（火）の午後、方針との矛盾度の低い白川日銀総裁へ応接、そのあと丹呉財務次官・三国谷金融庁長官と会っている。翌週の8日（火）、就任直後の外交デビューを勘案してか、外務省の次官・審議官と会っている。

(3) 支援組織や友好的助言者との会合

鳩山代表は9月2日（水）、選挙支援へのお礼言上のため連合中央執行委員会に出かけ、また8日（火）の昼過ぎに東京・八重洲に稲盛和夫京セラ名誉会長を訪問し、そして寺島実郎日本総合研究所会長と夕食をともにしている。なお、政権交代から70日ほどが経過した11月24日（火）の夜、「党の後見人的存在の稲盛和夫・京セラ名誉会長」が「政権交代後の慰労会」として会食を設け、鳩山由紀夫首相・小沢一郎幹事長・菅直人副総理・岡田克也外相・前原誠司国交相ら民主党代表経験者が参加、「こうした会食は今後も月1回程度開くことになった」、と朝日新聞（2009年11月25日付）は報じている。

(4) 自治体首長等の民主党本部への表敬訪問

ちょうど1週間が経過した週明け9月7日（月）、午後1時過ぎから、まず選挙縁のある地元の洞爺湖町長、そして核廃絶運動で象徴的な広島市長・長崎市東京事務所長、それに大阪市長と民主党本部で立て続けに会っている。9日には北海道アイヌ協会理事長と北海道知事、そして全国知事会長ら地方6団体代表に接見している。

(5) その他の儀礼

最初の週末の9月5日（土）、鳩山代表は祖父の鳩山一郎・元首相の墓参りをして首相就任前の通例の報告儀礼を済ませ、翌週末の12日には東京・田園調布の多摩川浅間神社に参拝している。日曜日・13日の夕刻に、東京・赤坂のホ

テルで開催されたブラッター国際サッカー会長の「叙勲を祝う会」に出席、14日の夜は米国大使館に夫妻で赴きルース米大使と会食している。

　次に、待ちに待った9月16日（水）に衆参両院本会議で首相指名をうけてからの鳩山由紀夫首相の「就任儀礼」を追跡・列挙してみよう。

２　首相指名後の「就任儀礼」

⑴　首相指名直後の「就任挨拶儀礼」

　国会で首相指名をうけた鳩山新首相は、議場を出て早速に衆参両院議長、与野党幹部らに挨拶回りして官邸入り。総理大臣官邸の主になった鳩山首相は、連立する与党3党の党首会談で政権発足の呼吸をあわせ、そして組閣本部から新閣僚を呼び込み打ち合わせを行い、次に国民に向けた就任儀礼として午後6時から記者会見に臨んだ。鳩山首相は、夕刻7時ごろ皇居に到着しまず天皇に報告、そして「首相任命式」という就任儀礼を施され正統性を十全に帯びて、次に天皇の現前で「閣僚認証式」の儀礼手続きを済ませ、ここに鳩山由紀夫内閣を正式に発足させた。そして、鳩山首相（一行）は官邸に戻って10時17分から「初閣議」を催し、そのあと恒例の「記念撮影」に臨み、続いて首相補佐官らに辞令を交付し、多忙な就任1日目を終えている。そして、なか1日おいて18日（金）に、天皇を迎えて特別国会開会式が従来の方式を踏襲して挙行され、鳩山首相は夕刻に皇居に出かけ「副大臣認証式」に臨んでいる[3]。

⑵　米国での「外交デビュー」

　鳩山首相は9月21日（日）の夜、羽田空港から米国へ政府専用機で飛び立ち、国連気候変動首脳会合の開会式で「二酸化炭素の排出量を2020年までに1990年

3　国会開会式を終えると、適宜すみやかに両院議長が皇居に赴き、天皇お出ましに対するお礼の記帳儀礼を執り行うことが慣例になっているようである。ちなみに、英国では通年会期を始動させる「議会開会式 *The State Opening of Parliament*」での女王演説儀礼に対し、庶民院・貴族院はそれぞれ「奉答辞」を決議・承認することになっている。

比25％削減する」鳩山イニシアチブを格調高く訴えた。ここに、日本の首相として画期的なことに世界の首脳から拍手喝采を浴び、政権発足1週間で劇的な外交デビューを果した。そして、オバマ米大統領と会談（その他の首脳とも）、国連総会で演説、G20の金融サミットに出席、パイレーツ対ドジャース戦の始球式に臨んでいる。かくして、鳩山首相は、一連の演説・会談・会合・儀礼を首尾よく消化し、充足感を抱えて26日（土）に羽田着・帰国している。タイミングにめぐまれ、翌日には大相撲秋場所（千秋楽）を夫妻で観戦、観衆・国民の見守るなか優勝した朝青龍に表彰状と総理大臣杯を授与、すなわち、視覚効果巧みに国内デビューをも果している。

(3)「帰国の記帳」と「就任の記帳」という首相儀礼

　首相が外国訪問し帰国した際には、皇居を訪ねて「帰国の記帳」を行う儀礼が慣行になっているが、鳩山首相は週明けの9月28日（月）にこの儀礼を踏襲、またこの日に常陸宮邸ほか各宮家を回って、これまた慣例となっている就任挨拶の「記帳儀礼（東宮御所では皇太子に挨拶）」を執り行っている。なお、2016年オリンピックの開催候補地を決定するIOC総会が開かれたコペンハーゲンに政府専用機で出かけた鳩山首相は、10月3日（土）に帰国した際には羽田から皇居に直行し帰国の記帳を済ませている。

　ちなみに、ここ数代の首相による皇族への就任挨拶・記帳儀礼を朝日新聞の首相動静欄で点検してみると、小泉純一郎首相（2001.4.26、内閣発足）は、5月1日（火）の午前中に東京・高輪の高松宮邸、渋谷区の常陸宮邸、元赤坂の東宮御所、同赤坂御用地、東京・三番町の桂宮邸に赴いている。次の安倍晋三首相（2006.9.26、内閣発足）は、9月29日（金）の午前中に羽田空港で兵庫県開催の国民体育大会開会式に出席・訪問する天皇皇后をお見送りし、午後に衆議院・参議院で「所信表明演説」を済ませ官邸に帰った後、2時半過ぎにまず元赤坂の東宮御所で皇太子に就任の挨拶、続いて同所の赤坂御用地の秋篠宮邸、三笠宮邸、寛仁親王邸、高円宮邸で就任の記帳、それから常陸宮邸と桂宮邸に向かい就任の記帳を済ませ、4時14分に官邸に戻っている。

表3-1　首相就任後の３〜４週間—首相動静の概略（麻生太郎首相と鳩山由紀夫首相）

2008年	麻生太郎	首相	▽	2009年	鳩山由紀夫	首相
日付	曜	福田首相辞任・「内閣交代」	日目 日付 曜			衆院総選挙大勝・「政権交代」
9.24	水	国会で首相指名投票→第92代首相 両院正副議長・各党各会派に挨拶回り 記者会見、米大統領と電話会談 首相任命式、閣僚認証式	1	9.16	水	国会で首相指名投票→第93代首相 両院正副議長・各党各会派に挨拶回り 記者会見、首相任命式・閣僚認証式 初閣議後、午後10時38分、内閣の記念撮影
9.25	木	午後1時半、官邸で新閣僚と記念撮影 10時20分過ぎより各宮家に就任記帳、 東宮御所で就任挨拶／午後2時21分、米国へ ☆小泉元首相、政界引退の意向表明	2	9.17	木	午前9時半、高木剛連合会長らと政労会見 午後5時、ロシア大統領と電話会談
9.26	金	豪州首相と会談、国連総会で一般討論演説、 国連事務総長主催の食糧危機・気候変動に 関する夕食会、イラク大統領と会談 （以上、現地時間　9.25）／朝日・内閣支持48%	3	9.18	金	午前10時33分、イタリア大統領と会談 午後、国家戦略室・行政刷新会議事務局の 看板除幕式、特別国会開会式、副大臣認証式
9.27	土	午前2時53分、羽田着・帰国 午後2時6分、皇居で帰国の記帳	4	9.19	土	午前、田園調布の私邸で過ごす 午後、幸夫人と買い物
9.28	日	中山国交相、辞意伝達→10時1分臨時閣議 午後、報道・民放各社の解説員等と懇談 内閣記者会加盟報道各社キャップと懇談	5	9.20	日	午前中・私邸、午後・買い物 官房長官・外相・外務次官らと打ち合わせ 夕刻、地球温暖化問題閣僚委員会
9.29	月	9時56分皇居、金子新国交相認証式 午後0時16分、事務次官会議で挨拶 臨時国会開会式、所信表明演説 4時26分皇居、副大臣認証式	6	9.21	月	午後7時23分、米国に向け羽田空港発
9.30	火	10時1分開議、10時48分桂宮邸・お見舞い記帳 午後2時1分日本経団連会長、 4時22分地方分権改革推進委員長	7	9.22	火	国連気候変動首脳級会合の開会式・演説 国連事務総長主催の夕食会
10.1	水	午後、衆院本会議で代表質問、 ラッド豪首相と電話会談、学士会館で 日本学術会議第21期会員との懇談会	8	9.23	水	ホテルで同行記者団のインタビュー 「Japan Society」で昼食会 米大統領夫妻主催のレセプション
10.2	木	午前・参院本会議で代表質問、午後・ 衆院本会議で代表質問、衆院予算委員会 夕刻・北朝鮮拉致被害者家族と懇談	9	9.24	木	核不拡散と核軍縮に関する安保理首脳級会合 国連総会で一般討論演説 「金融サミット」の開幕レセプション
10.3	金	午前・閣議、参院本会議で代表質問、 午後・参院本会議で代表質問、 4時1分全国知事会長ら地方6団体代表と懇談	10	9.25	金	G20「金融サミット」全体会合 写真撮影、ワーキングランチ、内外記者会見 パイレーツ対ドジャース戦の始球式
10.4	土	午後・ゴルフ練習、鍼灸整体院	11	9.26	土	政府専用機で羽田着・帰国
10.5	日	夕刻・ホテルオークラ、後援会の 首相就任祝賀会に夫人と出席	12	9.27	日	午前・自宅、午後・諸閣僚と会う 午後・両国国技館で夫人と大相撲秋場所観戦 総理大臣杯を朝青龍に授与

10.6	月	午前9時・午後1時、衆院予算委員会 午後5時過ぎ、自民党役員会 6時39分、皇居・夫妻で両陛下と食事	13	9.28	月	皇居・帰国記帳、各宮家にて就任記帳、 東宮御所で皇太子に就任挨拶／夕刻・政府 連立与党首脳会議、基本政策閣僚委員会
10.7	火	午前・閣議、衆院予算委員会 午後1時、衆院予算委員会 5時15分、皇居・夕食会のお礼の記帳 8時8分、ノーベル物理学賞受賞者に祝福電話	14	9.29	火	2010年度予算編成に関する閣僚委員会、10時・閣議 午後・北朝鮮拉致被害者家族と懇談 松井官房政務副長官、佐藤尚之電通クリエーティブ ディレクターと懇談・会食
10.8	水	午前9時・午後1時、衆院予算委員会 5時32分、衆院本会議 6時39分、サルマン・バーレーン皇太子と会談	15	9.30	水	韓国の外交通商相が表敬訪問、 地球温暖化問題閣僚委員会、オーストリア 大統領と首脳会談、首相主催の夕食会
10.9	木	午前10時、参院予算委員会 午後3時間ほど永田町の個人事務所 5時25分　岡村日本商工会議所会頭	16	10.1	木	若田光一宇宙飛行士が表敬訪問、 国会で自民党総裁・幹事長と会談、国会控室視察 午後3時11分・閣議、7時23分・羽田空港発
10.10	金	午前・閣議、夕刻に安全・安心なまちづくり 関係功労者表彰式で表彰状授与、挨拶	17	10.2	金	コペンハーゲン、IOC総会に出席・演説・
10.11	土	午後・全国消防操法大会激励交流会に出席 夜（浜松）・日本青年会議所歴代会頭の懇談会 午後11時半・米大統領と電話会談	18	10.3	土	午前8時15分・羽田着、皇居・帰国の記帳 午後・散髪
10.12	日	午前・日本青年会議所の全国会員大会に出席 静岡県内の同メンバーらと昼食会、 4時過ぎ自宅着	19	10.4	日	午後2時56分・石原慎太郎都知事
10.13	月	午前・私邸周辺を散歩 午後・自民党本部で広報用の写真、ビデオ撮影	20	10.5	月	午前・故中川昭一宅、弔問 午後・英国のマンデルソン主席大臣が表敬訪問
10.14	火	午前・閣議、参院予算委員会 午後・参院予算委、夕刻・白川日銀総裁	21	10.6	火	午前・閣議、シンガポール首相と首脳会談 首相主催の昼食会／経団連正副会長らと会う、 News Corporations のマードック会長
10.15	水	午前・午後、参院予算委員会 夕刻・拉致問題対策本部会合／明治記念館での 高松宮記念世界文化賞カクテルレセプション				箱根での民主党参院議員・懇談会に出席、 午後10時前に田園調布の自宅着
10.16	木	午前・後、参院予算委、4時過ぎ最高裁長官	中略			
10.17	金	閣議、衆院テロ防止特別委員会	24	10.9	金	ソウルで日韓首脳会談
10.18	土	自衛隊殉職隊員追悼式、東京国際映画祭	25	10.10	土	北京で日中首脳会談
10.19	日	百里基地・航空観閲式、西早稲田・スーパー視察	26	10.11	日	未明に羽田着・帰国
10.20	月	青山霊園・祖父吉田茂墓参り、皇后誕生日祝賀 午後4時・地方6団体代表、自民党役員会	27	10.12	月	午前・自宅で過ごす 夕刻・夫人と皇后へ、両陛下と食事

（出典）朝日新聞・讀賣新聞の首相動静欄を参照して作成

安倍首相の体調不良・突然の辞任表明をうけて急遽後継の自民党総裁に選出された福田康夫首相（2007.9.26、内閣発足）は、9月26日（水）の午前8時20分に皇居着、天皇に報告、首相任命式・閣僚認証式に臨み、官邸に戻って閣僚に補職辞令を交付、初閣議を経て閣僚と記念撮影、中山・山谷両首相補佐官らに辞令交付、といったごとく慌しく午前中を過ごしている。昼食の後に首相は伊吹自民党幹事長、町村官房長官と打ち合わせ、午後2時過ぎに東宮御所にて皇太子に就任の挨拶、そして安倍首相とまったく同様に各宮家に参り就任記帳儀礼を手際よく済ませ、3時45分に官邸に帰着している。以上、福田康夫首相は任命当日に記帳儀礼をも展開しており、内閣発足後いくらか間をおいて就任の記帳儀礼を執り行う前例とは異なっている。

(4) 天皇との「コミュニオン」

　鳩山首相はさらに次の週末には、日韓・日中首脳会談のため韓国・中国を訪問して日曜日（10.11）に帰国したが、その翌日・10月12日（月）、皇居に夫妻で招かれ両陛下と夕餐を共にし、天皇とのコミュニオン儀礼（飲食を共にする）を初体験している。そして、10月恒例の儀礼として、首相夫妻は皇后の誕生日（10.20、75歳）に際し皇居での誕生日祝賀行事に、また赤坂御苑での秋の園遊会（10.22）に出席し、一連の「通過儀礼」を終えている。

　ちなみに、麻生首相（2008年9月24日、内閣発足）は9月下旬の国連総会で一般討論演説を行い念願の外交デビューを果したが、それ以外に密集した外国訪問日程もなく時間的余裕があったためか、総理になって10日ちょっと経過した10月6日（月）に夫妻で皇居に招かれ、両陛下と夕餐を共にしている。なお、麻生首相の場合、妹君が三笠宮寛仁親王妃であることから皇室との縁も深く、各宮家への就任挨拶の記帳はもとより、誕生日祝賀・お見舞い関連の記帳も他の首相と比べて多い。

　ここでは、政権始動後の3〜4週間の首相動静について、自民党政権下での「内閣交代」に伴う円滑な引継ぎ・滑り出しのケースと、野党第一党による総

選挙勝利をうけた歴史的な「政権交代」に伴う清新かつ試行錯誤の、言わば「前例なき駆け出し」との比較に資すべく、麻生前首相と鳩山新首相の動静概要を対照させた表3-1を参考に掲載する。

第2節　新首相の「就任儀礼」としての「伊勢神宮参拝」

　ここで翻って、戦後日本において「最長期政権」を誇ることになった佐藤栄作首相に照準をあわせ、1964（昭和39）年の首相就任儀礼を『朝日新聞縮刷版』で点検してみると、就任儀礼の一環として伊勢神宮参拝という注目すべき儀礼を試みている記事が眼にとまってくる。以下、概して朝日新聞の報道に依拠して記述を展開する（逐一、掲載日等を注記することは割愛する）。

写真3　佐藤栄作首相、初の伊勢神宮参拝（1965年1月4日）（写真提供：共同通信社）

1 佐藤栄作首相初の「伊勢神宮参拝」

池田勇人首相は、1964年10月10日に幕を開ける東京オリンピックを前にして、9月9日（水）午後7時過ぎ、東京・築地の国立がんセンター病院に「慢性喉頭炎の治療と精密検査のため」1〜2週間の予定で入院したが、病状は一向に好転せずやむなく総理大臣辞任を決意、自民党内の後継総裁調整の非決着をうけて裁断、佐藤栄作を後継の首相候補に指名した。かくして、11月9日（月）に第47回臨時国会が召集され、即日、後継首班の指名投票で佐藤栄作が首相に選出された。ちなみに、その後の就任関連儀礼をもたどるべく、『佐藤榮作日記』（伊藤隆監修、朝日新聞社／以下、佐藤日記と略）の第2巻・197頁の記述を参照してみよう。

衆院本会議での首班指名投票で佐藤は283票を獲得、それは「前例を破り一票の散票も白票もない。うれしい事」だった。結局、無念の病気退陣を引き継いだ佐藤首相は、一晩重ねて構想を練ることを急に変更、橋本登美三郎・新官房長官を除き池田内閣の全閣僚を再任して、当日夜8時半から閣僚認証式を済ませ、初閣議を開いている。そして、翌日午前9時半から1時間の初記者会見に臨み、そのあと各宮家を回って記帳（皇太子・高松宮にはとくに御引見いただく）、さらに「松野、緒方［竹虎］氏の霊に報告。前総理の資格を持つ岸、鳩山氏を訪問」、続いて赤坂御苑での秋の園遊会に出席（吉田茂・各国大使から祝詞をうけ、漸く総理になったような感じ）、加えて石橋湛山元首相を訪問している（＊引用者下線、以下同様）。11月11日の午前中は、接客で過ごした後、10時に出発して最高裁を訪問し横田長官に挨拶、かくして「公式な訪問はこれで終わり」、「散髪」に立ち寄ることで当面の就任儀礼の区切りをつけている。

組閣・所信表明等の準備のため自然休会していた臨時国会は、11月20日（金）に再開して昭和天皇を迎えて「開会式」を挙行、その翌日に「所信表明演説」が行われ、そして12月18日に閉会している（12.21、第48回通常国会召集）。ちなみに、自民党は第15回臨時党大会（12月1日）で佐藤を正式に自民党総裁

として追認（正式決定）している。

　当事の新聞にはまだ詳細な「首相動静欄」[4]はないので、首相就任後の細かな儀礼は追跡できないが、幸いなことに1964年11月15日付（日）・第2面に「首相の伊勢神宮参拝　延期」という記事が掲載されている。それによると、所信表明演説が予定していたより早くなったため、佐藤は「首相就任の報告のため17日に伊勢神宮へ参拝する予定であったが、これを1月上旬まで延期することになった」。すなわち、佐藤首相は11月9日（月）に内閣が発足し1週間が経過したころを狙って、11月17日（火）に伊勢神宮に参拝するといった就任儀礼の関連日程を設定していた次第である[5]。

　かくして、年末に首相として初の昭和40年度政府予算案（12.28閣議決定）を整えた佐藤首相は、翌1965（昭和40）年1月4日（月）、静養先の川奈ホテルに近い熱海駅（午前8時28分発）から新幹線特急「こだま103号」で西下、近鉄宇治山田駅で田中三重県知事ら地元政・財界人らの出迎えをうけ、直ちに10余台の車を連ね外宮に参拝、次いで内宮参拝、神楽奉納のあと神楽殿貴賓室で「新春初の記者会見」に臨んでいる。佐藤首相は年頭の所感を述べるとともに、「訪米に当っての心構え、インドネシアの国連脱退問題、南ベトナム問題など、流動する世界情勢についても所信を明らかにした」。この参拝には赤城宗徳農相・神田博厚相・橋本登美三郎官房長官のほか名古屋駅から吉武恵市自治相も加わっている。それに、愛知・三重両県選出の衆参議員多数も同行して、賑やかな参拝が繰り広げられた。当日の朝日新聞（夕刊）は、「ニュース・グラフ」の欄で「佐藤首相初の伊勢神宮参拝」と題して、外宮板垣南御門で撮影した佐藤首相一行の写真を付して報じている。佐藤首相はモーニングを着用している。

4　朝日新聞において、今日のように首相の動静が詳細に報じられるのは、1977（昭和52）年2月1日付朝刊からである。そこでは各野党委員長の動きも簡略に伝えられている。なお、70年5月12日付から「永田町」、74年2月19日付から「官邸」、6月6日から「首相」と題して、首相の動静が一部報じられているので、1974年まではなんとか追跡できる。

5　『佐藤榮作日記』第2巻・199頁（11月17日）には「此の日伊勢参りの予定だったが、国会開会中なので延期する」と書かれている。

なるほど、「臣・吉田茂」の直系である「臣・佐藤栄作」の政治意識におい
ては皇室の聖地・伊勢神宮の占める比重は高く、首相就任後初の米国訪問（1.10
〜17）を前にした首相就任報告・伊勢参宮儀礼は、近代天皇制において創出さ
れた儀礼伝統への同調という意味あいも加重され、さぞかし政治的な演劇的効
果も計算されていたであろう。1960年代以降、首相就任後の最初の訪問先とし
て概して米国が選ばれる傾向があるが、あるいは米国訪問も日本の首相の就任
儀礼の一環なのかもしれない。参考に前後の朝日新聞（朝刊）の第1面の見出
しを紹介しておこう（1965年1月4日付：首相「佐藤色」へ意欲　内閣改造、五月
に　秋には東南アを歴訪／1月5日付：国内、明るい見通し　首相、年頭の記者会
見　日米会談では率直に）。結局、佐藤首相はこの年は予定通り初外遊先として
米国を訪問したが、東南アジア等の歴訪は先送りされ1967年秋に実現している。
　注目すべきことに、佐藤首相はこの1965年の新春・就任参拝を終えて、戦前
の「陸軍始め」にちなむ1月8日、東京・練馬の陸上自衛隊駐屯地での観閲式
に臨み、自衛隊員2400人を雨のなか1時間半にわたり"閲兵"している（1月
9日付第2面・記者席：首相、感激の自衛隊観閲）。そして、1月10日（日）、首
相として初の外国訪問（米国）に椎名外相・三木自民党幹事長らを伴い出発、
17日（日）に帰国してその翌日に皇居で天皇に帰国挨拶（日米首脳会談の模様も
報告）、東宮御所にも赴いて帰国の記帳儀礼を行っている。
　意外なことに、佐藤首相は1966年の新春はもっぱら鎌倉の別邸で静養し、神
宮参拝には動いていない。すなわち、「一日の午後、神奈川県大磯の吉田元首
相邸を訪れ、夕食をともにした後、同九時半、静養先の鎌倉の別邸に入った」[6]。
そして三箇日を経て1月4日、福田赳夫蔵相と田中角栄幹事長を別邸に招いて
昭和41年度予算編成の問題、衆院解散、内閣改造、小選挙区制などについて意
見交換。6日に帰京して8日（土）午前中には東京・赤坂の心臓血管研究所付

6　『佐藤栄作日記』第2巻・362頁の記述によると、吉田翁は「今朝天皇陛下の御召し（退官後初めて
の由）をいたく感激して七時起床、天皇陛下に拝謁を賜りし由。稍疲れたが午睡をとったので大丈夫
との事。九時迄雑談して前田別邸へ。」

属病院で健康診断をうけ、午後には再び鎌倉に舞い戻り静養、週明け10日午前10時前に世田谷の私邸に帰っている。元旦の新聞には各党の党首の恒例の「年頭のあいさつ」がそれぞれ掲載されている。佐藤首相は、組閣2年目を迎え重要な政策を着実に実施し国民の期待に応える、と述べて、「国民のみなさまの祖国への愛情と、自覚ある行動をお願いする」と結んでいる。

1967年正月の動静に着目してみると、佐藤首相は前年と同じく1日から鎌倉の別邸で静養していたが3日夜には私邸に帰り、翌4日（水）午前8時半発の新幹線で西下し、倉石農相、瀬戸山副幹事長とともに伊勢神宮に参拝、そのあと記者会見を開いて午後8時10分東京駅着の「ひかり38号」で帰京している。なるほど、この内宮での新春初の記者会見において焦点となったのは、年末12月27日の解散にちなむ衆院総選挙（1.29）に臨む佐藤首相の考え方であった。

こうして、皇室祭祀の日程構成において「政始（マツリゴトハジメ／1948年から奏事始）」にあたる1月4日、すなわち「仕事始め」の日に、概して歴代の首相が東京から「新幹線特急」で移動し、伊勢神宮に参拝しては当地にて記者会見を行い東京に舞い戻る、といった「日帰り儀礼」のパターンが佐藤首相によって採用され、佐藤首相の長期在任期間中（すなわち1967年以降）、新年の神宮参拝を欠かさず繰り返すことでその制度化が図られていく。ここに、佐藤首相に続く歴代の首相は、前例・慣例としてこの形態を踏襲していく[7]。もっとも、戦前には首相による正月参拝の慣例はなかったが、戦後日本において首相が新年に伊勢神宮に参拝した事例につき、佐藤首相のそれをもって嚆矢とするわけではない。

7　無教会派のクリスチャンであった大平首相も（あるいは逡巡しつつ）、1979年・80年の1月4日に伊勢神宮に参拝している。社会党出身の村山首相は、同調圧力に抗しきれなかったのか、在任後・最初の正月を迎えた1995年に伊勢神宮参拝を構えたが風邪で中止、4月7日に三重県知事選応援の遊説の合間に参拝、そして、翌年はまさしく1月4日に参拝している（翌日、退陣表明）。

2 正月に「総理大臣就任の報告参拝」を行った鳩山一郎首相

1954年12月10日に首相に就任した民主党の鳩山一郎は、河野一郎農相を伴い翌年1月4日午前9時・東京発の「つばめ」で西下、その車中で「同行の内閣記者団と新春初の記者会見を行い、新年の抱負、総選挙の予想、中ソとの国交調整問題、外交、憲法問題について所信を明らかにした」として、車中での一問一答の要点が朝日新聞に掲載されている（1955年1月4日付夕刊、「西下の鳩山首相、車中談」／後部デッキ写真付き）。そして、1月5日付夕刊の伊勢発の記事（「鳩山首相けさ伊勢神宮参拝」／参拝写真付き）によれば、「伊勢神宮に初もうでのため西下中の鳩山首相夫妻」は、5日（水）の朝8時半に二見浦の宿舎を出発し、「外宮、内宮の順で伊勢大神宮参拝、<u>総理大臣就任の報告参拝</u>を行った」。それは、昭和6（1931）年に「文部大臣の就任報告」に来て以来まる25年ぶりの「お伊勢参り」であったという。ちなみに、掲載写真で見る限り内宮宇治橋から参拝した首相の服装はモーニング、鳩山夫人は着物であった。なお、首相に同行した河野一郎農相は、鳩山内閣が発足して10日も経っていない時点で（1954.12.19）、大臣就任報告のためすでに伊勢神宮に参拝していた。ちなみに、「一年の計は伊勢参りに…首相会見と"政治世相"30年　違憲論議の中、参拝は慣例化」と題された、注目・参照すべき記事（1984年1月4日付・第4面）によると、自民党の河野一郎派の浜地文平議員（三重2区選出）が、「鳩山首相の就任直後、ぜひ参拝するように直談判した」。「鳩山さんも少しはためらっていたが、河野一郎農相（当時）からも強くすすめられて踏み切ってくれた」とのこと。

伊勢神宮に参拝して「ソウゴンの気にうたれた」鳩山一郎首相は、午後には津市での民主党支部結成大会に赴き、「みんなが一年に一度こうした聖地に参拝する気持になれば民主主義も立派なものになる」と一席、駅で電車を待つあいだの約半時間は求めに応じて「友愛」の二字を揮毫しサービスにつとめたようである（1月6日付朝刊、「鳩山首相、揮ゴウの大安売り」）。

たまたま、鳩山一郎の首相就任が12月10日と年末であったゆえに、就任報告の神宮参拝は初もうでを兼ねて新春参拝となったのであろう。「新春・初もうで」という脈絡で首相儀礼が執り行われると、当然にそれは反復・踏襲されていくことになり、ここに、就任儀礼は新春の在職儀礼へと習俗化していくことになろう。

　以上、鳩山一郎首相による1955年新春の伊勢神宮参拝は、明確に「首相就任儀礼」の一環として行われ、その参拝儀礼は昭和初期の文部大臣就任報告のそれと連続している。ここでは、後続の例（配偶者非随行）とは異なり、のどかさを帯びた「首相夫妻」という形態での参拝であったことを特筆しておこう。

　鳩山一郎首相は、翌1956年の新春にも夫妻で伊勢神宮に参拝している。1月3日に西下、車中で記者団と会見（身体がよければ米国に行ってみたい、1年以内に引退も）、翌4日、宿舎の志摩ホテルを出発、「午前11時半外宮に到着、身体が不自由なため火除橋前で参拝、ついで内宮でも宇治橋たもとで一般参拝者に混って雨中の初参りをすませた」。そして、4日の夜から10日間ほど伊東市の川奈ホテルで静養を続け、1月16日午前に帰京の途につき、午後1時に東京・音羽の私邸に戻っている。首相が妻を伴って伊勢神宮に参拝する形式はあまり例がないようだが、足が不自由であったことが関連しているかもしれない。

3　敗戦・終戦直後、首相の「新任（御）参拝」としての「伊勢神宮（等）参拝」

　実は、1945年以降の敗戦後にあっても、首相就任報告の伊勢神宮参拝は鳩山一郎首相のそれが最初ではない。敗戦直後の東久邇宮稔彦首相と幣原喜重郎首相も、「新任報告」のため西下し伊勢神宮にそれぞれ参拝（9.9/10.24）しているが、新任参拝の対象は橿原神宮、畝傍（神武天皇）陵、桃山（明治天皇）陵、さらには熱田神宮にまで及んでいる。なるほど、明治維新に伴う絶対天皇制の制度化によって再構築・創造された神話的諸根拠地（聖なるトポス）が、まだ大日本帝国憲法が名目的に機能していた時代にあって、ワンセットで就任儀礼の

象徴的な参拝先になっている。宮様首相の「新任御参拝」に際する朝日新聞の
報道表現にあっては、戦前来の表現は払拭されていない。9月10日付・第1面
の「首相宮御参宮」記事から、その一部を引用してみよう。この日、「首相宮
殿下にはまづ外宮に向はせられ、第二鳥居前にて御修祓、内玉垣御門敷居際で
御玉串を奠られ御拝、ついで内宮に向はせられ、皇御廟の大御前に御参進、戦
争終結に伴ふ新日本建設と承詔必謹以て外渉、内務を御処理、聖慮に應へ奉ら
む御決意を深く御祈念あらせられて大御前を退下」、こうして伊勢神宮参拝を
終えて移動、そして橿原神宮と桃山御陵に参拝し京都入り、翌日名古屋に向か
い熱田神宮に参拝している。もとより、こうした参拝儀礼は、天皇による参拝
パターンに倣ったものである。

　昭和天皇も敗戦直後の同時期（1945年11月中旬）に、天皇制の聖なるトポス
に「終戦奉告」の儀礼を執り行っている。すでに、米戦艦ミズーリ号上での降
伏式で敗戦が国際法的に確定したその翌日（9.3）、昭和天皇は宮中三殿にて「終
戦御親告」の臨時大祭を催し、9月6日以降に伊勢神宮、畝傍・桃山等各山陵
に勅使を参向させている。そして、昭和天皇は11月13日に伊勢神宮に、14日に
畝傍・桃山陵に「終戦奉告」のため「御親拝」している。その伊勢神宮等への
行幸日程は、11月1日付けの朝日新聞に掲載されている。昭和天皇が参拝儀礼
で次に動くのは1952年、占領終結すなわち再独立（4.28）の後であり、6月に
「平和条約発効奉告」の一連の儀礼を執り行っている。

　なお、幣原喜重郎に続く歴代首相にあっては、GHQ によって神道指令（政
教分離）が発せられ、それに日本国憲法が施行されて以降の占領下において伊
勢神宮に赴くものはなかった。また、再独立後もしばらくは伊勢神宮参拝を控
えていたのか、長期在職した吉田茂首相さえも伊勢神宮に参拝することはなか
った。ちなみに、吉田首相は、結局辞任に追い込まれる直前には、なんと7週
間以上にわたって（1954.9.26～11.17）、米・仏・英国など7ヵ国歴訪の「外遊」
を享受している。かくして、鳩山一郎まで伊勢神宮参拝の首相儀礼は軌跡とし
て途絶することとなった。

4 鳩山一郎首相に続く石橋・岸両首相の伊勢神宮参拝

(1) 前首相の儀礼を踏襲した石橋湛山首相

　鳩山一郎のあとには、自民党総裁選（1956.12.14）の決選投票で2・3位連合によってわずか7票差で岸信介を破って自民党新総裁に就いた石橋湛山が、12月20日召集の第26回通常国会で首相指名をうけ12月23日に内閣を発足させているが、その直前の12月18日には国連総会で日本の国連加盟が全会一致で可決されている。こうしためでたい脈絡で、石橋首相も鳩山首相に倣って翌1957年の正月に就任報告のため伊勢神宮に参拝している。

　元旦から箱根湯本で静養していた石橋首相は、朝日新聞報道によると1月4日午前8時に箱根を自動車で出発、沼津市静浦ホテルで小憩ののち同10時46分、沼津駅から特急「つばめ」で西下、午後3時34分に伊勢市に到着した。石橋首相は「移動車中での記者会見」という鳩山方式をとらず、二見浦の宿舎で午後4時半から年頭の記者会見に臨み、所信を語っている（海外投資に重点を、早く対ソ平和条約）。そして1月5日、明瞭な掲載写真に見るごとく「モーニングにシルクハット」姿で伊勢神宮に参拝、夕刻には静岡駅に着いて興津に2泊、1月7日夜7時36分東京駅着の列車で帰京している。

(2) 岸信介首相による就任報告参拝と新春参拝・連続の試み

　第26回通常国会は、1957（昭和32）年1月30日（水）に再開され、5月19日に閉会している（会期、150＋1日）。再開当日には天皇を迎えて参議院本会議場で開会式が催されたが、そこには1月5日に元気に伊勢参宮した石橋首相の姿はなかった。翌31日には、石橋首相が病気のため3週間静養（その間の臨時首相代理に岸外相が就任）することが発表された。岸外相はその夜に石橋邸を訪ね、病気お見舞いと首相臨時代理就任の挨拶を行い、2月4日の施政方針演説も代行することになった。結局、石橋首相は国会審議を慮って潔く辞任を決意、かくして短命に終わった石橋内閣に代わって岸信介内閣が2月25日に発足

した。

　その後の岸首相の動静を追跡してみるに、なるほど国会日程上も「閑期」に
あたる５月連休期を利用して首相として山口県へ「初の郷土入り」を試み、そ
の途上、まさしく政府・与党が忌避する憲法記念日にあわせて「伊勢神宮に参
拝」する日程を編み出し、二重の首相就任儀礼を執り行っている。すなわち、
岸首相は憲法記念日（祝日）の前日・５月２日（木）、午前９時半から閣議に臨
み、それを終えて国防会議、午後１時から首相兼外相として衆院外務委員会に
出席、そして午後11時東京駅発の夜行列車で伊勢市に向かっている。奇しくも
当日の朝夕刊において、首相の東南アジア歴訪（5.20～6.4）と米国訪問（6.16～
7.1）の両外交日程が決まったことが報じられ、訪米後へ内閣改造を先送りする
こと（自民党幹部に首相が伝達）が判明している。５月３日午前８時過ぎ宇治山
田駅に着いた岸首相は、伊勢市戸田家旅館にて記者団と約１時間会見して当面
の諸問題につき所信を述べた（汚職・貧乏・暴力の三悪追放／新政策は訪米後に、
原水爆禁止ねばりぬきたい）。記者会見のあと、上機嫌で歓迎に応えつつ「モー
ニングにシルクハット」姿で外宮・内宮に参拝し、そして大阪に向かっている。
夜行列車で移動した首相は、５月４日（土）午前７時前に山口県田布施町に到
着、週末を郷土で過ごして週明け６日に東京に戻っている。

　ちなみに、この年の５月３日は「憲法施行10周年記念日」にあたっていたが、
「憲法改正・自主憲法制定」を党是とする自民党政権は、岸首相自ら伊勢神宮
参拝を演出したごとく、政府主催の記念行事を一切催すこともなかった。「そ
っぽを向く政府」に代わって、「憲法擁護国民連合を中心とする文化人二百人
余人が発起人となった憲法施行十周年記念祝賀パーティー」が、午後３時から
東京高輪のプリンス・ホテルで開かれている（500余人が出席／大臣・両院議長
以下一人も自民党議員の出席なし／中島健蔵氏が司会、最高裁判事真野毅・日弁連
会長水野東太郎両氏が挨拶、病欠の片山哲元首相のメッセージ代読のあと、日本舞
踊などを鑑賞）。なお、在京大公使の大半（ソ連大使・ユーゴ公使を含む）が参会
したが、英米両国からの参加はなかったようである。

　興味あることに、５月４日付朝刊第１面の「記者席」というコラムには、岸

首相の内宮参拝の際に神官のあげた「祝詞」が散発的に引用・紹介されている。──「若くして健やかな」内閣総理大臣岸の信介氏は「野党勢を右に払い左にかわし……」と荘重な調子ではじまり、中共に対しては「高き波のまにまに潮の流れにサオさしてあやまたず……」といい、東南アジア問題では「米国の資本、日本の技術、東南アジアの資源の三つを織りなし……」と、重要問題をすべて織り込む芸の細かさをみせた。

　翻って、1958年の新春に照準をあわせてみると、岸首相は１月２日（木）、午後11時東京駅発の急行「伊勢」で西下し、翌３日に伊勢神宮に参拝したあと、桑名の宿舎（船津旅館）で同行の記者団と会見し「新春の抱負」を語っている（解散、下旬に決める／日韓の正式会談の前に韓国へ親善使節を派遣したい／東西の話合い促進）。そして、４日午前９時50分、名古屋駅発上り急行「西海」に乗車、熱海経由で静養先の箱根・宮ノ下へ移動、１泊して５日午後６時に帰京している。

　続いて翌1959年も岸総理は新春参拝に出かけている。1959年元旦（木）の新聞に「年頭の辞」を発表した岸首相は、「今年は皇太子殿下の御成婚を迎えるまことにお目出たい年であります。私はこの年頭に当り、このお目出たい年にふさわしい、明るい平和日本の建設になおいっそうの努力を払うべく決意を新たに致しております」と誓い、赤城官房長官を伴い１日午後11時東京駅発の急行「伊勢」で西下し、２日午前８時過ぎに伊勢市に到着している。岸首相は前年とは異なり、参拝に先立ち伊勢市の宿舎で恒例の年頭記者会見を行い、「年頭の所信」を語っている（人事、適材適所で／大幅な内閣改造しない）。そして、「モーニングにシルクハット」姿で伊勢神宮に参拝、午後６時28分熱海駅着で別邸に向かい３泊して静養、５日午後８時東京駅着の「はと」で帰京した。

　もとより、岸首相は前年と同様に1960年も元旦の夜に西下、２日に伊勢神宮に参拝する構えであったが、東京・有楽町駅付近の列車事故による鉄道ダイヤの混乱により新年参拝を急遽中止し、１月２日朝、東京・渋谷南平台の私邸を発ち、静養のため熱海の別荘に入った。そして、午後３時過ぎ熱海の旅館「玉進荘」で年頭の記者会見を催し、新安保条約調印のための訪米（１月16日出発、ワシントンで19日調印）を控えて、年頭に際し「国政担当の抱負」を語ってい

る（外交路線は変わらぬ／"安保花道論"を否定／日中打開、日時かけて）。熱海での静養から帰京するのはこの年も１月５日（火）である。

　ちなみに、1960年１月２日に行われた「新春恒例の一般参賀」の様子が３日付朝刊で報道されているが、前夜来の雨もあがって日本晴れの好天に恵まれ14万人を越える人々が参賀に訪れている。午前中には天皇・義宮・清宮（結婚を控えた）が特設台に３回姿を現し、また午後からは皇太子も加わり５回も国民の万歳に応答している（服喪中の皇后と"おめでた"の美智子妃は姿をみせず）。

　１月19日（現地時間）、ワシントンで新安保条約調印・日米共同声明発表を行った岸首相は24日昼過ぎ羽田に帰着、官邸で渡米中の政務報告をうけた後、自民党衆参両院議員による歓迎パーティに出席している。そして、翌25日（月）、皇居で帰国挨拶の記帳を済ませて午前９時50分から首相官邸で内閣記者団と会見し、「安保新条約の問題点、日米首脳会談の結果、今後の政局問題などについて見解を明らかにした」。この記者会見を報道した１月25日付夕刊の第１面には、注目すべきことに「皇太子ご夫妻　五月廿日ごろ訪米」と題されて、宇佐美宮内庁長官の記者会見での談話が引用されている。

　すなわち、岸首相は１月25日、皇居での記帳のあと午前９時から宇佐美宮内庁長官と会って、訪米中にアイゼンハワー大統領から皇太子夫妻に米国訪問の招請があったことを伝え、その実現協力を申し入れている。これをうけて、宮内庁長官は瓜生宮内庁次長・三谷侍従長・鈴木東宮大夫・原田式部長官らと皇太子夫妻訪米について打ち合わせたあと、記者会見に臨み次のように語っている──「両殿下が訪米されることについて宮内庁は基本的に了承している。スケジュールとして七月以降は米国が大統領選挙で忙しくなるのでその前にし、ア大統領の訪ソ、訪日の日程とにらみ合わせて五月二十日ごろが適当と思われる。日程は十日から二週間前後で他の国には回られない予定だ。美智子殿下はご出産後の健康が許せば同行されると思う。くわしい日程についてはおそくも来月中には結論を出し、米国側に回答したいと思う」。なお、日米共同声明・安保新条約調印の模様を写真入りで伝えた１月20日付夕刊の第１面には、「６月20日ごろか　アイクの訪日」という観測記事が掲載され、アイゼンハワー大

統領の訪日の時期は、モスクワ訪問の帰途という脈絡から6月20日ごろと推定されている。

　皇室情報に通じた高橋紘の論稿（皇太子訪米と六〇年安保—外交文書に見る「皇室の政治利用」、五十嵐暁郎編『象徴天皇の現在』世織書房、2008年所収）によると、皇太子訪米が5月下旬に設定されたのは、ワシントンで日米修好通商条約の批准書交換が行われた日（1860年5月23日）にちなむ100周年記念行事に出席するという文脈からであるが、宇佐美宮内庁長官は岸首相と会った際に、妃殿下の出産後の健康問題が第一で「訪米は九月」と明確に伝えている。ただし、記者会見ではこれを伏せて上記のような回答を用意した。その後の経緯や安保条約問題との絡みは高橋論文を参照されたい。ともあれ、日米の打合わせがようやく整い、5月7日午後に双方から同時発表の運びとなり、5月8日（日）の各紙に訪米時期と滞在日程の概要が報道される。例えば、朝日新聞・第1面において夫妻の写真が付された記事の見出しは、「皇太子夫妻の訪米日程きまる　9月27—29日の三日間　ワシントンにご滞在／ア大統領、歓迎の声明」となっている。米国大統領の招待をうける形式で皇太子夫妻が米国を訪問する、その予定日程がほぼ確定した次第である（瓜生宮内庁次長によると「八月ごろに具体的な日程や随員などについて発表できると思う」）。

　日米新安保約は、2月19日に衆院安保特別委員会で審議に付され、3ヵ月後の5月19日に強行採決され、その後、清瀬一郎衆院議長が警官隊を導入して衆院本会議を開会（野党と与党反主流は欠席）して会期50日延長を議決、20日未明には新安保約と関連協定は強行採決され、衆議院を通過した。ここに、国会は空転状態に入り、様々な抗議行動・岸内閣総辞職要求が渦巻くなか、米大統領新聞係秘書のハガチーが6月10日に来日したが、羽田空港でデモ隊に包囲されたあげく米軍ヘリコプターで脱出して11日には離日した。全学連主流派による国会突入行動・警官隊との衝突の渦中で東大生樺美智子が死亡（6.15）する事件等をうけて、16日に開かれた臨時閣議で米大統領訪日の延期要請が決定された。かくして、日本・東南アジア訪問のため6月12日に出発していたアイゼンハワー大統領は、訪日を見送らざるをえなかった。結局、6月19日・午前

零時、新安保条約及びその関連協定は自然承認された。そこで、岸首相は6月23日、新安保条約批准書交換・発効にあわせて、閣議で退陣の意思を表明した。

5 就任儀礼参拝のみにとどめた池田勇人首相

　1960年7月14日に開催された自民党大会で池田勇人が自民党新総裁に選出されるが、その祝賀レセプションで岸首相は右翼の暴漢に刺されて負傷、翌日総辞職している。18日に第35回臨時国会が召集され（7.22閉会）、国会は池田勇人を首班に指名、19日に第1次池田内閣（第58代内閣）が成立する。一連の安保条約の調印・批准をめぐるコンフリクトで低落した自民党イメージを好転すべく、池田側近は「寛容と忍耐」というキャッチフレーズで「低姿勢」内閣を演出し、池田首相に「ゴルフ」と「待合」を禁欲させることにした。池田首相は、国会閉会中で日程選択の自由度の高い8月上旬に、すなわち組閣から20日も経過していない時点で、あるいは70日弱後の岸首相の参拝例も勘案して、「首相就任後・初の伊勢神宮参拝」を敢行している。

　池田首相は8月6日午後8時30分、東京駅発の下り急行「伊勢」で西下、翌7日（日）朝に伊勢市に着いて直に宿舎で記者団と会見している。7日付夕刊・第1面によると、池田首相はその席で、「解散の時期、新政策の重点、党内各派に対する態度など、新内閣が当面する諸問題について所信を明らかにした」。そして、「モーニングにシルクハット」姿で伊勢神宮に参拝して就任儀礼を行使、夜には箱根に戻り近藤別邸で1泊し帰京している。なお、池田首相は4年4カ月ほど首相として在職したが、前任の諸首相とは異なり正月に伊勢参宮を試みることはなく、就任儀礼の象徴的意義を帯びた8月参拝のみで終えている。

　池田首相による就任儀礼の光景以上にむしろここで着目すべきは、同時期の皇太子の動静であろう。池田首相が伊勢神宮参拝のため東京を離れる前日、8月5日（金）の朝日新聞夕刊の第1面トップに、「来月27日ワシントン着　皇太子夫妻訪米の日程を発表　国賓に準ずる待遇」という見出しが躍っている。この記事によると、5日朝、宮内庁と米国務省から「日米修好百年を記念して

今秋訪米される皇太子ご夫妻の日程」が発表された（9.22東京出発）。当初は1
週間ほどを予定していたが、米国各地の日本人会などからの多くの「お立ち寄
り希望」と11月中旬予定の東南アジア、アフリカ4カ国訪問の旅行日程とを勘
案して、結局16日間ほどの旅行にしたという。このタイミングでの発表には、
5月上旬にすでに予告されていたとはいえ、宮内庁・政府の演出意図が透けて
見える。かくして、翌 8月6日の夕刊第1面にも皇太子が登場してくる（ 広島
原爆15年　平和の誓い　 東京 ／あの一瞬祈る　皇太子さまも出席）。皇太子夫妻に
よる初の外国訪問に先んじて、「広島県・広島市合同主催の十五周年記念慰霊
式と平和記念式典」に差遣された皇太子は、次のように挨拶している。

　　「十五年前の本日原子爆弾によりとうとい生命を失った数多くの方方とそ
　の遺族とを思うとき、まことに哀惜の念にたえません。
　　　今この慰霊碑の前に臨み、感慨切なるものがあります。ここに深く追悼
　の意を表するとともに今後再びこのようなことのないよう、世界の平和を
　念願してやみません。」

　ちなみに、「広島の祈り」を「全国民の祈り」とするために、今回から初め
て合同主催の形式を採用したとのことで、参集した遺族、全国からの代表者、
一般参列者は3万を越えている。この日東京でも、午前中に虎ノ門の社会事業
会館で犠牲者の慰霊祭が催され、また午後には第6回原水爆禁止世界大会の本
会議が千駄ヶ谷の東京都体育館で開幕している。午前7時前広島駅着の下り特
急「あさかぜ」で到来した皇太子は、午前8時からの広島・平和式典に儀礼戦
略としてデビューした後、市内の原爆病院を見舞い、孤児収容施設などを視察
している。
　以上、夕刊の第1面に連続して皇太子にスポットライトがあたるように日程
を構築したうえで、池田首相は巧みに週末を利用する日程で、8月6日（土）
夜行で静かに移動、日曜日の午前中に伊勢神宮に参拝した。当時は日曜日も朝
日新聞の夕刊が発行されており、ここに、8月7日付・夕刊第1面トップに、
「池田首相、所信を語る　けさ、伊勢市で／年内の解散が大勢　公務員給与、

改善する／減税・社会保障・公共投資　新政策の三つの柱」という記事が掲載され、もとより「内宮参拝を終えた池田首相」の写真が附されている。なお、同じく７月期（1972年）に政権に就いた田中角栄首相も、なるほど政治的農閑期を選んで８月９日（水曜、長崎・27回目の原爆忌）に、就任報告のため伊勢神宮に参拝している（６閣僚が同行）[8]。それに先立ち、田中首相は組閣の翌日（7.8）、靖国神社と明治神宮にも参拝している。ちなみに、1972年の長崎原爆忌の平和祈念式典では、午前11時２分から１分間の黙祷の後、長崎県・市関係者に先行して、首相代理の二階堂官房長官[9]、船田衆議院議長、参議院議長代理の初村議員が献花している。

　池田首相は、1961年には米国・カナダ（6.19〜30）と東南アジア４カ国（11.16〜30）を訪問しているが、帰国翌日の７月１日、明治神宮に参拝したあと皇居で帰国の記帳、東宮御所で皇太子に帰国挨拶を行い、そして12月１日には皇居で帰国の記帳、明治神宮に参拝、東宮御所で記帳といった儀礼行動をとっている。また、1962年11月４日からの欧州７カ国訪問の際には、事前に池田首相は10月31日午前10時半に皇居を訪問し「訪欧など、最近の政治、経済情勢について」報告、11月25日に帰国して皇居と東宮御所で帰国の記帳を行っている。さらに、年が明けて１月16日午後３時、「東宮御所に皇太子をたずね、約２時間半にわたり昨年の訪欧について報告し、欧州各国の事情などをご説明」している。1963年秋のフィリピン等の西太平洋４カ国訪問（9.23〜10.6）のケースでは、事前に外遊の挨拶を兼ねて政治情勢全般につき皇居で天皇に報告（9.19）、10月６日に帰国して直ちに皇居と東宮御所を訪問して記帳、そして、10月９日午前10時半に皇居を訪問し天皇に約１時間45分にわたり西太平洋４カ国訪問の報告

8　史上初の衆参両院同日選挙のさなか大平首相が急死した偶然に伴い、1980年７月17日に内閣を発足させた鈴木善幸首相は、執着して勝ち得た首相就任でなかったためか、またすでに正月参拝が慣例化（定着）していたのか、池田勇人・田中角栄両首相のような勢い込んだ就任参拝行動をとっていない。すなわち、５カ月半が経過した翌年１月５日（月）、それまでの例より多い７閣僚が同行する形で伊勢神宮に参拝している。

9　田中首相の腹心・二階堂官房長官は、1974年新年の伊勢神宮参拝に際し、顔面神経炎で静養中の（東南アジア訪問を直後の１月７日に控えた）田中首相に代わって、１月４日に代理参拝している。

表3-2　首相就任儀礼・在職儀礼としての伊勢神宮参拝一覧（敗戦後～1987年）

（▽は参拝前に記者会見、○は参拝後に記者会見／☆は就任儀礼／
佐藤首相のみ、新年・明治神宮参拝を特記）

	内閣発足日付	首相名	伊勢神宮参拝 暦年	日付	曜日	移動関連	記者会見関連会見場所	備考
0	1945.8.17	東久邇宮稔彦	1945	9.09	日	夜　行	―　―	☆　橿原神宮・桃山陵・熱田神宮にも参拝
	1945.10.9 （中略）	幣原喜重郎	1945 46-54	10.24	水	夜　行	―　―	☆　畝傍陵・橿原神宮・桃山陵
Ⅰa	1954.12.10	鳩山一郎	1955	1.05	水	日中移動	▽　移動車中	☆　鳩山夫人同行
			1956	1.04	水	日中移動	移動車中	鳩山夫人同行
	1956.12.23	石橋湛山	1957	1.05	土	日中移動	▽　宿　舎	☆
	1957.2.25	岸　信介	1957	5.03	金	夜　行	▽　宿　舎	☆　憲法施行10周年記念日
			1958	1.03	金	夜　行	○　宿　舎	
			1959	1.02	金	夜　行	▽　宿　舎	
			1960	＊(1.02)	土	―　―		＊列車事故の影響で中止
Ⅰb	1960.7.19	池田勇人	1960	8.07	日	夜　行	▽　宿　舎	☆8.6　皇太子・広島式典出席
			61-64					＊1963.8.15　第1回戦没者追悼式
	1964.11.9	佐藤栄作	1964	―		―		＊11.17（火）参拝予定、延期！
			1965	1.04	月	新幹線	○　神楽殿貴賓室	＊4閣僚／1.5　明治神宮
			1966					鎌倉の別邸で静養／1.6　明治神宮
Ⅱa		佐藤栄作	1967	1.04	水	新幹線	○　神楽殿貴賓室	1.5　明治神宮／＊1.29　総選挙
			1968	1.04	木	新幹線	○　宇治山田駅長室	5閣僚／1.5　明治神宮
			1969	1.04	土	新幹線	○　宇治山田駅長室	6閣僚／1.5　明治神宮
			1970	1.04	日	新幹線	○　内宮饗膳所	6閣僚／1.5　明治神宮
								＊1.14　特別国会召集
			1971	1.04	月	新幹線	○　内宮参集殿	6閣僚／1.5　明治神宮
			1972	1.04	火	新幹線	○　内宮参集殿	4閣僚／1.5　明治神宮
								＊米国訪問（1.5～10）
	1972.7.7	田中角栄	1972	8.09	水	新幹線	○　内宮参集殿	☆7.8　靖国・明治神宮／6閣僚
			1973	1.04	木	新幹線	○　内宮参集殿	4閣僚
★		二階堂官房長官代理参拝	1974	1.04	金	新幹線		顔面神経炎で越年治療・静養 ＊東南アジア訪問（1.7～17）
	1974.12.9	三木武夫	1975	1.04	土	新幹線	○　内宮参集殿	☆5閣僚同行／（8.15靖国参拝）
			1976	1.05＊	月	新幹線	○　内宮参集殿	4閣僚
	1976.12.24	福田赳夫	1977	1.04	火	新幹線	○　神宮司庁	☆10閣僚同行、他多数に及び会見場を急遽変更
			1978	1.04	水	新幹線	○　神宮司庁	3閣僚
	1978.12.7	大平正芳	1979	1.04	木	新幹線	○　神宮司庁	3閣僚
			1980	1.04	金	新幹線	○　神宮司庁	4閣僚
	1980.7.17	鈴木善幸	1980					
			1981	1.05＊	月	新幹線	○　神宮司庁	7閣僚
			1982	1.04	月	新幹線	○　神宮司庁	8閣僚
	1982.11.27	中曽根康弘	1983	1.04	火	新幹線	○　神宮司庁	☆7閣僚／1.11韓国訪問
			1984	1.04	水	新幹線	○　神宮司庁	8閣僚／1.5　靖国参拝
			1985	1.06＊	日	新幹線	○　神宮司庁	＊米国訪問（1.1～5）／10閣僚
			1986	1.04	土	新幹線	○　神宮司庁	9閣僚
			1987	1.04	日	新幹線	○　神宮司庁	8閣僚

（出典）『朝日新聞縮刷版』『佐藤栄作日記』を参照して作成／（参考）式年遷宮（1953、1973、1993、2013年）

表3-3 1988年以降・歴代首相の新年・伊勢神宮参拝一覧

（1988年から2001年までは、参拝後（○）に神宮司庁で年頭記者会見／□は同行参拝閣僚数（大臣のみ）／▽は年頭記者会見後に参拝）

	内閣発足日付	首相名	伊勢神宮参拝			閣僚□数	備考
			暦年	日付	（曜）		
Ⅱa 続き	1987.11. 6	竹下 登	1988	1.04	（月）	13	○ 参拝後、神宮司庁で記者会見（以下同様！）
			1989	1.04	（水）	1	○ 天皇の病状配慮、羽田農水相のみ同行／1.7 昭和天皇崩御
							▼宇野首相（1989.6.3～8.10）
	1989. 8.10	海部俊樹	1990	1.04	（木）	2	○ 昭和天皇喪明け(1.7)の前、衆院総選挙を控えている
			1991	1.04	（金）	6	○
	1991.11. 5	宮沢喜一	1992	1.04	（土）	5	○ 1.4 北京・日中外相会談で両陛下の秋季訪中の方向固まる
			1993	1.04	（月）	7	○ 1.6(pm8:45 報道協定解禁)皇太子妃に小和田雅子さん内定
	1993. 8.09	細川護熙	1994	1.04	（火）	2	○ 越年国会（政治改革国会：1993.9.17～94.1.29）
							▼羽田孜首相（2004.4.28～6.30）
	1994. 6.30	村山富市	1995	4.07＊	（金）	0	三重県知事選応援を機に遊説合間に参拝、「村山富市」と記帳
							（＊1.4 首相参拝は風邪で中止／河野外相ら7閣僚は予定通り参拝）
			1996	1.04	（木）	9	○ 参拝の翌日、突然・退陣表明
	1996. 1.11	橋本龍太郎	1997	1.04	（土）	10	○ ペルー日本大使公邸人質事件で首相公邸・新年祝賀会を自重
			1998	1.05＊	（月）	11	○
	1998. 7.30	小渕恵三	1999	1.04	（月）	11	○
			2000	1.04	（火）	6	○
	2000. 4.05	森 喜朗	2001	1.04	（木）	7	○ 1.6 1府12省庁体制がスタート
Ⅱb	2001. 4.26	小泉純一郎	2002	1.04	（金）	6	◇ 参拝後、首相官邸に戻り夕刻に記者会見(紋付はかま姿！)
							（＊元日恒例の公邸での新年祝賀会を中止、以下同様）
			2003	1.06＊	（月）	4	▽ 官邸で午前中記者会見後、西下し神宮参拝／1.14 靖国参拝
			2004	1.05＊	（月）	4	▽ 同上／＊元日・靖国参拝
			2005	1.04	（火）	5	▽ 同上
			2006	1.04	（水）	5	▽ 同上
	2006. 9.26	安倍晋三	2007	1.04	（木）	4	▽ 同上
	2007. 9.26	福田康夫	2008	1.04	（金）	2	▽ 同上
	2008. 9.24	麻生太郎	2009	1.04	（日）	2	▽ 同上／1.7 武蔵野陵(昭和天皇20年式年祭の儀)
	2009.9.16	鳩山由紀夫	2010	1.04	（月）	2	▽
	2010. 6.8	菅 直人	2011	1.04	（火）	1	▽ 鹿野農水相、岡田幹事長、古川官房副長官ら参拝同行
	2011. 9. 2	野田佳彦	2012	1.04	（水）	4	▽
Ⅲa	2012.12.26	安倍晋三	2013	1.04	（金）	3	○
			2014	1.06＊	（月）	4	○ ＊1.4 & 1.5(地元入り：主に下関、長門市で過ごす)
			2015	1.05＊	（月）	4	○
			2016	1.05＊	（火）	8	＊1.04(常会召集、記者会見)／5.25 伊勢神宮参拝(5.26サミット)
			2017	1.04	（水）	11	○
			2018	1.04	（木）	9	○

（注）1月4日以外の参拝事例では日付の横に＊を付した

（出典）『朝日新聞縮刷版』および「閣蔵Ⅱビジュアル」等を参照して作成

を行っている。

　1955年から1987年に至る歴代の首相による、就任および在職に伴う伊勢神宮参拝の事例については、詳しくは**表3−2**を参照されたい。ちなみに、就任儀礼に相当する事例として☆印を付して備考欄で注記したが、朝日新聞記事のなかで「就任・報告」と言及されていないケースでも、就任後それほど時間の経っていない新年参拝の例については、首相自身の政治意識などを勘案して、ここでは適宜、それぞれ就任儀礼と見なした。当然に、首相による新年参拝儀礼が度重なってくれば、首相就任報告として意義づける必要性は次第に薄れていき、「年中行事のひとつ、準公式の正月行事」として伊勢神宮参拝・記者会見はますます儀礼化していくことになる。

第3節　首相・伊勢神宮参拝の様態の変遷（1945〜2018）

　あらためて戦後の首相による伊勢神宮参拝の諸事例を一覧にした表に着目してみると、1955年以降の参拝関連儀礼の展開については、現在に至るまでの事例も含めると、少なくとも4つの時期に区分してその様態の変化を窺うことができる。すなわち、1955年から1966年までの第Ⅰ期を、就任参拝・新年参拝の「始動・実践期（1955〜1960）」と伊勢神宮参拝の「端境期（1960〜1966）」とに下位区分し、そして1967年から2009年までの第Ⅱ期（新年参拝の定着・恒例化）を、便宜的に「参拝後・伊勢での記者会見期（1967〜2001）」と「首相官邸での記者会見期（2002〜2009）」とに下位分類してみた。

　以下、それぞれの時期・下位区分につき、若干コメントしておこう。

1　就任参拝・新年参拝の「始動・実践期」（1955〜1960）：Ⅰa期

　鳩山一郎内閣の発足が12月10日となったことにちなみ、鳩山首相は「新年初詣で」という文脈において、就任報告を兼ねて伊勢神宮に参拝する儀礼に着手

したが、それは鳩山以降の首相参拝例とは異なり夫人同伴の様式で行われた。翌年の新年参拝の際も含め、当時の国鉄列車の速度からして2日がかりの移動参拝となり、ために移動列車中での牧歌的な記者会見も可能であった。身体が丈夫とはいえない石橋湛山首相も、「日中に移動し宿舎を利用する」形態での新年参拝を踏襲したが、年頭の記者会見は形式的な儀礼性を強めて宿舎での会見方式を採用し、このパターンが1960年まで踏襲されることになった。

　病気でやむなく短命政権に終わった石橋内閣を引き継いだ岸信介首相は、むしろ時間を有効に活用するため東京から伊勢への移動に夜行列車を使用する方式に切り替えた。正月の参拝日も前倒しされて、1月3日ないし2日になっている。この新年参拝時間を1月4日（マツリゴト始の日）に戻し、参拝日を不動のものとしたのは、兄の参拝意思を継承した弟の佐藤栄作首相である。

2　伊勢神宮参拝の「端境期」（1960〜1966）：Ⅰb期

　既述のごとく、池田首相による伊勢神宮参拝（就任報告儀礼）の限定・禁欲性をみれば、治安・教育問題への傾斜や日米新安保条約の締結・批准を彩った、前政権の硬派の政治主義路線との対照性が際立っている。「所得倍増」に象徴される経済重視の政治に路線変更した池田内閣期にあって、伊勢参宮に関し4回におよぶ空白期が介在し、また後継の佐藤首相の場合も1966年の新年参拝が欠落している。そうした軌跡を勘案すれば、この時期を「端境期」と命名するのが適切であろう。

　東京オリンピック開催（10.10〜24）にあわせて1964年10月1日に東海道新幹線（東京〜新大阪：3時間10分）が開業したことによって、首相による伊勢神宮参拝も「日帰り往復」が可能になった。かくして、1965年の新春参拝（佐藤首相の就任報告参拝）から、年頭の記者会見が参拝後にセットされるようになり、かつ参拝儀礼の象徴的意義も加重されて伊勢神宮での会見（於・神楽殿貴賓室）が試みられることになった。ちなみに、佐藤首相の場合、モーニング着用の明治神宮参拝は、私邸近くの北沢八幡参拝とセットで恒例の「新年儀礼」になっ

ているが、その後の何人かの首相もこの「慣例」に倣って新年に明治神宮等に
参拝している。

3　新年参拝後・伊勢での記者会見（1967〜2001）：Ⅱa期

　首相による新年参拝が例外的になかったのは1974年と1995年、それらはいず
れも田中・村山各首相の体調不良にちなむケースである。前者にあっては官房
長官が代理参拝し、後者の事例では首相自身が脈絡を変えて4月期（三重県知
事選応援）に参拝している。

　この期間において新年参拝に同行した閣僚数に注目してみると、1977年の福
田赳夫首相の就任参拝のときに急に10人に跳ね上がっている。閣僚のほかにも
首相参拝の一行に加わった議員もいて、当初予定していた記者会見場では狭い
ので急遽神宮司庁に差し替えられた。かくして、翌年以降、そこが会見場にな
っている。これを基準に10人以上の閣僚が同行参拝した事例を点検してみると、
中曽根首相の新春4回目の参拝（1985年・10名）、竹下首相の就任参拝（1988
年・13名）、橋本首相の参拝（1997年・10名、1998年・11名）、小渕首相の参拝
（1999年・11人）などの事例が該当している。すなわち、多くの閣僚を率いて伊
勢神宮に参拝する顕示的儀礼行動をとったケースは、1977年のそれも含めての
べ6回（約6分の1／但し2010年まで）となっている。小泉首相が同行閣僚数を
5名前後にとどめたのと対照的であり、ここ2年（2008-2009年）はさらに様変
わりして同行閣僚数は2名に縮減している。翻ってみれば、1988年正月の竹下
首相一行による伊勢神宮参拝は自民党単独政権期の「圧巻」でもあったようだ

10　朝日新聞（1998.1.7）・「記者席：参拝の首相に祝詞の気配り」によれば、竹下首相は5日には明治
神宮・日枝神社とすっかり参拝づいた新春を過ごしたが、「5日の閣議前の閣僚同士の雑談の話題も、
もっぱら伊勢参り。とくに祝詞の中に税制改革の言葉が出てきたことが関心を呼び」、祝詞に織り込ま
れなかった各閣僚の管轄担当問題も口惜しく話題とされたという。首相への祝詞は「内需拡大、税制
改革を推し進め、次々となし遂げ果たしては国民の信頼にこたえたもう」で始まり「通商、貿易を円
滑に経常収支の釣り合いを」なども繰り込まれた、「さながら首相への応援歌だった」ようである。ち
なみに、竹下首相は日米間の懸案を抱えて米国・カナダ訪問（1.12〜20）に出かけている。

が[10]、竹下首相にからむ翌1989年の光景は二重の意味で不運にも暗転することになった（昭和・竹下内閣の終焉）。

　首相による「新年参拝」で極端に同行閣僚が1ないし2名と少なかったケースは、「昭和の終焉」にまつわる1989・90年の両年と、小選挙区比例代表並立制の導入が審議され臨時国会が越年した1994年の細川内閣（非自民連立政権）、そして「ねじれ国会」の福田・麻生両政権期の場合である。

4　首相官邸での記者会見、象徴効果の重視（2002〜2012）：Ⅱb期

　首相の新年儀礼化した伊勢神宮参拝が習俗的にも新春恒例の行事になればなるほど、首相在職者によるその参拝儀礼は惰性化を免れない。ここに、まさしく劇的に登場してくるのが「自民党をぶっ壊す」と唱えた小泉純一郎である。その圧倒的人気をもとに2001年参議院選挙でさっそく自民党に勝利をもたらした小泉首相は、翌2002年の新春第1回目の伊勢神宮参拝に際し、アドホックな趣向を凝らしてみせた。すなわち、参拝後に行う年頭恒例の記者会見を、従前とは異なり帰京して首相官邸で行うことを決断、鮮明なテレビ映像の効果を意識して「モーニング」に替えて「紋付はかま姿」で記者会見に臨むという演出が施され、神宮参拝よりも記者会見の象徴効果を重視する戦略に転じた[11]。かくして、翌2003年にはまずは首尾よく官邸で年頭の記者会見を済ませ、それから西下して伊勢神宮に参拝する形式が採用され、この方式がその後も踏襲されることになる。

　なお、小泉首相は就任後初の新年・2002年を迎えるに際して、首相主催の恒例行事として続いてきた元日・公邸での新年祝賀会を敢然と中止することにした。1月1日の「首相動静」を見てみると、小泉首相は皇居での「新年祝賀の儀」に出席、そして首相官邸に戻り前庭で警護官らと記念撮影、その後は公邸

11　小泉首相は2004年元旦に「紋付はかま姿」で靖国神社参拝を敢行、和装・礼服の象徴効果を内外に顕示、また儀礼行為の信念堅持を披露した。

にて音楽鑑賞などして静かに過ごし、翌日も公邸にとどまっている。しかし、
3日は国立劇場で歌舞伎を4時間にわたって鑑賞している。結局、小泉首相が
決断した新年・公邸での賑やかな首相儀礼の中止（変更措置）はその後も引き
継がれている。

　ちなみに、第Ⅱ期において制度化された「1月4日参拝」を踏襲せず、多少
ずれた期日に首相が新年参拝を行った第Ⅱ期のケースに焦点をあわせてみよう。
表で参拝日付の項に＊印が付された新年参拝の事例は2010年まで6つを数える。
中曽根首相は1985年、異例にも新年早々に米国訪問を敢行、帰国翌日に伊勢神
宮参拝がセットされた結果として、1月6日（日）に参拝している。橋本首相
（1998年）と小泉首相（2003、2004年）の参拝日程には多少の遊び心も垣間見え
ていて、週末の移動を避けて週明けを優先選択した節がある。ともあれ、日曜
を避ける月曜参拝は、警護者等に対する"ファミリー・フレンドリー"な配慮
でもある。

　最後に1955年以降の首相による伊勢神宮参拝の事例総体を翻ってみるに、長
期政権ゆえに「新年参拝・年頭記者会見」の制度化を進め得たのが佐藤栄作首
相であったことは否めない。しかし、その兄・岸信介首相も就任報告参拝に重
ねて新年参拝を実践し、その続行意志を明確に示している以上、戦後の首相と
して新春・伊勢神宮参拝の「中興の祖」と位置づけることもできよう。ともあ
れ、この兄弟の中間にあって首相を務めた池田勇人首相の淡白な儀礼対応は逆
に精彩を放っており、「寛容と忍耐」を唱導した政治スタイルに照応していた
とも見立てられよう。それらは、あるいは靖国神社参拝儀礼の展開における首
相間差異とも相関しているのかもしれない。

　2012年12月総選挙での自民大勝により政権に復帰した安倍首相は、さっそく
2013年から年頭の記者会見を小泉首相以前の方式（伊勢神宮参拝後・神宮司庁に
て）に戻している。それゆえ、時期区分としては「Ⅲa期」とした。ただし
2016年は例外で、通常国会としては異例の1月4日召集にあわせて、安倍首相
は官邸で記者会見を行い、翌5日に伊勢神宮に参拝している。ちなみに、安倍

首相は2013年の式年遷宮に際して10月2日に催された「遷御の儀」に8閣僚を従えて参列（現職首相としては浜口雄幸首相による1929年のそれ以来）、そして、2016年のG7・伊勢志摩サミットに際しては開会前日（5月25日）に伊勢神宮に参拝、開会当日には首脳一行を神宮で出迎え一緒に神宮を訪問する演出を施し、なるほど「美しい日本」路線に沿った映像を効率よく世界に駆け巡らせた。サミットを首尾よく終えた安倍首相は、さらにはオバマ米大統領を広島の平和記念公園で出迎え、原爆資料館視察・原爆慰霊碑献花を介して"核廃絶に向けた演説"をともに披露した次第である。

　〈本章初出〉「「政治と儀礼」研究ノート(1)―首相の就任儀礼を中心として」『学習院大学法学会雑誌』45巻2号、2010年3月、127-158頁。一部、節の名称を微修正した。

　　付記：初出論稿では「表3-3」は鳩山首相（2010年・新年参拝）までであったが、出版に際し2018年の安倍首相の参拝事例まで追加した。

第**4**章

平成期・象徴天皇制の始動と
戦後50年の儀礼

　本章に収めた４つの論稿は、主要月刊誌（中央公論、世界）や国会専門誌（国会月報）からの寄稿依頼をうけて、平成皇室の初期の展開（平成元年〜７年）について、それに先行する昭和期・戦後天皇制の状況的脈絡をも織り込んで記述したものである。具体的には1990（平成２）年と91年の各年末、93年春、95年夏、といった近接時点で執筆しているゆえに、事項等素描にはいくつか重なっている部分があり、またテーマ記述には繰り返しが残っている。ともあれ、“変奏曲”としてお楽しみくださると幸いである。

第1節　新象徴天皇へのパフォーマンス

　1990（平成２）年11月下旬に挙行された大嘗祭をもって、1988年秋から２年間にわたった一連の代替わり儀式は終了した。それは、名目上の象徴天皇制と実質上の固有天皇制の二重性のもと、一方では「自粛」と「禁忌」への抵抗、他方では「奉祝」と国事・公事に対する「疑義」、そのほか実に多様な反応を喚起しながら、国際フォーカスを伴うイヴェントとして展開された。巨費の投じられた儀礼マラソンに対する飽和感は、あらまほしき象徴天皇制への密やかな国民の期待感を萎ませかねないものともなった。

　天皇制を演出する側にとっては、それは、プリンセス上位の皇太子制とエン

写真4 　新象徴天皇が高御座から厳粛に即位を内外に宣言
（1990年11月12日）（写真提供：朝日新聞社）

ペラー上位の天皇制との共棲・拮抗を意識しつつ、その反転・変奏を首尾よくはかるための連続的な政治儀礼であった。こうした儀式過程に現れた天皇制の重層的組み立てを理解するためには、少なくとも占領後天皇制に遡って、中心的アクターのパフォーマンスの変遷をまずは素描してみる必要があろうと思われる。

1 　占領終結と「象徴皇太子」の登場

　1952年4月28日、すなわち昭和天皇の51回目の誕生日の前日に対日講和条約が発効、6年8カ月にわたる米国を中心とする連合国による日本占領が終結し、日本は再び独立国として立ち現れることになった。
　独立に際し、昭和天皇は「風さゆるみ冬は過ぎてまちにまちし八重桜咲く春となりけり」、「国の春と今こそはなれ霜こほる冬にたへこし民のちからに」な

どの歌5首に、そのメッセージを仮託してみせた。そして、使用禁止となった皇居前広場に押し寄せたデモ隊と警官隊との衝突による「血のメーデー」事件の翌5月2日、新宿御苑で挙行された政府主催の「全国戦没者追悼式」に良子皇后を伴って出席、「相つぐ戦乱のため、戦陣に死し、職域に殉じ、また非命にたおれたもの」に「厚く追悼の意」を表した。続いて昭和天皇は、5月3日に皇居前広場で催された「平和条約発効ならびに憲法施行5周年記念式典」に皇后と揃って姿を現し、その「退位説」に自ら終止符を打ち、国民の両義的また複合的な感情・視線に対して、ひとまず儀礼的な決着をつけた。

　占領終結・独立にちなむ公的な政治儀礼を終えた昭和天皇は、前年の5月17日に亡くなった母・貞明皇后の喪明けを待って、単独で6月3日に伊勢神宮、4日に神武天皇陵と明治天皇陵、帰京して大正天皇陵へと、それぞれ平和条約発効・独立の奉告を行い、天皇家の私事としての独立儀礼をまっとうした。宮内庁は、占領終結・独立にちなむ天皇儀礼が完結したのを見はからって、すかさず週明けの6月9日に翌1953年の歌会始の「御題は船出」と発表、また、この日、天皇・皇后は各国大使夫妻を初めて皇居に招いて昼食会を催し、〈ポスト・独立〉への劇的な転換を行った。

　占領終結・独立に伴う儀礼的パフォーマンスの演目を首尾よく消化した昭和天皇は、良子皇后とともに6月12日から21日まで那須御用邸で静養、いくたびかの危機や障害を通過しおえた充足感を静かに抱きつつ、なおパーソナルな密教的カリスマ性を保持しながら新憲法の規定する「象徴天皇」という顕教的地位にようやく収まってゆく。貞明皇后に対する服喪のために1年遅れて、奇しくも独立の年の11月10日に挙行された明仁親王の「立太子礼・成年式」は、日本の新しい「船出」を飾る象徴的な儀礼ともなり、言わば後景に鎮座してゆく象徴天皇と入れ替わりに「象徴皇太子」が前景に登場してくる、その舞台転換の重要な契機となった。

　こうして、翌1953年の1月4日に秩父宮が死去、2月5日に延期して開催された歌会始に、明仁皇太子が初めて出席した。

　皇太子は、天皇の御名代として英女王エリザベス2世の戴冠式（6月2日）

に参列するため初めて外国訪問する、その船出の抱負を意欲的に詠んだ歌を、また裕仁天皇は皇太子の重要な通過儀礼を見届けたあと葉山御用邸で静養した際に詠んだ歌を発表、見事な協和音が国民の前に奏でられることになった。

　　「荒潮のうなばらこえて船出せむ　広く見まはらむとつくにのさま」

　　「霜にけぶる相模の海の沖さして　舟ぞいでゆく朝のさむきに」

　明仁皇太子は、昭和天皇のみならず日本国民の象徴的期待を担って、1953年３月30日に横浜港を出航、欧米14カ国を歴訪して10月12日に帰国した。その船出に際して、ラジオによる実況中継はもとより、日本初の東京−横浜間の長距離実景放送がＮＨＫテレビによって試みられている。旧枢軸国、敗戦日本国の青年皇太子に対する英国民の視線は冷たかった。昭和天皇は、戴冠式参列に伴う正負の複雑な体験、すなわち敗戦国の皇太子として第２の通過儀礼を経験して、ともかくも空路無事に帰国した明仁皇太子の姿をテレビで確認、その安堵感を「すこやかに空の船より日のみこのおり立つ姿テレビにて見し」という歌に託してみせた。

　敗戦・被占領にちなむ深刻な第一の外傷体験に加えて、このヨーロッパでの第二の冷遇体験は、明仁皇太子にとって象徴皇太子としてのアイデンティティ構築に貴重な糧となり、平和国家建設（昭和21年の書初め）という座標の原点を刻印することになったようである。ちなみに、皇太子は帰国後、それまで名字だけで呼んでいた侍従を、「さん付け」で呼ぶようになったという。

2　「大衆天皇制」と昭和天皇の再登場

　明仁親王にとって第三の重要な出来事は、正田美智子さんとの婚約・結婚であり、それは、「ご自身のご意志と皇室関係者の選択が一致したまことにお幸せな例」（黒木従達・元侍従）であった。「孤独な皇太子」は民間出身の魅力的なプリンセスを得たことによって、一方でほのぼのとした家庭の温かさ（子供との同居も決断）を国民と同じ次元で享受、他方で爆発的な"ミッチーブーム"を介して大衆による象徴皇太子制承認を一挙に獲得、ここにそのアイデンティ

ティの基盤はひとまず安定化することになった。

　1959年4月10日に結婚の儀を終え平民出身のプリンセスを天皇家に迎え入れた昭和天皇は、その直後の天皇誕生日（4月29日）に際し、初めて良子皇后を伴って姿をみせ、また皇太子夫妻や義宮や清宮と一緒に、13万人を超す一般参賀者の歓呼の波に8回にわたり積極的に応答した。一般参賀における「天皇一家」の初登場は、大衆天皇制がまた“ファミリー天皇制”でもあることを象徴的に意識したパフォーマンスであった。

　そのあと、1959年7月21日に厚生省主催の第1回国立公園大会に出席した明仁皇太子は、8月8日に国民大衆の関心の的でもある「夏の甲子園大会」の開会式に初めて姿を見せ、翌9日、滋賀県下で催された日本ジャンボリー大会に赴いた。こうしたイヴェントへ積極的に皇太子を出席させ国民と接触させるとともに、他方ではその9月末の伊勢湾台風で被害の大きかった愛知・三重・岐阜3県に、急遽昭和天皇の御名代としてお見舞いに皇太子を差し遣わし、ヘリコプターで被災地を視察させている。まさしくその際のただ一度の「りりしい」パフォーマンスこそ、浜尾実・元東宮侍従が繰り返し特筆しては宮内庁に想起せしめ、また明仁皇太子＝天皇に「妻子を忘れ髪ふりみだすお姿」を期待する原光景である。

　結婚の儀のあと「国民の中へ」という意識的パフォーマンスを1959年に展開した象徴皇太子は、1960年に入って戦後天皇制にとって不可欠の重要な通過儀礼を施されている。2月23日に浩宮徳仁親王が誕生、3月10日に清宮（昭和天皇の第5皇女）が島津久永氏と結婚、4月23日に東宮御所が落成、と天皇家では慶事が平穏に続いたが、日本の政治社会では日米安保条約改定をめぐって異常な混乱が渦巻いていた。岸信介内閣は、新安保条約を批准したうえでアイゼンハワー米大統領を日本に迎え、昭和天皇とともにオープンカーに乗せて内閣の延命を図ろうとした。しかし、この岸首相の政治的企図は、「戦後民主主義の最大の高揚」の前に潰え去り、米大統領の訪日要請は延期されることになった。翻ってみれば、「あの時が天皇制が一番危うかったが、そういう形で政治が天皇を利用しようとしたことは、それ以後はない」（河合秀和・学習院大教授）。

明仁皇太子が落成した東宮御所に移転したのは、こうした政治的混乱の終末近くの６月18日、すなわち５月20日に衆議院本会議で自民党が「強行採決」した新安保条約ならびに関連協定が自然承認（19日午前零時）される直前であった。
　ともあれ、天皇制の演出者は、日米安保条約改定をめぐる政治的コンフリクトが鎮静化したのをみはからって、８月６日に広島で催された第15回原爆死没者慰霊式・平和祈念式に明仁皇太子を出席させ、以下のような「お言葉」を国民の前に披露した。それは、政治的高揚のあとに漂う虚脱感を突く巧妙な平和的パフォーマンスであった。
　「15年前の本日、原子爆弾によりとうとい生命を失った数多くの方方とその
　　遺族とを思うとき、まことに哀惜の念にたえません。今この慰霊碑の前に
　　臨み、感慨切なるものがあります。ここに深く追悼の意を表するとともに
　　今後再びこのようなことのないよう、世界の平和を念願してやみません。」
　こうして、戦後天皇制にとって重要な通過儀礼を象徴皇太子に施したうえで、池田勇人内閣は、米大統領来日中止の補償もかねて、皇太子夫妻を日米修好

写真５　明仁皇太子ご夫妻、ホワイトハウスでのアイゼンハワー米大統領主催の夕食会に臨席（1960年９月27日）（写真提供：毎日新聞社／アフロ）

100年記念の米国訪問の旅に９月22日に送り出した。ちなみに、明仁皇太子は、1949年４月上旬に岡山、広島、山口３県下を旅行、米国の陸軍記念日でもある４月６日、広島市の市内小中高生徒の“お迎えの会”に出席、1000人の聴衆を前に初めて短い「お言葉」を述べ、そのあと慈仙寺鼻の平和塔に立ち寄り、供養塔に礼拝している。２度にわたる外国訪問を1960年にこなした夫妻が、待ちに待った国民のもとにやって来る、地方行啓が積極的に展開されるのは1961年春の長野県下視察からである。

　以上のように、占領終結・独立以降の10年間（とりわけその後半）は、表層的には皇太子（夫妻）のパフォーマンスが国民の関心の焦点を構成し、皇太子一家の象徴価値が加重してゆく。しかし深層では、昭和天皇は1956年11月に戦後初の「国賓」・エチオピア国皇帝と会見して以降、外国元首とあいついで会見しつつ象徴的な元首性を着実に修復、天皇制の地盤沈下に抗している。右翼テロによる言論の自主規制が進展するなか、1961年４月に還暦を迎え、その年の12月８日（開戦20周年）に御文庫から吹上御所に移転した昭和天皇が、1964年秋の東京オリンピック開催を機縁とする日本の国際社会への急浮上を見越して、再び表舞台に復権してくる。

　昭和天皇は、1962年に入って独立後10年が経過した時点で、三重・和歌山・岐阜３県下の旅行の途次、５月20日に伊勢神宮に参拝、そして５月31日に東京オリンピックの名誉総裁に就任する。かくして、オリンピックの前後には終戦記念日の全国戦没者追悼式の創設、春秋の園遊会の制度化、また生存者叙勲の復活が試みられ、政府・自民党によって天皇にまつわるナショナルな社会的儀礼の体系や天皇を中心とする秩序体系の再興・整備が着々とはかられる。そして、戦後体制を明治維新後体制へと包摂せんとする「明治百年」キャンペーンが開始される運びとなる。

　奇しくも、戦後象徴天皇制にとっての第２の転機である1962年から63年にかけて、天皇家の内部で『聖書』事件（義宮正仁親王がある侍従の影響をうけて聖書やキリスト教に興味をもち、それが昭和天皇の咎めるところとなり、美智子妃の影響と誤解されて美智子妃がひどく疎外された）が起きている。美智子妃は、そ

のほかの累積的な「いじめ」もあり、この事件に深刻な精神的打撃をうけて1963年3月22日に人工流産、そのあと半年間ほど家族と離れて葉山御用邸で心理的な傷を癒している。これと並行して明仁皇太子の存在感も薄れ、その人気はゆるやかな下降線をたどってゆく。

3 1980年代のパフォーマンス

さて、「プロ野球人気」との類比で"皇太子・パリーグ論"が、1970年代の初めに一部で取りざたされたことがあったが、パリーグ野球の実力向上、その人気上昇と並行するかのように、明仁皇太子による次期象徴天皇を意識したパフォーマンスが、1980年代に入って次第に明瞭になってくる。

明仁皇太子の揺らぐアイデンティティを再強化する契機となったのは、沖縄海洋博覧会の名誉総裁として1975年7月17日、開会式出席のため沖縄県訪問を敢行し、成功裏に戦後天皇制にとって重要な通過儀礼をまっとうしたことである。皇太子は、美智子妃とともに"ひめゆりの塔"を参拝、"過激派"による火炎ビン襲撃事件に見舞われながらも毅然とした態度を維持、宿舎に帰って、太平洋戦争の犠牲者と遺族に対する痛恨の思いを誠実に沖縄県民に表明、平和への願いと意思を明確に述べた。「さきの大戦で、わが国では唯一の、住民を巻き込む戦場と化し」た沖縄に対する明仁皇太子のコミットメントは、チャールズ英皇太子の結婚式に参列、帰国してすぐに東宮御所で催された1981年8月7日の夏の定例会見において、さらに具体的な脈絡で国民の前に明らかにされる。

明仁皇太子は、終戦記念日にちなんで、「日本では、どうしても記憶しなければならないことが4つあると思います」と前置きして、終戦記念日のほかに広島の原爆、長崎の原爆の日、そして6月23日の沖縄戦終結の日をあげ、これらの日には黙禱を捧げ多くの犠牲者とその遺族のことを考え、平和のありがたさをかみしめ、平和を守っていきたいと思います、と率直に自分の座標軸を語った。そして、後二者の慰霊祭についてはテレビの実況中継がないことをとくに指摘し、マス・メディアに沖縄・長崎に対する同等の目配りを要請している。

それは、昭和期天皇制の残した負債に対する明仁皇太子の債務引き受けの表明であり、また第9条（戦争の放棄）とセットになった象徴天皇制の原点を尊重する平和的スタンスの宣言でもあった。

　昭和天皇はかつての交戦国を含む欧州7カ国訪問を1971年秋に控えて、島根県下での全国植樹祭に出席する途次、4月16日に広島に立ち寄り原爆慰霊碑に初めて参拝している。明仁皇太子は昭和天皇の訪欧に際し、初の国事行為臨時代行を務めたが、結果的には、1975年の米国訪問と翌年の在位50年記念式典とが、裕仁象徴天皇制のクライマックスを構成した。1977年夏に良子皇后が那須御用邸で腰椎の圧迫骨折に見舞われると、「天皇・皇后おそろいで」といった象徴天皇制にとって重要な現前様式を採用しにくくなり、また翌年に「喜寿」を迎えた裕仁天皇の意識は、「遠つおやのしろしめしたる世」や「おほちちの明治のみ世」へと不断に回帰してゆく。奇しくも1977年秋から、明仁皇太子夫妻を迎えて挙行される全国育樹祭が開始され、「不惑」もだいぶ過ぎた御夫妻が各県持ち回りの巡回型イヴェントの際に地方を視察し国民と接触する機会が、

写真6　沖縄ひめゆりの塔で、壕から飛び出した過激派の投げた火炎びんに立ちすくまれる皇太子ご夫妻（1975年7月17日）（写真提供：朝日新聞社）

またひとつ制度化されている。

　皇長孫・浩宮徳仁親王は、1980年2月23日に成年式・加冠の儀の通過儀礼を経て、1983年6月20日に英国留学へと旅立ち85年10月31日に帰国する。1981年夏の定例会見での明仁皇太子の"独立宣言"をうけて、すでに1983年の春ごろから、明仁皇太子の友人や知人らによるイメージ・アップ作戦が準備、開始されている。そうした背景のもと、新象徴天皇制へ向けた皇太子一家のパフォーマンスは浩宮の帰国をうけて一斉に展開される。その露払いの舞台として戦略的に選定されたのは、1984年4月10日の銀婚式を前に、4月6日に東宮御所でなごやかに行われた「記者会見」である。明仁皇太子は美智子妃へ「努力賞」を、美智子妃は皇太子へ「感謝状」を、といった絶妙な受け答えをして記者の爆笑を誘った場面は、その後繰り返しテレビ放映され、新象徴天皇制がカップル・イメージに大きく依存することをあらためて印象づけることになった。

　英国留学から帰国した浩宮は、「日本の警備は（英国に比べて）過剰ではないか」と発言して、警備のソフト化による象徴天皇制の再演出を示唆、これに呼応するかのように、明仁皇太子夫妻は1985年11月の国際生物学賞授賞式への出席に際し、従来のノンストップ方式から一般車と同様に信号に従って車を進める方式へと転換している。そして、明仁皇太子夫妻は、礼宮文仁親王の成年式・加冠の儀の前日の11月29日、日本外国特派員協会創立40周年祝賀パーティへの招待に応じ、宴たけなわになって外交儀礼にのっとってロイヤル・ファミリーとして最初にワルツを踊り始め、2曲目はユーレク・マーチン会長夫妻とパートナーを替えて踊り、会場を後にした。この公式席上初の仲睦まじいロイヤルダンス、その颯爽たるパフォーマンスは、パーティ出席者に多大な好評を博しただけでなく、それは国内のマス・メディアに限らず国際的にも、昭和期と異なる新鮮な象徴天皇イメージを刻印することになった。

　興味あることに、歴代天皇の長寿新記録を達成（1985年7月13日）したころ、『新潮45』（同年8月号）に「今だから語れる皇太子妃受難史のハイライト」という見出し文つきの記事—「美智子妃いじめ」の伝承—が掲載され、"宮中大奥のいじめ"に"平民の娘"が勝ち抜いた事例が詳しく紹介されている。それは、

良子皇后の存在感の稀薄化、昭和の終焉の接近を意識して投じられた巧妙な「旧体制」批判の一石であり、「開かれた、明るい」をキャッチフレーズにした新象徴天皇制シフトの魁でもあった。こうして昭和から平成へ代替わりし、即位の礼が行われる1990年に入って、とりわけ女性誌やティータイムのテレビ番組等で、"プリンセス・ロード"の受難の前史が「平成のシンデレラ」との対比で強調されたのである。

　昭和天皇は1987年9月22日に腸の疾患で宮内庁病院に入院・手術、また1年後に大量吐血、ために結局、念願の沖縄巡幸を果たしえずにその足跡に象徴的な空白を残して去って逝った。1987年、明仁皇太子は沖縄県下での夏季国体に続いて、今度は裕仁天皇の名代として秋季国体開会式に出席するため、沖縄を再び訪問して天皇の「お言葉」を代読、そして54歳の誕生日を前にその年末に行われた宮内記者会との会見で、天皇制に関して初めて公式的に触れ、「象徴天皇は伝統的な姿と一致」、「言論の自由が大事」と強調してみせた。

　かくして、1989年1月7日に天皇位を継承した明仁天皇は、天皇制の禁忌にちなむ横並びの惰性的な「自粛」現象の濃霧をふり払うかのように、1月9日の「即位後朝見の儀」で「日本国憲法及び皇室典範の定めるところにより、ここに、皇位を継承しました……。皆さんとともに日本国憲法を守り、これに従って責務を果たすことを誓い」といった、昭和天皇の饒舌な「人間宣言」にも類比されるべき簡潔なメッセージを確固として発信し、実質的には初代の象徴天皇としてのパフォーマンスを印象鮮やかに開始した。ここに長期のモラトリアムも終焉し、1933年生まれの明仁皇太子は55歳で天皇位に就任した。1901年生まれの昭和天皇がその年齢を迎えた時期は天皇位に就いて約30年、換言すると、すでに戦後10年が経過、すなわち左右両社会党が統一、その直後の保守合同による自民党発足をうけて、自社両党主導型の「1955年体制」が始動したころである。

4 「平成のプリンセス」と新象徴天皇

　「昭和」の終焉儀礼たる「大喪の礼」は、1989年2月24日（徳仁新皇太子の29歳の誕生日の翌日）、朝から降り出した冷雨のなか、東京・新宿御苑を中心に、163カ国・28国際機関の弔問代表使節ら内外の約9800人が参列、リクルート・スキャンダルで内閣支持率の急激な低下にあえぐ竹下登首相のもと、日本国憲法の政教分離原則からする儀礼執行様式批判が展開されるなか、粛々と顕示的に執り行われた。日本国の経済的地位を反映して、弔問外交の舞台を提供した終焉儀礼は、他面では「平成」始動の国際的なメディア・イヴェントとして展開された。

　他方、「平成」の正統化儀礼たる「即位の礼」は、1990年11月12日（「昭和の御大典」の62年後、2日遅延して）、暖かい小春日和のなか、皇居・宮殿の正殿を中心に158カ国・2国際機関の代表ら内外の約2200人が参列、中東湾岸危機にちなむリーダーシップの混迷で内閣支持率が一挙に下向きに転じた海部俊樹首相のもと、同様の憲法問題をはらみつつ空前の厳戒態勢に守られて、古式ゆかしく華麗に繰り広げられた。明仁天皇は、「（昭和天皇の）いかなるときも、国民と苦楽を共にされた御心を心として、常に国民の幸福を願いつつ、日本国憲法を遵守し、日本国及び日本国民統合の象徴としてのつとめを果たすことを誓い」、といわば「象徴宣言」をミスマッチな高御座から発し、ご即位を祝した万歳三唱を凛然とうけた。かくして、国事行為としての就任儀礼をつつがなく通過した明仁天皇は、美智子皇后とともに安堵感に満ちたロイヤル・スマイルを呈示しつつ、赤坂御所までオープンカーでパレード、沿道に参集した約12万人の国民大衆に即位を披露した。厳戒警備のなかとはいえ、ともかく「国民統合の象徴」として適切な歓迎の反応を引き出したのである。

　こうした葬送儀礼と就任儀礼のあいだ、新天皇・皇后は、初の「地方行幸啓」たる徳島県下での全国植樹祭への出席に際し、警備のソフト化や時代の様変わりを鮮やかに印象づけ、そして、広島県下で催された全国豊かな海づくり

大会、さらには翌1990年春の長崎県下での全国植樹祭、といった巡回型イヴェントの機会にタイミングよく恵まれて、それぞれ原爆慰霊碑に供花し原爆病院を丁寧に見舞って、皇太子時代からの平和的スタンスをシンボリックに表出した。そして、天皇位継承後初の正式記者会見（1989年8月4日）において、1987年12月の定例会見のときと同様の脈絡で、明仁天皇は再び「言論の自由」に言及した。

　ここに行幸パフォーマンスを介して間接的に、戦後の象徴天皇制の原点を国民に想起させつつ、他方では服喪中、異例にも礼宮文仁親王と川嶋紀子さんとの婚約を承認、"ジューン・ブライド"の結婚イヴェントを演出して、直接的に、新装の大衆天皇制のマグマを隆起させた。1990年夏、旧大衆天皇制（ミッチー・ブーム）の発祥の地、俗なるトポスたる軽井沢において皇室フィーバーがまき起こり、ギャラリーの求めに気さくに応じて握手する新（即位礼以前の）天皇・皇后のリラックスした姿が、テニスウェアの姿に加えて、全国にテレビ放映されることになった。あるいは、即位の礼・大嘗祭を終えて天皇制神話においてもその正統性を十全に獲得した明仁天皇は、1991年から俗なるトポスより離れ、夏の軽井沢における国民との親密な接触を若きプリンス、プリンセスに委譲することになろう。

　冷戦体制の崩壊、昭和の終焉に伴う時代の様変わり効果と世代交代の波にうまく乗って、思いがけず、昭和一桁世代のトップランナーに押し出された海部首相は、昭和8年生まれの明仁天皇の沖縄へのまなざしや「4つの重要な日」を意識して、1990年6月23日、現職首相として初めて沖縄全戦没者追悼式に出席、残りの3つの慰霊・追悼儀礼にもすべて出席して、新天皇をフォローアップしてみせた。また、国民も両者の動静に共鳴を奏でる方向に向いていたが、それも夏までだった。イラクによるクウェート侵攻にちなみ日本の「中東貢献策」がクローズアップされ、不運にも即位の礼をタイムリミットに召集された第119回臨時国会に「国連平和協力法案」が上程され、妙な派兵論議が騒然と展開されたために、即位の礼・大嘗祭に向けた事前の物忌みは台無しになった。こうして、「中東（憲法）国会」と就任儀礼との状況的なリンケージによ

第4章　平成期・象徴天皇制の始動と戦後50年の儀礼

って、新憲法下初の即位の礼は思わぬ横揺れに見舞われたが、さほど国民の関心が盛り上がらないまま、即位の礼が迎えられるに至った背景には、別の要因が介在していることに留意すべきであろう。

　世襲の象徴天皇制にあって、法的な規定によって皇太子が天皇位を継承することは、革命や被占領のケースはさておき、およそ自明である以上、即位礼それ自体に国民の興奮をかきたてるポテンシャルは少ない。天皇と、その存在を正当化する国民との関係でいえば、大衆天皇制でもある現在の天皇制にとっては、むしろ新しいプリンセスの登場こそが、おそらく両者の契約に際し最も重要な局面であろう。どんな魅力的な女性が選ばれたのか、時代の価値観に照らして「国民統合の象徴」のパートナーにふさわしい人かなどを判断、拍手喝采をもって承認ないし非批判的な視線で認知するかたちで、あらかじめ天皇と再契約するかどうかを決めている。すなわち、男系世襲天皇制が大衆化するとき、それはプリンセス上位皇太子制とならざるをえない。

　かくして、象徴天皇制は30年の世代交代周期ごとに「魅力的なプリンセス」を獲得・登場させなければ、その活力を失う運命にある。ここに、ミッチー・ブームから30年、新しい皇太子妃を渇望していた国民大衆は、もとよりマスコミの誘導もあって、紀子さんを擬似皇太子妃に仕立て、その求愛欲求とシンデレラ願望をみごとに発散させた。帰国生徒という国際性、3DK のアパートという庶民性、キャンパスの恋という現代性は時代の価値観に適合し、紀子さんブームが一気に全国を席捲した。良子皇后と美智子妃との違和感がじわじわと滲出、大衆誌の話題にされればされるほど、美智子皇后と紀子妃との親和性の神話は強化されていった。

　実質的即位から１年半以上が経過し、しかも擬似皇太子妃誕生イヴェントで国民の欲望がおおかた燃焼したあと、旧来の伝統からぬけ出て象徴天皇制にみあう革新（例えば、柳田国男の大嘗祭との切離提案に倣い、４月10日の結婚記念日か５月３日の憲法記念日を意識して日程を設定）も施されずに挙行された「平成の即位の礼」は、結局、国民が待望し参加をそそられるオリジナル・イヴェントとはなりえず、対外的披露宴の様相（即位を内外に宣明）のもと、メディア・

イヴェントとして受容された。当然のことに、代替わり儀式の主役が天皇である以上、一連の儀式が天皇制の聖なるトポスへの奉告により完結すると、次には新しい「天皇誕生日」を介して、クールなエンペラー上位天皇制が浮上してくることになろう。「平成」に入って、美智子皇后の誕生日に際する記者会見が、「慣例」として抑制される所以である。

〈本節初出〉「新象徴天皇へのパフォーマンス」『中央公論』1991年1月号、115-123頁。西暦等を算用数字に一部変換した。

付記　初出原稿は1990（平成2）年11月に擱筆している。占領期の昭和天皇のパフォーマンスについては、拙著『象徴天皇制へのパフォーマンス』山川出版社、1989年を参照されたい。なお、同書の注（15）・82頁2行目において、不注意にも引用原文を転記ミスしたために文意が逆転し（秘密性は誤記、原文は必要性）著者にご迷惑をおかけした。あらためてお詫び申しあげる。

第2節　「平成」の新皇室と国際親善

1　「平成」の象徴天皇と「国際親善」

(1) 平成天皇としてのご認識を出発点に──擬似皇太子妃としての紀子さんブーム

1989年1月の「昭和天皇崩御」にちなみ、実質的な初代象徴天皇として、一

写真7　平成最初のロイヤル・カップルの誕生、記念撮影の合間に秋篠宮の髪を直す紀子さま（1990年6月29日）（写真提供：朝日新聞社）

写真8 　長崎県の雲仙・普賢岳の噴火災害のお見舞いに際し、島原市・第一小学校体育館で両膝をついて避難住民の話を聴取される天皇・皇后両陛下（1991年7月10日）
　　　　（写真提供：朝日新聞社）

連の代替わり儀礼の戦略的意義を認識、日本国憲法の遵守を重ねて表明した明仁天皇は、服喪中であったにもかかわらず異例にも礼宮文仁親王の婚約を承認、「魅力的なプリンセス」の登場を待望していた大衆のあいだに熱狂的な"紀子さん（擬似皇太子妃）ブーム"を招来した。

　この皇室人気の盛りあがりに協和音を奏でるべく、新天皇・皇后は制度化されたお出かけの機会（地方行幸啓）をタイミングよくとらえて、まず「第九回全国豊かな海づくり大会」への出席に際し1989年9月9日、広島市の平和記念公園を訪れて原爆慰霊碑に献花、また翌90年5月18日、「第41回全国植樹祭」への出席にちなみ長崎市の平和公園に赴き平和祈念像に献花、それぞれ日赤原爆病院を見舞って、平和（国家）への意思をシンボリックに表出した。さらに、90年11月12日の「即位の礼」に先立ち、6月29日に秋篠宮結婚式を催しては90年夏の軽井沢に大衆の眼をひきつけ、ギャラリーの求めに気さくに応じて「握手する新天皇・皇后」のリラックスした姿（テニスウェアも含めて）を鮮明に印象づけた。不運にも、これと並行したイラクのクウェート侵攻にちなみ、「国

連平和協力法案」をめぐる騒然とした派兵論議（中東貢献策）が即位の礼・大嘗祭に向けた事前の物忌みを台無しにした。

　こうした、新憲法下初の即位の礼はさほど国民の関心が盛り上がらずに遂行されたが、就任儀礼をともかく完結させた明仁天皇・美智子皇后は、91年7月10日、長崎県雲仙・普賢岳の噴火災害のお見舞いのため島原市と深江町を訪問、「両ひざをつく天皇・皇后」の誠実で親和的なイメージを、テレビ放映・新聞写真を介して内外に広く浸透させた。その他国内における新象徴天皇制の表象環境づくりへのパフォーマンスは好調に推移、ここに新天皇即位後初の外国訪問の舞台が91年秋にセットされた次第である。

(2) 初の外国訪問、東南アジア3カ国の意義—"平成流"の新方式で皇室の国際親善を演出

　『宮内庁要覧』によると、皇室が行う外国交際は、次の5項目に集約される。①外国元首との「御親書や御親電の交換」、②外国の慶弔に際しての「御名代等の御差遣」、③賓客として訪れる外国の国王・王族、大統領などの「接遇」、④その他来訪の外国知名人や在日外交官等の「御引見及び接待」、⑤国際親善のため天皇・皇族が「外国を御訪問」になること。本節では、主として国賓の接遇と天皇・皇太子の外国訪問とに焦点をあて、戦後日本また「平成」の時代における「親善訪問」の様相を素描してみよう。

　明仁皇太子が1989年1月に天皇位を継承、90年11月に行われた即位の礼を終えて、新しい象徴天皇としてどういった時期にどの地域を国際親善のため訪問するか、とりわけその即位後初の外国訪問は内外の注目を浴びることになった。海部内閣は、中国・韓国などからの訪問要請に応答することなく、91年9月26日から10月6日にかけて、タイ、マレーシア、インドネシアの東南アジア3カ国を新天皇・皇后が訪問することを決定した。日本政府・宮内庁は、昭和天皇によるヨーロッパ（1971年）、米国（75年）訪問を巧みに演出したが、アジア諸国への天皇の親善訪問については、戦争にまつわる責任論議や複雑な対天皇感情を意識して、消極的な態度をとっていたようにみえる。かくして「昭和」の終焉と代替わりを待って、これまでの歴史的経緯と今後の展望を勘案、象徴的

写真9　即位後初の外国ご訪問、タイのチャクリ宮殿でのプミポン国王主催の晩餐会で歓談される両陛下（1991年9月26日）（写真提供：朝日新聞社）

にアジアを重視して、直接的には戦争責任のない明仁天皇と美智子皇后を先の3カ国の親善訪問の旅へと送り出したのである。換言すると、日本との密接な経済関係（貿易、投資、援助）によって経済繁栄を謳歌、未来志向型で対日感情が良好である、という条件が優先されてタイ、マレーシア、インドネシアが新天皇・皇后の訪問先として慎重に選定された。もとより、タイが最初の訪問国として選ばれたのは、皇室とタイ王室との親密な関係が前提になっている。

　これに先立ち、海部首相は露払いの機能も果たすべく、「平成」の新天皇の即位後初の外国訪問を見越して、1991年5月連休期にマレーシア、ブルネイ、タイ、シンガポール、フィリピンを訪問、とりわけ旧日本軍による災禍の大きかったシンガポールでアジア政策について演説、過去の日本の行為に「厳しい反省」を表明した。察するに、この首相発言は、訪問先での歓迎晩餐会において天皇が答礼のスピーチ（お言葉）を行うに際し、過去に対する「反省や謝罪」を言語表現として回避するための布石でもあったようである。

明仁天皇による即位後初の外国訪問、タイ国への出発は９月26日に設定され
たが、この日程選定にも新しい「皇室による国際親善」の門出を意義深く飾ら
んとする象徴的な配慮が働いている。なるほど９月26日は、「日タイ修好通商
宣言」が調印され両国の国交が正式に樹立された記念すべき日であった。かく
して、国賓より格の高い王室招待（royal visit）の形式でタイを公式訪問、当日
のプミポン国王夫妻主催の歓迎晩餐会での答礼スピーチにおいて、明仁天皇は
「本日は、日タイ両国が、くしくも104年前、日タイ修好通商宣言に調印し、正
式に国交を樹立した日に当たっております」、と交流の歴史の古さに言及し友
好関係の増進に触れている。そして、内外から着目されていた「お言葉」の本
質的部分に間をおいて移行、「日本は、先の誠に不幸な戦争の惨禍を再び繰り
返すことのないよう平和国家として生きることを決意し、この新たな決意の上
に立って、戦後一貫して東南アジア諸国との新たな友好関係を築くよう努力し
てきました」と挨拶、過去の反省・謝罪は避けて平和国家への決意・努力を述
べている。公式の「お言葉」の基調は、出発を前に９月20日に行われた宮内記
者会、在日外国報道協会の代表との記者会見ですでに披露されていたが、マレ
ーシア、インドネシア訪問でも踏襲された。また、1991年10月に（旧日本軍の
捕虜となり怒りのとけない人々が多数いる）オランダの元首として初来日した、
ベアトリクス女王に対する歓迎晩餐会でも、女王の側の異例の厳しい表現とは
対照的に同様の表現が採用された。

　公式の「お言葉」は、外務省と宮内庁によって２カ月の準備をかけて作成さ
れたようである。外務省は、天皇の東南アジア３カ国の訪問にあたり、３カ国
から新聞・通信社幹部12人を９月上旬に日本に招待、天皇・皇后は９月９日、
皇居に招いて「茶会」を催している。その際、異例にもテレビカメラ取材班（各
国２人）による取材も認め、両陛下との歓談の模様をビデオに収めさせた。外
務省は両陛下の素顔や天皇一家の横顔を紹介する英文の小冊子を作製、３カ国
の日本大使館に各4500部を送っている。この冊子には、顕微鏡に向かう天皇、
ハープを弾く皇后、テニスコートの両陛下、それに両陛下と若者との歓談、雲
仙・普賢岳の噴火災害の避難住民に両ひざをついて話しかけている両陛下、と

第４章　平成期・象徴天皇制の始動と戦後50年の儀礼

いった写真が組み込まれ、国民と気軽に接する代替わりした新皇室をアピールしている。

即位後初の外国訪問に際し、今後の訪問ペースも考慮、世代交代と新象徴天皇の「親善外交」を演出すべく、"平成流"の新方式がいくつか採用されている。随員・随行員の数の削減については、侍従次長、天皇専用の通訳、薬剤師は同行しないことになったが、外務省スタッフの随行が増えて、結局、皇太子時代と同様の20人程度へといった当初の軽減化予定は実現せず、昭和天皇の訪欧時と同じ34人（訪米時は37人）になった。昭和天皇の外国訪問時とは異なり、今回は同行記者団の特別機同乗が認められ、また、答礼晩餐会で使用する食器を現地で調達、在留邦人と会う様式を儀礼としての「ご引見」からレセプション方式に変換、通訳を入れずに国王と会見、そして歓迎の人々に気軽に話しかけ握手する"身近さ・軽やかさ"が演じられた。こうした「軽装とスキンシップ」に象徴される両陛下のパフォーマンスは、あるいは国民に対する威厳に重きをおくタイ王室に違和感を残すことになったようである。

ともあれ、明仁天皇による即位後初の外国訪問は、皇太子時代における国際親善活動の経験の積み重ねもあって、成功裡に展開されたようである。文化的遺跡や教育研究施設、福祉施設への訪問はもとより、それに戦勝記念塔（タイ）、国家記念像（マレーシア）、英雄墓地（インドネシア）への供花など、その訪問先や献花儀礼には細心の配慮がなされている。太平洋戦争にまつわる慰霊碑や資料施設が対象から除外される所以である。

⑶ 皇太子時代の外国訪問と天皇の "御名代"—"交戦国"からの招待で象徴的第一歩

明仁天皇は昭和期における皇太子時代に、延べ23回にわたり外国訪問を経験している。占領下から独立した国民の期待を担って、英国のエリザベス女王戴冠式に参列のため外遊した1953年の最初の外国訪問のみが単独訪問、残りはすべて美智子妃を伴った外国訪問である。最初のケースも含めて、昭和天皇の「御名代としての訪問」が15回、その多くは相手国元首の日本訪問に対する答礼訪問である。皇太子の資格での外国訪問は7回、その他に1回、すなわち英国の

チャールズ皇太子の結婚式（1981年）に参列した「御差遣」の例がある。ちなみに、常陸宮夫妻が1970年にネパールの皇太子結婚式に「御差遣」形式で参列しているが、同時期に明仁皇太子夫妻はマレーシアを御名代として、またシンガポールを皇太子資格で訪問している。

　明仁天皇は皇太子時代、1959年に結婚し89年に天皇位に就くまでの約30年間に、美智子妃と一緒に37カ国を訪問（うち28カ国が昭和天皇の御名代）している。皇太子夫妻の最初の訪問事例は1960年の秋、日米修好100周年を記念した米国訪問である。天皇制の演出者は、日米安保条約改定をめぐる政治的混乱のためアイゼンハワー米大統領の訪問が中止された事件に顧みて、政治的コンフリクトの鎮静化にあわせて8月6日、広島市で催された原爆死没者慰霊式・平和祈念式に明仁皇太子を出席させた。こうして、戦後天皇制にとって極めて重要な通過儀礼を「象徴皇太子」に施したうえで、政治的混乱の責任をとって退陣した岸信介首相に代わる池田勇人内閣は、米大統領来日中止の補償もかねて、9月22日に米国訪問の旅に若々しい皇太子夫妻を送り出した。

　奇しくも、明仁皇太子夫妻の最後の外国訪問（1987年）も、米国への皇太子資格での親善訪問であったが、昭和天皇の病気とのかねあいで日程を1週間に短縮している。以上の事実は、日本外交の基軸が「対米協調」であることと象徴的に符合している。ちなみに、昭和天皇は1975年に米国を親善訪問、「私が深く悲しみとするあの不幸な戦争」に触れつつ米国（民）の戦後における援助と厚意とに感謝、「先の大戦」にまつわる心理的負債を象徴的に決済した。この昭和天皇の訪米に先立ち、前年の74年に現職の米大統領が戦後初来日、華麗に修復された迎賓館赤坂離宮で歓送迎の儀礼をうける国賓第一号に、フォード米大統領が選ばれた次第である。

　ここで、主として国賓に対する答礼のため、そして招待に応じる親善訪問のために、明仁皇太子が裕仁天皇の御名代として外国訪問するパターンに着目してみよう。戦後初の国賓はエチオピア国皇帝であった。1956年11月という来日時期は、鳩山一郎首相によるソ連との国交回復（10月19日）をうけて国連総会が全会一致で日本の国連加盟を可決（12月18日）、日本の国際社会への復帰が

実現したことと符節があっている。こうして、1960年前半までに国賓として来日した皇帝や国王に対する「答礼訪問」がまず優先的に設定され、明仁皇太子が60年11月から12月にかけて、イラン、エチオピア、ネパールなど君主制の国々を御名代として美智子妃とともに訪問、そして戦争等の因縁の少ないインド（大統領訪問への答礼）に赴いている。次に、1962年に入ってアジア諸国に照準があわせられ、パキスタン、インドネシア、フィリピンを、そして64年5月には遠く中南米のメキシコに、また12月には君主制国・タイを、それぞれ御名代として答礼訪問している。

　1967年に入ると、御名代として答訪する形式に加えて、御名代として親善訪問する方式が採用され、皇太子夫妻はペルー、アルゼンチン、ブラジルをその招待に応じて親善訪問している。ブラジルの場合、国賓の来日はなかったにもかかわらず、日本からの移民で縁の深い国でもあることから、同じ機会に親善訪問の働きかけがあったようである。

　続いて70年代に入ってすぐに皇太子は、君主制国・マレーシアを御名代として親善訪問、その折りにシンガポールを皇太子の資格で親善訪問している。ちなみに、太平洋戦争で激戦場ともなったシンガポールからは、国賓としての元首訪問もないゆえに、天皇即位後初の外国訪問に際して、同国は訪問対象外になっている。ともあれ、皇太子の資格での親善訪問も、シンガポール訪問を契機に徐々に増えてゆく。

　注目すべきことに、昭和天皇がかつての交戦国を含む欧州7カ国（ベルギー、英国、西独へは公式訪問）を1971年に"戦後巡幸"して以降、ようやく明仁皇太子は交戦国であったオセアニア地域のオーストラリアから招待され、皇太子の資格で73年にニュージーランドとともに親善訪問、象徴的な一歩を踏み出している。1953年のエリザベス女王戴冠式にちなむ英国訪問はさておき、明仁皇太子がヨーロッパ諸国を親善訪問する初の機会は、これまた1973年である。招待をうけて皇太子の資格でスペインを公式訪問、またベルギーに非公式に立ち寄っている。ちなみに、ベルギーからはボードワン国王夫妻が64年に国賓として、スペインからはカルロス殿下夫妻が72年に「公賓」として来日している。

日本と体制の大きく異なる東欧社会主義諸国は、皇太子の訪問先としては当然に後回しにされ、1976年にまずユーゴスラヴィア（東欧から一番に大統領が国賓として68年に来日）、そして79年にルーマニアとブルガリアに、それぞれ御名代として答訪している。また、かつて君主制（75年にクーデターで崩壊）を敷いていたエチオピアは例外として、アフリカ地域を皇太子が訪問し始めるのは1980年代である。83年から84年にかけて、ザンビア、タンザニア、ケニア、ザイール、セネガルなど五カ国を、御名代として精力的に答礼訪問している。

　以上、国賓の日本訪問の時系列にそって、君主制国との関係を優先、そして地理的な近縁関係や政治的・歴史的な因縁などが勘案されて、明仁皇太子による御名代答訪や御名代訪問、それに皇太子資格での親善訪問の対象国が慎重に選定されたことが了解できる。もとより、先の大戦（に至る過程も含めて）で日本側が甚大な被害を及ぼした中国や韓国に対する皇族の公式訪問は、微妙な政治問題として宙に浮いたまま、いまだに（1991年時点）実現していない。

　日中国交回復は1972年9月29日、華国鋒国務院総理が国賓として来日したのは80年5月、92年は国交回復20年に相当するゆえに、中国は記念すべき年の天皇訪問を要請している。韓国との国交正常化は1965年、韓国大統領はすでに2回（84年と90年）、国賓として来日している。いずれのケースにあっても、歓迎晩餐会における天皇の「お言葉」と来日元首の答礼スピーチの内容や表現は、ともかく政治問題化を避けるべく、時間と労力をかけて丹念に練られていったようである。

　ところで、中曽根首相は1986年に、昭和天皇の在位60年記念式典を天皇誕生日（4月29日）に設定、五月連休期に東京サミットを開催、そのあとチャールズ英国皇太子、ダイアナ夫妻の日本訪問を織り込んで、明仁皇太子夫妻を米国（5月下旬から6月上旬）と韓国（ソウルでのアジア大会終了後、10月下旬）へ送り出す、といった政権延命策もかねたイヴェント戦略を顕示的に展開しようとした。その政治的画策を牽制、皇室の政治的利用に抗すべく、皇太子サイドはすかさず間接的なリアクションで応じることになった。安倍晋太郎外相が3月11日の記者会見で「今秋の皇太子ご夫妻の訪韓を検討」と表明するや、その翌

週の３月17日に宮内庁は美智子妃の入院・手術の予定を発表し、体力回復に数カ月必要という医師団の見解もあり、結局、訪米は翌年に延期され訪韓は困難視されるに至った。かくして、昭和期にあって韓国や中国に対する皇太子による御名代としての答礼訪問は実現せず、ここに代替わりしてあらためて、両国に対する天皇訪問が儀礼課題としてクローズアップされてくる。

(4) 21世紀の国際秩序に影響される皇室親善外交—注目される訪中、訪韓の演出の成否

　明仁天皇による第２回目の外国訪問は、はたしてどのような意味づけのもとに、いかなるタイミングをとらえ、どういった国々を訪問先として選定、演出されてゆくのか。「平成」の皇室親善外交の展開いかんは、日本外交が来たる21世紀の国際秩序を深く展望していかなる基本路線を採択してゆくのか、に影響されるであろう。

　パール・ハーバー50周年という節目に際し、第122回臨時国会におけるPKO法案審議の内実とその帰趨がどうなるか、そして、戦争責任と不戦の誓いを内外に明らかにせんとする国会決議は採択されるのか、日本の政府・政党は国民の合意の調達をめぐって重大な岐路に立っている。あるいは、この結果の複合いかんは、天皇による1992年訪中の可能性を、またその演出の成否、命運を左右することになろう。皇室外交が慣例として政治的季節（とりわけ選挙）を避けるとすれば、92年に大統領選挙が実施される米国（ブッシュ大統領が１月上旬に来日、天皇招待を表明する可能性あり）や韓国（答礼訪問を期待している）への天皇訪問は、少なくとも選挙終了後、あるいは93年以降に先延ばしされるであろう。となると、日本皇室と親密な関係にあるヨーロッパの王室の存在が考慮されて、英国、ベルギー、オランダ（91年10月に元首・ベアトリックス女王が初来日）などへの天皇訪問がむしろ先行するかもしれない。

　ともあれ、1989年初めに天皇位を継承して３年、明仁天皇は、国内における新象徴天皇制へのパフォーマンスを順調に消化、即位後初の公式訪問を成功裡に終えて、実質的な初代象徴天皇として好意的イメージを確かに調達し得たかにみえる。92年における皇室の動静、秋篠宮紀子妃に加えて「魅力的なプリン

セス」の登場が着目される所以である。

(1991年12月1日)

　＊本稿の記述に際しては、宮内庁要覧、および朝日新聞と読売新聞の天皇関連記事を参照した。

〈本項初出〉「「平成」の象徴天皇と皇室外交—「魅力的なプリンセス」登場に期待」『国会月報』新日本法規出版、1992年1月号、10-15頁。漢数字から算用数字へ変換、および単純な誤記ほか一部を修正。

2　「平成」の皇太子妃と国際親善の展開

(1)「キャリアウーマン出身」の皇太子妃

　皇太子妃に外交官の小和田雅子さん内定、というニュースが日本全国を席捲したのは、昭和天皇の4回目の命日の前日、新年（1993年）1月6日の午後8時45分であった。日本新聞協会は米国のワシントン・ポスト紙の報道を察知して急遽、「皇太子妃報道に関する申し合わせ」を解除、かくして各マス・メディアは通信社が地方紙に配電する時間を考慮、NHKの9時のニュースに先んじて、午後8時45分に一斉報道へと突入したのである。「皇太子妃決定」のニュースの第一報は外国から、それをうけて報道自粛協定を解除、という日本ジャーナリズムによる独特の報道劇は、約35年前の1958年11月の美智子妃決定の際にも演じられている。

　日本新聞協会は、徳仁皇太子の「お妃選定」が遅延するなか、1991年6月21日に藤森昭一宮内庁長官からなされた報道協定の協力依頼に対し、翌92年2月13日から3ヵ

写真10　外務省に退職の挨拶をされた小和田雅子さん
（1993年2月9日）
（写真提供：朝日新聞社）

月間有効の報道自粛に入った。周知のごとく皇太子妃非決定にちなみ、5月と8月にそれぞれ延長措置がとられたが、11月12日の3度目の延長に際しては、報道自粛への批判の高まりもあって、93年1月末で申し合わせを打ち切ることが決定された。

　緊急解除後の報道で明らかになったことだが、3度目の限定延長から奇しくも1カ月後、12月12日に再び、東宮仮御所を訪問した雅子さんは、「ぼくが一生、全力でお守りします」という皇太子の誠実な熱意に惹かれて、プロポーズを承諾している。ここに12月15日、宮内庁長官、次長、東宮大夫、それに団藤重光、須之部量三の両参与をまじえて秘密参与会議が長官公邸で催され、小和田雅子さんを皇太子妃に推挙することを最終的に合意、皇室会議の日程調整をひそかに進めることを確認している。ちなみに、「皇太子妃内定」確認のその翌16日に、日本雑誌協会は1993年2月末までの報道自粛延長を決めている。

　興味あることに、12月17日付の朝日新聞夕刊は、「両陛下、来年6月に訪欧」という記事を掲載している。それは、天皇・皇后が1993年6月2日に出発、ド

写真11　沿道の市民による結婚祝福にこたえて笑顔で手を振られる皇太子ご夫妻
　　　　（1993年6月9日）（写真提供：読売新聞社）

イツとイタリアを公式訪問、続いてベルギーを非公式訪問、同15日に帰国する
日程が固まった、と報じている。既述の皇太子妃選定をめぐる水面下の動きを
勘案・照合してみると、ここには宮内庁と外務省とによる情報操作（関心の焦
点ずらし）が透けて見える。縁談をまとめたのは宮内庁と太いパイプを持つ「外
務省グループ」、報道自粛期間の切れる間際に婚約をまとめあげた功績は官邸
との太いパイプのある藤森長官（内閣参事官・官房副長官の経歴あり）、と93年
２月号の月刊誌『選択』が、そのお手柄とそこにひそむ問題性を特筆する所以
である。

(2) 皇太子のみた「雅子さんの魅力」

　明仁・美智子御夫妻が30数年にわたり築き上げてきた、「幸せな、安らぎの
ある家庭」と「皇室改革」の営為を模倣し継承してゆく、その最良のパートナ
ーを忍耐と誠意によって射止めた皇太子は、1993年１月14日の歌会始に「大空
に舞ひ立つ鶴の群眺む幼な日よりのわが夢かなふ」という歌を披露している。
そして１月19日、皇室会議での婚約決定をうけた記者会見においては、緊張気
味の雅子さんを気遣いながら、皇太子妃という非常に責任のある重大な立場に
なり、「苦労があった場合には、私がそばにいて、全力で守って、助けてあげ
たい」、と率直にその思いを語っている。さらに、33歳の誕生日（２月23日）に
際する記者会見では、「時間を忘れるほど楽しい人」雅子さんが培ってきた経
験は、「外国との友好親善を深めていく上で、確実に生かされると思います」、
と雅子さんの魅力をアピールしている。

　翻ってみるに、"平成のプリンセス・紀子さん"は、皇太子妃の登場を待望
する大衆の前で、いわば「擬似皇太子妃」としてむしろ伝統的な役柄を演じた
観もあったが、「史上初めて働く女性から選ばれたお妃」たる雅子さんには、「国
際化」状況と「女性の社会進出」の常態化とが進展する舞台にあって、真性の
皇太子妃の役柄を一新するパフォーマンスが期待されているのかもしれない。

　「平成になって皇室が変わった点は？」という日本テレビの調査（1993年３月）
によると、「重苦しさが薄らいだ」の次に「外交に意欲的」という点が評価さ

れている。言わば実質的に初代の象徴天皇として即位した明仁天皇が儀礼的・社会的舞台において意識的に打ち出してきた"平成のスタイル"が、〈ポスト昭和〉の印象形成に寄与している。他方、「皇室外交」の象徴的価値の高進は、明仁天皇・美智子皇后による東南アジア３カ国訪問（91年秋）、国交回復20周年という機会をとらえた中国訪問（92年秋）、さらには93年秋の欧州訪問（予定）、といった親善訪問の積み重ねに由来している。もとより、「キャリアウーマン、外交官出身のプリンセス」の登場が強いインパクトを与えている。しかし、「皇室外交」という言葉は日本国憲法の象徴天皇制規定から逸脱した意味あいを有するゆえに、皇室が外交に意欲的であるとのイメージは政治的両義性を帯びている。政府による皇室活用には牽制が、また国民の側の皇室期待には自制が求められよう。

(3)「平成皇室」の新しいスタイル

「昭和」の終焉にちなみ真性の象徴天皇となった明仁天皇は、一連の代替り儀礼の象徴的意義を認識し憲法順守を重ねて表明、そして服喪中、異例にも文仁親王の婚約を承認して紀子さんブームを招来し、ここにエンペラー上位天皇制とプリンセス上位皇太子制との擬似複合を垣間みせた。待ちに待った「魅力的なプリンセス」の登場による皇室人気をフォローすべく、明仁天皇・美智子皇后は制度化されている行幸啓の機会を積極的にとらえて、広島市（1989年秋）と長崎市（90年春）の平和公園や原爆病院に赴いては「平和国家」への意思をシンボリックに表出、また夏の軽井沢ではギャラリー大衆の求めに気さくに応じて、「握手する天皇・皇后」の軽快なスタイルを鮮明に印象づけた。そして就任儀礼を終えて翌91年には、雲仙・普賢岳の噴火災害のお見舞いに出かけ、「両ひざをつく天皇・皇后」といった親和的な誠実イメージを、テレビや新聞の報道を介して日本の内外に広く浸透させた。

「重苦しさ」とは対照的な"平成流"の新スタイルは、天皇即位後初の外国訪問に際しタイ国などでも色々なかたちで公的に披露されたが、私的なケースでも多彩な試みがなされている。プリンセス決定に際しては、川嶋一家や小和

田一家を赤坂御所に招いて食事・歓談の機会を設け、「家庭」の象徴価値を国民に印象づけるとともに皇室入りの重圧感を払拭、30年の世代交代周期ごとに繰り返される障害を除去せんと布石を打っている。93年3月27日に皇太子とともに学習院大学史料館を見学した天皇・皇后は、学習院共同住宅に住む川嶋家に立ち寄っている。そして、天皇家では「過剰警備」の印象に抗すべく、93年1月から私的な活動・外出の際には一般国民と同様に交通信号を守る、ことになったようである。あるいは、颯爽と愛車を運転する象徴皇太子妃の映像が流れてくる日も近いかもしれない。

ともあれ、やっと幕の明いたロイヤル・カップルの「而立」のドラマに対する拍手喝采は、象徴天皇制の活力更新とその社会的批准の証でもある。「英国王室」の象徴価値が低下するなか、海外生活の長い体験と華麗なる学歴・職歴を有する皇太子妃の登場は、その著書『テムズとともに』で披露された徳仁皇太子自身の機智とユーモアのセンスと相まって、国際的で知的に洗練された活動的な「日本の皇室」というイメージを形成してゆく可能性がある。

もとより、「国際社会において、名誉ある地位を占めたい」という国民的信念を実現するためには、金権腐敗と制度疲労に揺らいでいる日本政治の立て直しが先決である。6月上旬に予定されている結婚の儀までに実質8週間の審議期間が保障されている。「政治改革法案」の取り扱いをめぐり、はたして政府・与野党は、政治制度の権威を再構築し日本の民主主義の活力を更新する政治過程を首尾よく演出してゆくことができるであろうか。政治家による皇室への依存・寄生は禁物である。

⑷「天皇外遊」の今後の展開

昭和期の裕仁天皇・良子皇后は、1971年にデンマーク、ベルギー、フランス、イギリス、オランダ、スイス、西ドイツの欧州7カ国を訪問、そして75年に米国を訪問しているが、植民地化や侵略戦争にまつわる責任論議や複雑な対天皇感情を意識して、アジア諸国への親善訪問を実現するには至らなかった。そこで、海部内閣はアジアを重視、明仁天皇の即位後初の訪問先としてタイ、マレ

写真12　北京市の郊外にある万里の長城・八達嶺を見学する天皇、皇后両陛下
（1992年10月24日）（写真提供：朝日新聞社）

ーシア、インドネシアといった日本との関係の良好な国を優先的に選んで、91年秋に親善訪問の旅へと送り出した。皇太子時代から昭和天皇の「御名代」としても数多くの国々を訪問した経験のある明仁天皇は、年1回の外国訪問に意欲を示し、そこで92年の訪問先をどの国とするかが問題となった。92年に「大統領選挙」が行われる米国と韓国は招請があっても慣例として除外され、かくして、71年の天皇訪欧で公式訪問していないヨーロッパ諸国（イタリア、ドイツ）か、再々の天皇招請のある中国か、という選択になってきた。

　冷戦後、湾岸戦争後の状況のなかで、中国は天安門事件で「人権問題」を惹起、また軍備の近代化と海洋権益の増大も狙っているとして、欧米諸国や東南アジア諸国から警戒と牽制の視線を向けられていた。結局、宮沢喜一内閣は内外の訪中反対の正論よりも中国の孤立化を避ける対アジア政策を重視、「日中国交回復20周年」という象徴的脈絡に天皇の中国訪問の意義を収束させて、92年秋に明仁天皇・美智子皇后を中国へと送り出した。皇太子時代から通算して

60番目の訪問国となった中国において、明仁天皇は「永きにわたる歴史において、我が国が中国国民に対し多大の苦難を与えた不幸な一時期がありました。これは私の深く悲しみとするところであります」と述べて、ともかく昭和期の負債のひとつを象徴的に清算、〈ポスト・昭和〉への大きな歩みを刻んだ。

　天皇訪中の実現に際し、行幸啓の管理運営者に対しては天皇という地位での沖縄訪問という「戦後処理」、そして宮沢首相にはなんらかの形式・時期での「靖国神社参拝」、といった儀礼的課題が訪中反対派から条件として提示されている。後者の課題消化の予定は未定であるが（後に密かに遂行）、前者については、93年4月25日に沖縄県糸満市で挙行される全国植樹祭への出席の機会を活用、慰霊・和解の儀礼日程が演出されることになった。

　明仁天皇による第3次の外遊予定は、前述のごとく「1993年6月に訪欧」という巧妙な陽動日程であったが、皇太子結婚の儀が同月と想定されるに至り、93年秋へと延期された。もっとも、93年秋は9月下旬に自民党総裁選（予定）、10月中旬に伊勢神宮の第61回式年遷宮祭、場合によっては11月に解散、総選挙の可能性があり、それに5月に完成する吹上新御所への転居が秋に予定されているので、天皇訪欧の日程を事前に的確に組めるか疑問の余地もあろう。

　すでに93年2月4日、複数の政府筋の明らかにしたところでは、来年の初夏か秋かの天皇訪米が内定、4月16日の日米首脳会談の際に米政府と日程調整が進められることになっている。あるいは、訪欧の再延期ないし象徴皇太子夫妻の初外遊先の象徴的価値を勘案すれば、94年秋に皇太子夫妻の（欧）米訪問が演出されるかもしれない。

　周知のごとく、〈ポスト・昭和〉の最大の親善、和解の儀礼として天皇・皇后による「韓国訪問」が残っている。すでに韓国からは元首が二度も来日し、天皇による答礼訪問が期待されている。昨年（1992年）12月の韓国大統領選挙において金泳三氏が当選、本年2月25日に大統領に就任して32年ぶりに本格的な「文民政治の時代」が開幕した。金泳三大統領は、3月13日の首席秘書官会議の席上、従軍慰安婦問題に対し日本に物質的補償を求めず自国の政府予算で実施すると指示、「道徳的に優位な立場から新しい韓日関係作りに接近できる」

第4章　平成期・象徴天皇制の始動と戦後50年の儀礼

として、認知的不協和を脱して日本との関係改善に乗り出す意向を表明している。ここに、日本側が従軍慰安婦問題の真実を明らかにし、象徴的な信頼醸成措置を真摯に講ずることによって、天皇訪韓の環境が次第に整ってくることになろう。

　幸いに1995年は「日韓国交正常化30周年」のめぐりに相当、また大戦後50周年という節目の年である。となると、それに先行して戦争責任と不戦の誓いを内外に明示する「国会決議」の採択いかんが、韓国訪問の命運を握っているといっても過言ではない。

　かくして再び焦点は日本政治のあり方に移動、抜本的な政治改革と政党政治の再編成が不可欠である。結婚の儀やその準備過程にもまして、今通常国会後半の審議過程やミクロな政局展開がむしろ着目される所以である。

（1993年 3 月28日）

〈本節初出〉「「平成」の皇太子妃と国際親善の展開」『国会月報』新日本法規出版、1993年 5 月号、
10-13頁。漢数字を算用数字に変換ほか、微修正を施した。

第 3 節　象徴天皇と国民の新たな関係を
―戦後50年 "慰霊の旅" をめぐって

1　戦後50年と政局の波瀾

　1994年 6 月30日に発足した村山富市内閣（自、社、さきがけ連立政権）は、中曽根康弘首相・自民党政権の「戦後40年・戦後政治の総決算」と類比される歴史的課題を担うことになった。すなわち、戦後日本政治・「55年体制」においてこれまで競演・共演者であった自社両党によって、偶発的でグロテスクな態様で作られた連立政権（首班に担いだのは、自民党の 3 分の 1 の議席数しかない社会党の委員長）は、55年体制型の政治を終焉させ、「戦後政治の総決算」を遂行し、21世紀に向けて「戦後50周年」を政治的に演出してゆくことが期待されていた。かくして、連立与党 3 党はその政策合意のひとつとして、「戦後50年を

契機に過去の戦争を反省し、未来の平和への決意を表明する国会決議などに積極的に取り組む」ことになったのである。

衆参両院における絶対安定多数の議席を背景として、村山連立内閣の提出法案は94年秋の臨時国会および95年前半期の通常国会において、100パーセントの成立率を誇ることになった。それとは対照的に、戦後50年に臨む国会決議は、国内の歴史観の分裂を背景に、惨憺たる結末を迎えた。与党・自民党内の「終戦50周年国会議員連盟」と野党・新進党内の「正しい歴史を伝える国会議員連盟」は、社会党主導型の戦後50年決議に対して強力な抵抗を試みた。ともあれ、妥協に妥協を重ねて与党内でまとまった『歴史を教訓に平和への決意を新たにする決議』は、6月9日の衆議院本会議において、新進党議員の欠席するなか強行採択された。かくして、このメッセージは正当性に疑義を残す、格調の低いものとなり、自社連立政権に潜在する亀裂をあらわにした。

社会党は7月23日の参議院選挙で惨敗、自民党も比例区で新進党に敗退したにもかかわらず、好運にも村山連立政権は存続、8月8日に内閣の大幅改造に踏みきった。ここに、村山首相は先の国会決議の不首尾、それに就任直後の島村宜伸文相による記者会見での問題発言（侵略戦争じゃないかというのは考え方の問題）を補償すべく、周到に閣議決定の手続きを経て、格調高く「植民地支配」と「侵略」を謝罪、「独善的ナショナリズム」を排する『戦後50年に当たっての首相談話』を8月15日に発表した。韓中米英の4カ国首脳には特別の親書を送り、かりそめにも護憲政党＝社会党の歴史的威厳を示した次第である。

しかし、好評を博した首相談話とは違和感のある光景が、「戦後50年」の節目においても例年のごとく展開された。8月15日には靖国神社に多くの自民党閣僚がそれぞれ参拝、また自民党の「みんなで靖国神社に参拝する国会議員の会」と新進党の「靖国神社参拝議員連盟」が一緒に（両会長は旧経世会＝竹下派所属）参拝している。ここに、戦後40周年に際する中曽根首相の「公式参拝」の敢行（中国等の猛反対のため、以降は首相、外相は靖国参拝を自粛）があらためて想起されよう。

2 戦後50年へ向けた皇室・親善外交

　ところで、「戦後50年」に際し、皇室はいかに独自の対応を検討、「国民統合の象徴」に照応したパフォーマンス（ないし儀礼的配慮）を試みたのであろうか。

　戦争終結50年を翌年に控えて、天皇・皇后は1994年6月10日から26日まで、米国を親善訪問している。この訪米日程をみると、なるほど米英仏によるノルマンディ上陸50周年（6月6日＝Dデイ）の盛大な記念行事の興奮もさめるころに米国へ向け出発しているが、沖縄戦終結の日に相当する6月23日にはハワイに移動している（なお天皇は皇太子時代、1960年9月に訪米した際には真珠湾を訪れ、白いカーネーションのレイを投げている）。

　細川護熙連立内閣のもとでは当初、天皇の間接的意向をうけてか、日米関係の古い傷をいやし将来に向けて新しい関係を構築すべく、真珠湾訪問（戦艦アリゾナ記念館を慰霊のため訪問）を計画していた。しかし、少数与党内閣となった羽田連立政権は、保守的ナショナリストや日本遺族会関係者からの天皇の靖国神社参拝願い、米大統領による広島の原爆慰霊碑参拝の実現要求などを勘案、その政治問題化を回避すべく天皇の真珠湾訪問を見送り、代わりにホノルルの国立太平洋記念墓地を訪問することを決めた。この決断の背景には羽田首相が自民党時代、竹下派にあって「みんなで靖国神社に参拝する国会議員の会」の会長を務めていたことから、無理して天皇による真珠湾訪問を実現すれば、天皇の靖国神社参拝を迫られ、内外の強い反発に皇室をさらす危険への憂慮があった。かくして、羽田首相は不信任案提出の脅しもあって、天皇・皇后のアメリカ訪問の無事終了を見届けて政権を投げ出した。

　ちなみに、昭和天皇は戦後において終戦儀礼や独立儀礼の一環として靖国神社に参拝、また靖国神社の創立90周年（1959年）、創立100年大祭（1969年）、そして終戦20周年および30周年に際し、それぞれ参拝している。しかし、こうして慣例化していた天皇による参拝儀礼も、靖国神社の側が1978年にA級戦犯を合祀、慰霊の全体化を図ったことに対して中国等が強く反発したことから、天

皇参拝は禁忌化（タブー）し、1975年11月の参拝を最後に中断した状態が続いている。

　換言すれば、天皇による儀礼的参拝の再開、首相による「八・一五参拝」の復活、あるいは「憲法改正」が、保守的右派の悲願となっており、それは先の大戦のある種の正当化への執念につながっている。とりわけ4月下旬から5月上旬にかけての時期（靖国神社の春季例大祭、昭和天皇の誕生日、憲法記念日）、および「終戦記念日」にかかわる時期に、自民党（系）閣僚の口から政治的（外交的）な問題発言（放言、失言）が繰り返し飛び出してくる。歴史的にみて5月3日は「東京裁判」の開廷日（1946年）でもあり、また「占領憲法」が施行された日（1947年）でもあって、伝統的・両義的な感情が、こうした時期に周期的に隆起し、精神的外傷がうずくのである。

　もとより、「1947年憲法」の体制下であれ、「日本国の象徴、国民統合の象徴」である天皇の外国訪問の演出に際しては、それなりの外交目的が付随し仮託されることは不可避であり、濃淡や程度の差はあれ、「天皇の政治利用」という色彩がつきまとっている。政府による「皇室外交」の活用に対しては牽制が、また国民の側の「皇室外交」の期待には自制が求められる所以である。

　翻ってみるに、宮沢内閣のもとで在野にも強力な反対意見があったにもかかわらず、1992年10月、天皇・皇后の中国訪問が結果として実現したのは、首相自身の粘り強さと天皇自身の訪中希望とを背景に、自民党内の異論を押さえ込むメカニズムが単独政権ゆえに機能していたこと、さらには野党第1党の社会党の後援があったからかもしれない。宮沢首相は政治的親善訪問の余波がおさまったあと、訪中反対派との代償的取引として靖国神社に私的かつ密やかに参拝している。中国側は「日中国交回復20周年」というコンテキストを戦略的に活用、天安門事件以降の国際的孤立からの脱却を求めて、天皇訪中の演出に積極的に協力した。天皇訪中の「成功」要因のひとつとして、中国の政治システムが権威的・集権的であるために、人民の反対運動を抑止しえた側面もあろう。これは、天皇制を管理運営する側が、植民地支配や戦争にまつわる儀礼的課題としての天皇の韓国訪問を、結局、日韓国交正常化30周年（1995年）という脈絡などを利用して実現することができなかったことと対照的である。韓国が民

第4章　平成期・象徴天皇制の始動と戦後50年の儀礼

主主義的な政治システムを運用している政治社会であることから、戦後50年国会決議の失敗は、当然のことに、天皇の韓国訪問をさらに困難にすることになった。

1992年秋の天皇訪中に際しては、天皇による沖縄訪問の実現が儀礼的には優先する、といった論拠からの反対・牽制もあった。これに対応すべく天皇・宮内庁の側は、沖縄復帰20周年（'92年5月15日に憲政記念会館で政府主催の式典）という脈絡のなか、場合によっては日帰りの沖縄訪問の実現を企図したが、沖縄県側はその希望の受け入れに消極的であった。かくして、天皇という地位での沖縄初訪問は中国訪問後へと延期され、翌93年の沖縄県下での「全国植樹祭」への出席という恒例の機会に乗ずるかたちで、天皇の沖縄訪問（慰霊儀礼）は実現された。

3 「開かれた皇室」へのバッシング

1990年11月に就任儀礼を完結させた新象徴天皇夫妻は、翌91年秋に、タイ・マレーシア・インドネシア（アセアン3カ国）を親善訪問、92年秋に中国を訪問、93年秋にイタリア・ベルギー・ドイツを訪問する。「平成の皇室」はそのあいだに、秋篠宮と皇太子の結婚イヴェントを織り込んで「平成のプリンセス」を国民の眼前に登場させ、順風満帆の様相を呈していたが、93年の夏から秋にかけて美智子皇后を標的とする"皇室バッシング"に見舞われた。奇しくも皇后は自らの59歳の誕生日（10月20日）に、心労とハードスケジュールの疲れが出て赤坂御所で倒れ、一時期「言葉」を失うことになった。

宮内庁職員と自称する人物による天皇家の私的生活の「内部告発」（しばしば友達を呼んで深夜まで話を／夜中にインスタントラーメンやリンゴを注文、など）に端を発する一連の美智子皇后批判の背景には、皇后批判の形式をかりた明仁天皇批判（昭和天皇の威厳と対比）の趣きもあった。長期に及んだ「昭和」が終り、短期間のうちに（礼宮と紀子さんとの婚約を服喪中に承認）2人のプリンセスを迎えて、言わば〈プリンセス上位〉の様相で皇室の第2次大衆化（第1

次はミッチーブーム）が進展する事態、換言すると私的側面に関心の注がれる「開かれた皇室」の軽薄さを、牽制したかったのであろう。すなわち、代替わり儀礼において憲法遵守を誓約、新しい象徴天皇のスタイル（例えば雲仙・普賢岳の噴火災害にちなむ91年7月の被災地訪問、北海道南西沖地震にちなむ93年7月の奥尻島訪問に際し、天皇・皇后は被災者とひざを交え手をとってお見舞いした）を印象づけることに成功したとしても、天皇制の精神的基盤は揺らいでいるという見立てがそこには介在している。あるいは、「強引な訪中」の実現、「豪華な吹上新御所」の建築への不満も動員されているのかもしれない。もとより、明仁天皇は、外向的な象徴天皇制の側面を重視しつつ、内的・伝統的（固有）天皇制や皇室神道儀礼の堅持に傾注している。なるほど、美智子皇后とともに「軽井沢の夏」（1990年にはギャラリーが押しよせた）に訣別する所以である。

　ともあれ、皇后は誕生日にちなむ記者への文書回答（皇太子妃時代には記者会見をしていた）のなかで、「批判の許されない社会であってはなりませんが、事実に基づかない批判が、繰り返し許される社会であって欲しくはありません」と述べ、バッシングに対し一矢を報いている。

　翻って考えてみるに、われわれ国民の側も象徴天皇制の制度化にみあった、「象徴」としての威厳を損なわない作法をそろそろ身につけるべきである。「開かれた皇室」に対する心理的欲求が私的情報の暴露や消費に終始するようでは、品がなさすぎる。大衆の両義的な願望の器として皇室に便乗（vicarious voyage）するのではなく、皇族の側の国民に対する誠実な関係儀礼の構築（国民とともに歩む皇室／国民の中に入ってゆく皇室）に対応して、適切な距離を確保した関係性を考慮してゆく必要があろう。

　例えば〈開かれた皇室〉を評価する場合、社会的な関係性やある種普遍的な価値の追求において、そのまなざしを国民と共有しているかどうか、などに着目すべきである。身障者や災害被災者、それに被曝療養者に接する際の皇族の誠実な作法をみるとき、その回答は明らかであろう。皇室はその本性上、当然に、憲法体制の重心を踏み外してはならないし、また時代のポジティブな価値（平和、共生その他）にコミットしてゆかなければならない。

4 「慰霊の旅」日程と効果

　さて、宮内庁は天皇の意向をうけ、94年10月のフランス・スペインの公式訪問が終了するのを見はからって、戦後50年にちなむ国内の「慰霊の旅」プランの検討に入っている。明仁天皇は年末の誕生日に、戦後50年の節目につき「とりわけ戦災の激しかった土地に思いを寄せていくつもりです」と述べ、翌95年1月の仕事始めの日に藤森昭一・宮内庁長官に内諾の意を伝え、ここに「慰霊の旅」実施の方針が固まった。

　村山連立政権の「国会決議」路線に照応しつつも、その「慰霊」路線には独自の儀礼的配慮が加味されていた。すなわち、慰霊の旅先としては、明仁天皇が皇太子時代の81年8月、定例記者会見において宣明した、多くの犠牲者に黙禱を捧げることを欠かさない「4つの記憶すべき日」（8月6日、9日、15日および沖縄戦終結の6月23日）にちなみ、まず広島・長崎・沖縄が選ばれた。8月

写真13　1945年3月10日未明の東京大空襲で亡くなった人が眠る東京都慰霊堂（墨田区）を初めて訪れ、犠牲者を追悼された天皇、皇后両陛下。長崎・広島・沖縄に続く"慰霊の旅"を終える（1995年8月3日）（写真提供：朝日新聞社）

15日は日本武道館での全国戦没者追悼式に毎年出席している関係上、さらにこれらに追加すべき慰霊対象として、空襲による一般犠牲者を象徴的に代表する場所、すなわち東京大空襲（陸軍記念日の３月10日）の犠牲者を納骨する東京都慰霊堂（墨田区）が初めての追悼先として特定された。

　そして、天皇・皇后による「慰霊の旅」を補完すべく、無名戦没者をまつる千鳥ヶ淵戦没者墓苑へは皇太子夫妻を、有名戦没者をまつる靖国神社の例大祭には例年通り他の皇族を差し遣わすこととした。かくして皇太子夫妻は、５月20日に千鳥ヶ淵戦没者墓苑で催された厚生省主催の戦没者慰霊拝礼式に参列した。この拝礼式には村山首相ら政府関係者、遺族代表も参列している。奇しくもこの５月20日に、天皇・皇后は広島県での全国植樹祭出席のため広島へ出かけ、原爆慰霊碑と平和記念資料館、原爆養護ホームを訪れている。

　さらに特筆すべきこととして、天皇・皇后による「慰霊の旅」が終了したあと、８月８日には、宮内庁から日本遺族会に対し、「戦後五十年　遺族の上を思ひてよめる」として両陛下の和歌の直筆が贈られている。天皇の「直筆贈呈」は大正天皇時代の1918年以来、77年ぶり、という特別の配慮である。ちなみに、天皇の歌は「国がため　あまた逝きしを　悼みつつ　平らけき世を　願いあゆまむ」、皇后の歌は「いかばかり　難かりにけむ　たづさへて　君ら歩みし五十年の道」。

　ここで天皇・皇后による戦後50年の特別儀礼の日程と具体的な慰霊対象・訪問先に着目してみよう。もとより、「戦争犠牲者の追悼と平和を祈念するため」に天皇・皇后が短期間に各地を慰霊訪問したことは「異例」であり、皇室にとって「初めての試み」であった。

　結果として展開された慰霊日程は、衆議院解散・総選挙という事態が回避された参議院通常選挙（７月23日）のあと、しかも８月６日（広島原爆記念日）の周期的儀礼の前、といった時期にセットされている。天皇・皇后は、７月26日（水）から27日にかけて、まず被爆地の長崎と広島に赴いた。長崎では平和記念公園の平和祈念像に献花の後、原爆資料センターを見学（被曝団体の代表５人が説明役）、続いて「恵の丘長崎原爆ホーム」を訪問した。５月の植樹祭の

際にも訪問した広島では平和記念公園内の原爆慰霊碑に献花した後、原爆養護ホームの「倉掛のぞみ園」を訪れている。

次には 1 週間を経て同じく水曜日、8 月 2 日に日帰りで沖縄・糸満市を訪問、23万4000人余の犠牲者名を刻んだ「平和の礎」で犠牲者の冥福を祈り、沖縄平和祈念堂で87人の遺族に会い、ねぎらいの言葉をかけた。

そして翌 3 日、東京都墨田区の都慰霊堂を訪れ献花、東京大空襲などによる戦災犠牲者（約10万5400柱）の冥福を祈った。これは昭和期天皇制の残した債務を象徴的に決済する意義を付随する「慰霊の旅」であり、あるいは「国民統合の象徴」の通過儀礼、の締めくくりでもあった。かくして、8 月 4 日に参議院の構成を決める臨時国会が召集されたのである。

5 象徴天皇制のアイデンティティ

こうした特別の「慰霊の旅」の出発に際し、異例にも天皇は宮内庁を通じて「長崎及び広島訪問に当たって」と題した文書を発表して心から追悼する天皇の真摯な「気持ち」を簡潔に表明、同じく沖縄訪問によせる「気持ち」や空襲犠牲者慰霊の「気持ち」をそれぞれ文書で公表した。

かくして、「戦後」50年に「慰霊の旅」を遂行したことによって、「昭和」の残照も消え去り「平成」の象徴天皇制は定着した。翻ってみるに、実質的な"初代象徴天皇"として一連の代替わり儀礼（固有天皇制）の「象徴天皇制」に占める戦略的意義を認識し、かつ、日本国憲法の遵守を重ねて表明した明仁天皇は、服喪中異例にも文仁親王と川嶋紀子さんとの婚約を承認（9 月12日）、その結果、「魅力的なプリンセス」の登場を待望していた国民大衆のあいだに熱狂的な"紀子さん（擬似皇太子妃）ブーム"を招来させた。

「平成の皇室」にフォローの風をつかむべく、新天皇・皇后は制度化されているお出かけ（地方行幸啓）の機会をタイミングよくとらえ、まず1989年の「第9 回全国豊かな海づくり大会」への出席に際し、広島・平和記念公園を訪れて原爆慰霊碑に献花（9 月 9 日）、そして翌90年 5 月18日、「第41回全国植樹祭」

への出席にちなみ、長崎・平和記念公園に赴き平和祈念像に献花、それぞれ日赤原爆病院を見舞って、平和（国家）への意思をシンボリックに表出し、国民統合の象徴の歴史的原点を喚起することとなった。

　ここに、明仁天皇が皇太子時代の1960年8月6日（日米安保条約改定をめぐる政治的コンフリクトが鎮静化した後、日米修好百周年にちなむ秋の訪米に先立つ時期に）、広島市での第15回原爆死没者慰霊式・平和祈念式に出席、死没者・遺族への哀惜の念と世界平和の念願を表明していることを想起されたい。それは戦後天皇制にとっても不可欠な重要度の高い通過儀礼であった。さらには1975年7月、日本復帰記念イヴェントでもあった沖縄海洋博覧会の開会式に名誉総裁として出席するため沖縄を訪問した際、明仁皇太子は美智子妃とともに「ひめゆりの塔」を参拝、"過激派"による火災ビン襲撃事件に見舞われながらも毅然とした態度を維持、宿舎に帰って太平洋戦争の犠牲者と遺族に対する痛恨の思いを誠実に沖縄県民に表明した。これも平和への願い・意思を明確に述べ、象徴皇太子のアイデンティティ再強化の重大な契機を構成している。明仁皇太子（天皇）一家が被曝地と並んでとりわけ沖縄に対してまなざしを向け続ける所以である。

　戦後50年目の「失敗」として、筑紫哲也は、勝者（米国）のスミソニアン原爆展の「失敗」と、敗者（日本）の国会決議の「失敗」を指摘、「勝者はその栄光の過去に汚点が付くことを嫌い、敗者はその屈辱に正面から対する勇気に欠けた」と指摘している（『週刊金曜日』95年8月11日号、風速計）。思えば奇しくも1985年、戦後40周年という節目に際し先進国首脳会議の開催国となった西ドイツの場合、コール首相は連合国、とりわけ米英仏による対ナチス戦勝記念日（5月8日、V-E Day）イヴェントの機先を制して、ボン・サミットの開会を5月2日に設定、歴史的疎外感を政治的に制御した。これと連携してヴァイツゼッカー大統領（在任1984〜1994）は、国民の選挙で聖別された言わば「象徴大統領」として、国民を倫理的に代表しうる責任ある立場で、戦争責任にまつわる国際的に高い評価を博したメッセージを発信、国家としての戦争責任問題に対外的にも大きな区切りをつけることに成功した。

第4章　平成期・象徴天皇制の始動と戦後50年の儀礼

147

他方、当時の日本にあって中曽根首相は戦後政治の総決算や靖国神社公式参拝に執念を燃やし、戦争（戦後）責任の総決算を試みることはなかった。そして中曽根首相は、コール首相のイヴェント戦略に倣って翌86年には、天皇在位60年記念式典を天皇誕生日（4月29日）に強引に誘導、五月連休を利用して東京サミットを開催、その後チャールズ、ダイアナ英皇太子夫妻の来日（5月8日〜13日）、といった政治＝儀礼日程を案出し、自己の政権延命戦略に巧みに利用した。かくして、「死んだふり解散」による衆参同日選挙で大勝し、自民党総裁（すなわち首相）任期の1年延長を獲得した。

　もとより、日本の国会は政党政治のアリーナである以上、イデオロギー（歴史観、戦争観）がからみ、「英霊」神話の傘下にある有力な集票・支援団体のアイデンティティを揺るがすテーマともなれば、戦後50年にちなむ「国会決議」に崇高なメッセージが託されるのは望むべくもないことである。議院内閣制のもと、その在職期間も短い日本の首相（政治的にも十全に国民を代表しきれない）による「談話」は、結局、国会決議の「失敗」を補償する、予期せぬ機能をも担わされた。いっぽう、象徴天皇は、法的制約のなか、崇高なメッセージを象徴大統領のように責任ある主体としては発信しにくい。非政治的「清廉なる」存在による戦後50年の「慰霊の旅」という特別儀礼（「お気持ち」の公表も含めて）は、なるほど国際的な印象に薄く、その倫理的評価も対外的に波及することなく日本国民のあいだにとどまらざるをえない。

　日独両国が実効的部分として同様の議院内閣制を採用していても、尊厳的部分としては象徴天皇制（世襲）と象徴大統領制（選挙）との機能差は意外と大きい。議院内閣制と象徴天皇制の組み合わせを慎重に勘案するとき、われわれは象徴大統領の歴史的言説を、安易に引照しない事がむしろよいのではないか。

　ここでは、「勝利・解放・光復・敗戦・終戦」といった言語象徴があるいは乱舞した戦後50年目の夏、既述の日米の「失敗」に対する国際的批判と並んで、共和制・フランス国の新大統領シラクによる核実験再開決定、および人民共和国・中国の核実験実施に対してその国際的責任を問う普遍的な反対運動・世論が沸騰したことを銘記しておこう。

6 "平成流"皇室と国民の関係

　歴史的伝統や法的規定によって男系世襲制が採用されている象徴天皇制にあって、皇太子が天皇位を継承することは自明（革命、占領などを除き）である以上、「天孫降臨」神話や賢所など宮中三殿での儀礼に収束する固有天皇の即位儀礼それ自体に、国民大衆の興奮をかきたてるポテンシャルは少ない。象徴天皇と、その存在を正当化する国民との関係で言えば、大衆天皇制でもある戦後天皇制にあっては、むしろ新しいプリンセスの登場こそが、両者の契約に際し最も重要な局面を構成する。国民の側は、どんな魅力的な女性がプリンセスに選ばれたのか、時代の価値観に照らして〈開かれた皇室〉を期待しうるのか、「国民統合の象徴」のパートナーにふさわしい人かなどを判断、拍手喝采をもって「承認」、ないし非批判的な視線で「認知」するかたちで、あらかじめ天皇との再契約を決めている。結局、男系世襲天皇制が大衆化するとき、それは〈プリンセス上位〉皇太子制とならざるをえない。ここに、象徴天皇制は30年の世代交代周期ごとに、"ミッチーブーム／紀子さん・雅子さんブーム"のように「魅力的なプリンセス」を獲得・登場させなければ、その活力を失う運命にある。それゆえ、プリンセス一家との親密な"家族づきあい"や"プリンセスいじめ"の環境抑止など、皇室入りの重圧感を払拭、敷居を象徴的に低くする工夫が新天皇家によって試みられることになる。もっとも、こうした"平成流の新スタイル"こそ、ときに「反動」を惹起する要因でもあるのだが。

　試みに〈開かれた皇室〉という視座から象徴天皇制の現在を見るとき、「皇長孫」の稀少な誕生が固有天皇制の命運をも担う構造、すなわち男系世襲制への固着は、「少子化」の時代状況からしても再考の余地があろう。

　あるいは、皇室典範の修正と「憲法改正」とがイデオロギー的に綱引きしあう事態も想定されよう。ともあれ、過度の政治化を相互に自制した論議が国民的次元で展開されるような文化を、「伝統」として創出してゆくことが肝要であろう。

＊本稿の記述に際しては、朝日、読売、毎日３紙の関連記事を参照した。
〈本節初出〉「象徴天皇と国民の新たな関係—戦後50年 "慰霊の旅" をめぐって」『世界』1995年
10月号、155-163頁。一部、西暦等を算用数字に変換したほか微修正。
付記：本稿は1995年８月下旬に擱筆しているので、９月〜12月の動静が繰り込まれていない。
1995年の天皇動静については、後掲（第５章）の「表5-6」を参照されたい。

補論　天皇・皇太子の外国訪問の概況について

　本章では外国訪問の時期予測など曖昧な表現を執筆時のまま修正せずに残した
ので、補論として新たに作成した資料（**表4-1〜4**）を提供して、実際の訪問
事例を正確に確認しておく必要があろう。

　そこで、宮内庁のホームページ掲載の「天皇・皇族の外国ご訪問一覧表（昭
和28年〜昭和63年）、（平成元年〜平成10年）、（平成11年〜平成20年）、（平成21年〜
平成21年以降）」を参照し、天皇と皇太子の外国訪問の軌跡をクローズアップし
てみる。ちなみに、昭和期と平成期において、天皇直系の親王はそれぞれ二人
しかいない。もとより、直系の第二親王は成年皇族として皇位継承順位は高く、
他の成年皇族と並んで一般的な国際親善や王族等の冠婚葬祭への差遣を分担し
ている。ここでは、皇太子の外国訪問とのかね合い（連携・分担）を類推すべく、
両天皇の第二親王の動きも追跡してみることにした。

　皇太子明仁親王は占領終結（独立）の翌1953年、エリザベス２世の戴冠式（６
月２日）に裕仁（昭和）天皇のご名代として参列すべく、米国・カナダを経由
して訪欧している。その後の明仁皇太子による外国訪問は**表4-1**に見るように、
正田美智子さんと結婚（1959年４月10日）し「夫妻揃って」という様式で、
1960年代に７回、70年代に８回、80年代に７回、となっている。昭和天皇の外
国訪問が２例（1971年訪欧、1975年訪米）に留まったゆえに、天皇のご名代とし
て皇太子による答礼訪問等が多岐にわたることになった。常陸宮正仁親王ご夫
妻の外国訪問は昭和期に12例あり、皇太子の約半分を記録している。明仁皇太
子は1953年の英国女王戴冠式の例に次いで、1975年には妃殿下とともにネパー
ル国王戴冠式に参列している。ほかの王室慶事である結婚式参列については、

表4-1　昭和天皇・皇太子の外国訪問一覧表（昭和28～昭和63年）

（○は明仁皇太子の訪問（延べ回数）、②以降はご夫妻。ローマ数字（Ⅰ、Ⅱ～）は両陛下の訪問（延べ回数）。Mは正仁親王夫妻（常陸宮）、数字は延べ回数）

回数	日　程		訪問先：◇はご名代、／はそれ以外	備　考（お立ち寄り先）
①	1953(28)	3.30～10.12	◇英国	6.02　女王戴冠式参列（米・加・仏・伊・独、他に9カ国）
②	1960(35)	9.22～10.7	米国	日米修好100年
③		11.12～12.9	◇イラン、エチオピア、インド、ネパール	国際親善（タイ）
④	1962(37)	1.22～2.10	◇パキスタン、インドネシア	国際親善（インド）
⑤		11.5～11.10	◇フィリピン	国際親善
⑥	1964(39)	5.10～5.17	◇メキシコ	国際親善（米国）
⑦		12.14～12.21	◇タイ	国際親善
M-1	1965(40)	10.12～12.3	デンマーク、フランス、ベルギー、オランダ	国際親善、長期間の訪問
			英国、ドイツ、スイス、モナコ、イタリア	パチカン、タイ
⑧	1967(42)	5.9～5.31	◇ペルー、アルゼンチン、ブラジル	国際親善（米国）
M-2	1968(43)	6.15～6.25	米国　ハワイ日本人移民100年記念祭	ご臨席
⑨	1970(45)	2.19～2.28	◇マレーシア／シンガポール	国際親善
M-3		2.24～3.5	ネパール（差遣）	皇太子結婚式参列（タイ）
⑩	1971(46)	6.3～6.12	◇アフガニスタン	国際親善（イラン、タイ）
M-4		9.10～9.20	米国　NY日米協会ジャパン・ハウス	開館式に臨席
Ⅰ	1971	9.27～10.14	ベルギー、英国、ドイツ	国際親善（米国、デンマーク、フランス、オランダ、スイス）
⑪	1973(48)	5.6～5.23	オーストラリア、ニュージーランド	国際親善
⑫		10.11～10.22	スペイン	国際親善（米国、ベルギー）
⑬	1975(50)	2.20～2.28	ネパール　（バングラデシュ、インド）	国王戴冠式参列
Ⅱ	1975(50)	9.30～10.14	米国	国際親善
⑭	1976(51)	6.8～6.25	◇ヨルダン、ユーゴスラビア／英国	国際親善（タイ）
M-5	1978(53)	3.29～4.10	米国	旅行
⑮		6.12～6.27	ブラジル、パラグアイ	ブラジル移住70周年記念式典（米国）
⑯	1979(54)	10.5～10.14	◇ルーマニア、ブルガリア	国際親善（オランダ、ベルギー）
⑰	1981(56)	2.27～3.7	サウジアラビア、スリランカ	国際親善（タイ、シンガポール）
⑱		7.26～8.2	英国（差遣）	7.29　皇太子結婚式（ベルギー）
M-6		9.12～9.24	米国　NY日米協会創立75周年	記念式典臨席
M-7	1982(57)	2.27～3.5	米国（ホノルル）	旅行
⑲	1983(58)	3.10～3.25	◇ザンビア、タンザニア、ケニア	国際親善（ルクセンブルグ、ベルギー、タイ）
M-8		5.1～5.11	デンマーク、スウェーデン	日本展開会式（フランス）
M-9	1984(59)	2.13～2.21	マレーシア、シンガポール	国際親善
⑳		2.25～3.8	◇ザイール、セネガル	国際親善（ベルギー、英国）
㉑	1985(60)	2.23～3.9	スペイン、アイルランド	国際親善（ポルトガル、英国）
㉒		6.1～6.15	◇スウェーデン、デンマーク、ノルウェー／フィンランド	国際親善
M-10		6.15～6.26	米国（ハワイ）	ハワイ官約移民100年記念行事
M-11	1986(61)	9.25～10.9	ブラジル／パラグアイ　日本人移民	50周年記念式典（米国）
㉓	1987(62)	10.3～10.10	米国	国際親善
M-12	1988(63)	1.7～1.14	タイ	国際親善

（出典）宮内庁ホームページ参照：天皇・皇族の外国ご訪問一覧表（昭和28年～昭和63年）

結婚	明仁皇太子	正仁親王（常陸宮）	
	1959.4.10	1964.9.30	
誕生	徳仁親王	文仁親王	清子内親王
	1960.2.23	1965.11.30	1969.4.18

表4-2　天皇・皇太子の外国訪問一覧表 （平成元年～平成10年）

（○は徳仁皇太子の訪問（＊は夫妻）・延べ回数、ローマ数字（Ⅰ、Ⅱ～）は両陛下の訪問・延べ回数。hは文仁親王（親善訪問・冠婚葬祭等のみ、調査研究等は除く）、3回目以降は夫妻で訪問）

回数	西暦（平成）	日程	訪問先：◇はご名代、／はそれ以外	備考（お立ち寄り先）
①	1989（元年）	9.23～10.1	ベルギー（招待）	ユーロパリア日本祭（フランス）
h-1		11.22～24	リヒテンシュタイン（国王葬儀参列）	英国で修学中
②	1990（2）	8.17～8.27	ベルギー（第10回国際経済史学会）	出席（ルクセンブルグ、米国）
③	1991（3）	1.28～2.1	ノルウェー（国王葬儀参列）	
h-2		4.24～27	米国（ヒューストン・インターナショナル・フェスティバル）	
④		9.11～9.24	モロッコ	国際親善
			英国（招待）ジャパンフェスティバル1991	開会式臨席（フランス）
Ⅰ	1991	9.26～10.6	タイ、マレーシア、インドネシア（招待）	国際親善
⑤	1992（4）	7.18～8.4	スペイン（招待）万博・オリンピック	五輪開会式臨席
			ベネズエラ、メキシコ（招待）	国際親善（米国）
Ⅱ	1992	10.23～10.28	中華人民共和国（招待）	国際親善・国交樹立40周年
h-3	秋篠宮夫妻	11.5～11.24	スリランカ、パキスタン、インド（招待）	国際親善・国交樹立40周年
			タイ（招待）	国際親善・王妃還暦祝賀
h-4	1993（5）	4.6～4.8	スペイン（国王御尊父葬儀参列）	バルセロナ伯爵
Ⅲ	1993	8.6～8.9	ベルギー（国王葬儀参列）	
Ⅳ		9.3～9.19	イタリア、ベルギー、ドイツ（招待）	国際親善
Ⅴ	1994（6）	6.10～6.26	米国（招待）	国際親善
Ⅵ		10.2～10.14	フランス、スペイン（招待）	国際親善（ドイツ）
⑥	皇太子夫妻	11.5～11.15	サウジアラビア、オマーン、カタール、バーレーン	＊国際親善（タイ）
⑦	1995（7）	1.20～1.28	クウェート、アラブ首長国連邦、ヨルダン	＊国際親善（シンガポール）
			オーストラリア（招待）	
h-5		10.9～10.16		国際親善
h-6	1996（8）	3.9～3.11	タイ（国王ご尊母葬儀参列）	シーナカリン殿下
h-7	1997（9）	2.26～3.7	ネパール、ブータン（招待）	国際親善（シンガポール、タイ）
h-8		5.9～5.22	メキシコ（招待）	メキシコ移住100周年記念式典
			ジャマイカ（招待）	国際親善（米国）
Ⅶ	1997	5.30～6.13	ブラジル、アルゼンチン（招待）	国際親善（ルクセンブルク、米国）
h-9	1998（10）	2.16～2.20	フィリピン（招待）独立100周年記念行事	日本・フィリピン友好祭
			英国、デンマーク（招待）	
Ⅷ		5.23～6.5		国際親善（ポルトガル）

（出典）宮内庁ホームページ参照：天皇・皇族の外国ご訪問一覧表（平成元年～平成10年）

結婚	徳仁皇太子	文仁親王（秋篠宮）		
	1993.6.9	1990.6.29		
誕生	眞子内親王	佳子内親王	愛子内親王	悠仁親王
	1991.10.23	1994.12.29	2001.12.1	2006.9.6

補論　天皇・皇太子の外国訪問の概況について

表4-3　天皇・皇太子の外国訪問一覧表（平成11年～平成20年）

（○は徳仁皇太子の訪問（＊は夫妻）・延べ回数、ローマ数字（IX、X～）は両陛下訪問・延べ回数、ただし、13回目以降は算用数字。hは秋篠宮文仁親王夫妻の外国訪問。（hでは親善訪問・冠婚葬祭等のみ記載／調査研究・学位授与式等は除く））

回数	西暦（平成）	日　程	訪問先：◇はご名代、／はそれ以外	備　考（お立ち寄り先）
⑧	1999(11)	2.8～2.9	ヨルダン（国王葬儀参列）	＊ご夫妻で
h-10		6.27～7.8	ベトナム、ラオス、タイ	国際親善
h-11		9.26～9.29	ドイツ（招待）	「ドイツにおける日本年」開幕式典
⑨		12.3～12.7	ベルギー（招待）	＊皇太子結婚式典に参列
IX	2000(12)	5.20～6.1	オランダ、スウェーデン（招待）	国際親善（スイス、フィンランド）
h-12	2001(13)	5.17～5.20	オランダ（招待）	王子結婚式に参列
⑩		5.18～5.25	英国（招待）　「JAPAN2001」	オープニング開幕行事
h-13		6.21～6.28	カンボジア（招待）	国際親善
⑪	2002(14)	1.30～2.4	オランダ（招待）	皇太子結婚式に参列
h-14		6.19～6.28	モンゴル（招待）	国際親善
X		7.6～7.20	ポーランド、ハンガリー（招待）	国際親善（チェコ、オーストリア）
皇后		9.28～10.3	スイス（バーゼル州招待）	国際児童図書評議会創立50周年記念大会に名誉総裁として出席
h-15		10.14～10.17	オランダ（王配殿下葬儀参列）	
⑫		12.11～12.19	ニュージーランド、オーストリア（招待）	＊国際親善
h-16	2003(15)	8.7～8.21	タイ（王妃72歳お迎えに際し祝意表明）	名誉学位授与式、家禽類共同研究・両内親王を同伴
h-17		9.27～10.7	フィジー、トンガ、サモア（招待）	国際親善（ニュージーランド）
h-18	2004(16)	3.29～3.31	オランダ（国王母の葬儀参列）	
⑬		5.12～5.24	デンマーク（招待）	皇太子結婚式典に参列
			ポルトガル（招待）	国際親善
			スペイン（招待）	皇太子結婚式典に参列
⑭		9.8～9.11	ブルネイ（招待）	皇太子結婚式典に参列
h-19	2005(17)	1.14～1.16	ルクセンブルク（前大公妃葬儀参列）	
XI		5.7～5.14	ノルウェー（招待）	国際親善（アイルランド）
XII		6.27～6.28	米国（サイパン島）	戦後60年の慰霊・平和祈念
⑮		8.3～8.4	サウジアラビア（国王崩御弔問）	
⑯	2006(18)	3.15～3.21	メキシコ（招待）	第4回世界水フォーラム（カナダ）
13		6.8～6.15	シンガポール（招待）	国際親善、外交関係樹立40周年
			タイ（招待）	国王即位60年式典（マレーシア）
⑰		8.17～8.31	オランダ（女王の招待）	＊静養滞在、愛子内親王同伴
⑱		9.18～9.20	トンガ（国王葬儀参列）	（ニュージーランド）
h-20	単独	10.30～11.7	パラグアイ（招待）日本人移住70周年	国際親善（フランス、チリ、ニュージーランド）
14	2007(19)	5.21～5.30	スウェーデン、英国（リンネ生誕300年）	リンネ協会名誉会員
			エストニア、ラトビア、リトアニア（招待）	国際親善
⑲		7.10～7.17	モンゴル（招待）	国際親善
h-21	2008(20)	1.18～1.25	インドネシア（招待）外交樹立50周年	日本インドネシア友好年開会式
⑳		6.16～6.27	ブラジル（招待）日本人移住100周年	国際親善（米国）
㉑		7.16～7.23	スペイン（招待）国際親善	2008年サラゴサ国際博覧会
㉒		7.30～8.3	トンガ（招待）	国王戴冠式参列（オーストラリア）

（出典）宮内庁ホームページ参照：天皇・皇族の外国ご訪問一覧表（平成11年～平成20年）

表4-4　天皇・皇太子の外国訪問一覧表（平成21年〜平成30年）

（○は徳仁皇太子の訪問（＊は夫妻）・延べ回数、算用数字（15、16〜）は両陛下の訪問・延べ回数。hは秋篠宮文仁親王夫妻。（親善訪問・冠婚葬祭等のみ、調査研究・学位授与式等は除く））

回数	西暦(平成)	日　程	訪問先：◇はご名代、／はそれ以外	備　考(お立ち寄り先)
㉓	2009(21)	2.9〜2.15	ベトナム(招待)	国際親善
㉔		3.14〜3.20	トルコ(招待)	第5回世界水フォーラム(ドイツ)
h-22		5.10〜5.23	オーストリア、ブルガリア、ハンガリー、ルーマニア(招待)	国際親善：「日本・ドナウ交流2009」
15	2009	7.3〜7.17	カナダ(招待)、米国(ハワイ州) 皇太子明仁親王奨学金財団50周年	国際親善 記念行事
h-23		8.21〜8.27	オランダ(招待) 日蘭通商400周年	国際親善：記念行事
㉕	2010(22)	3.6〜3.15	ガーナ、ケニア(招待)	国際親善(英国、イタリア)
㉖		6.17〜6.21	スウェーデン(招待)	皇太子結婚式参列
h-24	2011(23)	1.24〜2.1	コスタリカ(招待)外交関係樹立75周年	国際親善(米国)
㉗		6.21〜6.25	ドイツ(招待) 日独交流150周年	国際親善
㉘		10.26〜10.27	サウジアラビア(皇太子薨去・弔問)	
16	2012(24)	5.16〜5.20	英国(女王陛下の招待)	即位60周年記念午餐会
h-25		6.11〜6.17	ウガンダ(招待)外交関係樹立50周年	国際親善(英国、フランス)
㉙		6.20〜6.21	サウジアラビア(皇太子薨去・弔問)	
㉚		6.25〜7.1	タイ、カンボジア、ラオス(招待)	
㉛		10.18〜10.21	ルクセンブルグ(招待)	皇太子結婚式参列
h-26	2013(25)	2.3〜2.5	カンボジア(前国王の葬儀参列)	
㉜		3.5〜3.8	米国(国連)	「水と災害に関する特別会合」
㉝		4.28〜5.3	オランダ(招待)	＊国王陛下即位式参列
㉞		6.10〜6.16	スペイン(招待) 交流400周年	国際親善
h-27		6.19〜6.30	クロアチア、スロバキア(招待)	国際親善：外交関係樹立20周年
			スロベニア(招待) 前年に20周年	国際親善
17	2013	11.30〜12.6	インド(招待)	国際親善
㉟		12.9〜12.11	南アフリカ共和国(元大統領追悼式)	ネルソン・マンデラ
h-28	2014(26)	1.25〜2.5	ペルー(招待) 外交関係樹立140周年 アルゼンチン(招待)移住協定発効50周年	国際親善(フランス、オーストリア)
㊱		6.17〜6.23	スイス(招待) 国交樹立150周年	国際親善
h-29		6.27〜7.8	ザンビア(招待)外交関係樹立50周年 タンザニア(招待)	国際親善
h-30		9.30〜10.10	グアテマラ(招待)、メキシコ(招待)「支倉使節団訪墨400周年記念：日墨交流」	国際親善(南ア共和国、英国) (米国)
皇后	単独	12.11〜12.13	ベルギー(元王妃の葬儀参列)	
㊲	2015(27)	1.25〜1.26	サウジアラビア(国王崩御につき弔問)	
18		4.8〜4.9	パラオ(戦後70年慰霊・平和祈念)	国際親善
㊳		7.2〜7.6	トンガ(招待)	＊国王陛下戴冠式参列
h-31		10.27〜11.10	ブラジル(招待) 外交関係樹立120周年	国際親善(ドイツ)
㊴		11.17〜11.21	米国(国連)「水と災害に関する特別会合」及び「水と衛生に関する諮問委員会」	最終会合に臨席
19	2016(18)	1.26〜1.30	フィリピン(招待)国交正常化60周年	国際親善
h-32		5.10〜5.17	イタリア(招待) 国交樹立150周年	国際親善(バチカン)
20	2017(19)	2.28〜3.6	ベトナム(招待)	国際親善(タイ)
㊵		4.13〜4.17	マレーシア(招待)外交関係樹立60周年	国際親善
㊶		6.15〜6.21	デンマーク(招待)関係樹立150周年	国際親善
h-33		9.25〜10.4	チリ(招待)外交関係樹立120周年	国際親善(ドイツ)
h-34		10.26〜10.27	タイ(プミポン前国王葬儀参列)	
㊷	2018(30)	3.16〜3.22	ブラジル(招待)	第8回世界水フォーラム(米国)
h-35		6.4〜6.9	米国(ハワイ州)移住150周年記念式典	海外日系人大会に臨席
㊸		9.7〜9.15	フランス(招待) 日仏友好160周年	国際親善

（出典）宮内庁ホームページ参照：天皇・皇族の外国ご訪問一覧表（平成21年〜平成30年）

1970年のネパールの皇太子結婚式には常陸宮夫妻が、1981年のベルギーの皇太子結婚式には皇太子夫妻が差遣されている。もとより、葬儀や慶事に際する参列訪問は他の昭和天皇の弟君である高松宮・三笠宮両殿下などによっても分担されているが、ここではその外国訪問事例の紹介は割愛する。

　平成期については初期・中期・後期として各10年の動静表を作成しているが、文仁親王に関しては鳥類・家禽類等の研究調査旅行や学位授与式等出席を旨とした外国訪問事例は件数から除外してある。ちなみに、そうした事例は平成10年まで４例、平成20年まで５例、平成30年まで５例、すなわちのべ14件に及んでいる。平成30年間にあって徳仁皇太子は43回にわたり外国訪問（うち結婚後は38回）を重ねているが、雅子妃とのお揃い訪問は７例ほどに留まっていて、秋篠宮夫妻の外国訪問とは対照的な航跡を描いている。昭和期に23回も皇太子として外国訪問の経験を有する明仁天皇は、平成初期の10年間に８回、中期に６回、後期に６回、それぞれ皇后を伴って出かけている。特例として、両陛下は2005年（戦後60年）にはサイパン、また2015年（戦後70年）にはパラオに、「慰霊・平和祈念」のため訪れている。

　先に葬儀参列訪問の儀礼法則に注目してみると、平成初期（**表4-2**）にはその例が５件ある。ベルギー国王葬儀（1993年）には両陛下が直々に、ノルウェー国王葬儀（1991年）には皇太子が、リヒテンシュタイン国王葬儀（1989年）には英国留学中の文仁親王が、それぞれ赴いている。ただし、国王の尊父（1993年）・尊母（1996年）となると秋篠宮夫妻が差遣されている。平成中期（**表4-3**）における国王事例（1999、2005、2006年）では徳仁皇太子が、その他オランダの王配殿下（2002年）・国王の母（2004年）のケース、それにルクセンブルクの前大公妃（2005年）の葬儀には、秋篠宮夫妻が参列している。平成後期（**表4-4**）を点検してみると、サウジアラビアの皇太子薨去（こうきょ）（2011、2012年）に際する弔問、南ア共和国・マンデラ元大統領追悼式（2013年）への参列は、徳仁皇太子が引き受けている。代わってなるほど、カンボジア（2013年）・タイ（2017年）の前国王葬儀では秋篠宮夫妻がその儀礼を遂行している。興味あることに、とりわけ親しいベルギー王国の元王妃が亡くなった際には、皇后が単独でその

葬儀（2014年）にお出ましになっている。

　次に祝賀儀礼に転じてみると、国王即位式（2013年・オランダ）と国王戴冠式（トンガ、2008年・2015年）には皇太子が参列している。もっとも、タイのプミポン国王と英国エリザベス女王の各即位60周年（2006年、2012年）に際しては、招待をうけて天皇皇后が祝賀儀礼に参加している。欧州の各王国（それにブルネイ）で催される皇太子結婚式典には招待に応じて徳仁皇太子が参列しているが、王子クラスの結婚式（2001年・オランダ）となると秋篠宮夫妻が招待されている。

　平成期の３つの表を翻ってみるに、国交樹立（正常化）・外交関係樹立や両国交流また日本人移住などの「節目の周年」にちなむ訪問事例が数多く存在し、相手先との歴史的関係や儀礼序列などを勘案して皇太子と第二親王が訪問を適宜分担していることがわかる。ここでは割愛したが、他の宮殿下・妃殿下また成年女性皇族（内親王・女王）もこうした国際親善に関与している。もとより、皇室が担う「国際親善」は相互交流にもとづく相補性を概してその儀礼原則とする以上、天皇・皇族の具体的な外国訪問は、日本への国賓来訪や公式実務訪問その他のケースで天皇・皇族が接遇した儀礼実績を調査勘案し、それぞれ時機に応じて選択的に演出されていると推察されよう。

第**5**章

象徴天皇制の儀礼構造

関係儀礼に見るソフトパワーの動態[1]

はじめに

　ソフトパワーとしての皇室、とりわけ天皇の動静をその観察の対象とするとき、宮内庁ホームページに掲載されている、皇室のご活動（ご日程）・「天皇皇后両陛下のご日程」が基本情報として有用である[2]。この基本情報を活用して天皇の動静・儀礼を整理・分析するには、まず方向性に着目して、皇居から外に出かける事例、御所・宮殿以外の皇居内等での催しへ出かける事例、宮殿での行事等にお出ましするケース、そして御所での催しや応接等に区分けしてみていく必要がある。次に、皇居内で展開している出来事の焦点構成に着目して、例えば、皇室祭祀・宮中行事、親任式・認証官任命式・勲章親授式および信任状捧呈式、天皇が相対する会見・引見・拝謁・接見・会釈等、天皇への内奏・ご説明・ご進講、そして天皇との会食（晩餐・午餐・夕餐・昼餐）やお茶・懇談

1　筆者の主催する日本政治過程論演習で2008・2009年度に皇室研究を行った。本研究は、両年度のゼミ生諸君の資料作成に一部依拠している。ここに、闊達・誠実なゼミ生諸君の助力に感謝の意を表する。

2　ただし、2011年11月10日現在では、皇太子の動静日程は平成14（2002）年1月から、秋篠宮のそれは平成16年7月以降のものが掲載されているだけである。他の宮家の「ご日程」情報はない。

等に分節して照準をあわせ、それらの儀礼的特徴や関係儀礼の構造を読みとってゆく方法が推奨されよう。

　幸いなことに、天皇陛下御在位20年に際し、宮内庁では様々の項目について20年間の天皇の足跡を件数データや年表のかたちで編纂し、その記録を資料としてホームページで公開している。本章では、これらの情報を第2基本情報として参照・活用することにした。

　この20年整理情報によれば、対外的なソフトパワーの儀礼として最も理解しやすいのは「国際親善」の累積事例であるが、国賓を迎えての48回に及ぶ「宮中晩餐（天皇のおことば）」、そして天皇が皇后と一緒に「来日された外国の元首・夫人などの賓客とお会いになる」「ご会見」が、的確な情報として整理提示されている。平成期の20年間で、天皇単独で82件（95人）、天皇皇后お揃いで269件（778人）、皇后のみで8件（9人）、すなわち合計で359件（882人）の「ご会見」が行われている。ここでの「件数・人数には、茶会やお茶、ご昼餐、ご夕餐なども含まれています」、と付記されている。次には、「外国の首相や大使、その夫人などの賓客とお会いになる」「ご引見」の件数が表示され、延べ件数のみ紹介すると、天皇・274件（8335人）、天皇皇后・794件（3023人）、皇后・1件（1人）となっている。概して当該の儀礼行使者が東京駅から儀礼馬車に乗って皇居に向かう、「新任の外国の特命全権大使が信任状を天皇陛下に捧呈する儀式」たる「信任状捧呈式」は、597件（597人）にのぼっている。そして、「天皇陛下は、日本から外国に赴任する大使夫妻と赴任前に宮殿でお会いになり、引き続き、皇后陛下とご一緒に大使夫妻にお会いになっています」、という「赴任大使・赴任大使夫妻の拝謁」のケースは、天皇・240件（826人）、天皇皇后・236件（1533人）に達している。1年平均で12件である。こうした赴任大使が日本に帰国した場合、より懇談しやすい御所で「お茶」形式を採用して、天皇皇后は複数の大使夫妻と会って「外国事情」を聴取しているが、「帰朝大使のお茶」は153件（1084人）を数える。最後に、「国際親善のための」天皇皇后の「外国ご訪問」は、1991（平成3）年9月下旬から10月にかけてのタイ・マレーシア・インドネシア訪問に始まり、2009（平成21）年7月のカナダ・

米国訪問に至るまで、15回に及んでいる。第2回目の外国訪問にあたる中華人民共和国訪問（1992.10.23〜10.28）に際しては、天皇の政治的利用・時期尚早論等の理由を盾に保守派から反対があり、その実現に尽くした宮沢首相は天皇帰国を見届けてひそかに靖国神社に参拝し、ある勢力との黙約を遂行したようである。なお、皇后が一人で訪問した事例がひとつある。国際児童図書評議会、スイス・バーゼル都市州政府の招待で、「国際児童図書評議会創立50周年記念大会」に名誉総裁として出席するため、スイスに旅行している（2002.9.28〜10.3）。

　試みに、その他の20年情報をピックアップして列挙してみよう。①憲法の定める国事行為にかかわる事項について、概して火曜日と金曜日に行われる閣議での決定をうけて届けられる書類に署名・押印する「内閣上奏書類など」の総計件数・2万2377件。②新年一般参賀の参賀者数（平成2年は昭和天皇崩御にちなむ服喪のため行われず）、それに天皇誕生日一般参賀の参賀者数（平成元年は服喪中、平成2年は即位礼一般参賀が11.18にあり行われず／平成8年はペルーでの日本大使館人質事件にかんがみ、祝賀行事等を中止）。③国会の指名による内閣総理大臣と内閣の指名による最高裁判所長官を天皇が任命する儀式（親任式）の日程情報、および「任免につき天皇の認証を必要とする国務大臣その他の官吏の任命式（認証官任命式）」に関する件数情報。④春と秋の叙勲にちなむ大綬章等勲章親授式（天皇から受章者に勲章が授与され、続いて総理大臣から勲記が伝達される）および11月3日に行われる文化勲章親授式（伝達式）での受章者数などの情報。ちなみに、文化勲章は平成9年から天皇が親授する儀礼様式を採用している。⑤「社会福祉・医療・教育・文化・学術・産業など各分野で功績があった人が主として対象」となる「拝謁」、および「内外の要人をお招きになって、お茶や昼食会などを催されています」、といった「拝謁・お茶など」の各年別件数（人数）データ。⑥春と秋に赤坂御苑で催される園遊会、各年の被招待者数（平成元年は両方なし、平成2年秋は即位大礼で、平成7年春は阪神・淡路大震災で、平成12年秋は香淳皇后崩御により催さず）。各園遊会には、「衆・参両院の議長・副議長・議員、内閣総理大臣、国務大臣、最高裁判所長官・判事、

その他の認証官など立法・行政・司法各機関の要人、都道府県の知事・議会議長、市町村の長・議会議長、各界功績者とそれぞれの配偶者約2000人」が招待され、天皇皇后ほか皇族が親しくお話しになるが、当年の（旬な）有名人がスポットライトを浴びることが多い。⑦次には、「ご会釈（勤労奉仕団）」にちなむ団体（人数）の件数情報が掲載されている。天皇皇后は、「皇居内の清掃奉仕のため全国各地から集まる人々」と、概して天皇が執務日にあてている火曜・金曜日（その午前中）にお会いになっている。20年間の総計で約5800団体、20万人を超える一般国民が、清掃奉仕・会釈儀礼に参加している。そのほか、宮中祭祀関連の情報・説明が提示されている。

　以上の情報は、概して皇居内（ないし周辺部）で展開されている儀礼、相互行為についての網羅的な集積情報である。次に、皇居から天皇（皇后）が出かけてゆくケースについて件数等情報を略述紹介しておこう。まず、⑧「国内のお出まし」、すなわち道府県および東京都内での天皇（皇后）のお出ましにつき、年次別の件数が掲載されている。続いて、⑨周知のごとく、天皇皇后は戦後50年・60年にあたり「戦没者慰霊」の儀礼を丁寧に執り行ったが、その情報を前置きに、毎年8月15日に催される「全国戦没者追悼式へのご臨席（天皇陛下のおことば）」、⑩ソフトパワーの儀礼行動の真骨頂ともいえる慰問儀礼、すなわち、噴火・大地震・津波等に襲われた地域の人々を慰問・激励する「被災地お見舞い」と「災害復興状況ご視察など」に関する日程等情報。そして、⑪とりわけ、こどもの日・敬老の日・障害者週間の前後に毎年、両陛下はそれぞれの関連施設を訪問しているが、そうした「福祉施設などのご訪問」の日程・訪問先一覧、⑫天皇単独での「企業ご視察」一覧が掲載されている。次なる情報として、⑬三大行幸啓と称される、「全国植樹祭・国民体育大会・全国豊かな海づくり大会へのご臨場」の日程等情報（天皇陛下のおことば）、⑭皇后のお出ましの「全国赤十字大会」・「フローレンス・ナイチンゲール記章授与式」へのご臨席情報（前者の大会での皇后陛下のおことば）、⑮国会開会式への天皇のご臨席情報（おことば）が続いている。

　以下、⑯日本国際賞授賞式・日本学士院授賞式・日本芸術院授賞式・国際生

物学授賞式などへの天皇皇后のご臨席、⑰「その他の主な式典へのお出まし」情報（例えば、日大創立100周年・議会開設100周年・沖縄復帰20周年・日本医師会創立50周年・日本遺族会創立60周年などの記念式典）が列挙紹介されている。ちなみに、以上の20年経過情報の件数・年表形式の資料に加えて、⑱主な式典における天皇陛下のおことばが20ケースちょっと抽出転載され、即位20年に際する両陛下の記者会見と御即位20年祝賀行事一覧が当然に組み込まれている。

　以上のような公開されている情報・資料を逐一かつ詳細に点検し、それに関連資料を参照して、関係性のわかる表などに合成・編成加工してみれば、象徴天皇（皇室）のソフトパワーを形成・支持しているネットワーク構造（その動態）が読み取れるであろう[3]。本章では、とりわけ天皇と国民（代表）・機関（組織）幹部・功労者等との関係儀礼性に着目していく。紙数の関係上、以下、第１節で皇居から出かける代表的事例、第２節で皇居において展開されている諸儀礼を取りあげるが、その一部に照準をあわせクローズアップしてみるにとどまる[4]。

第１節　ソフトパワーの「象徴ネットワーク」の構築

　天皇単独でのお出ましは「行幸（ぎょうこう）」、天皇皇后お揃いでの訪問は「行幸啓（ぎょうこうけい）」、天皇以外の各皇族の催しもの等へのお出かけは「行啓（ぎょうけい）」として、宮内庁用語では表記されているので、ここでもその用法を踏襲することにする。

3　天皇の日常を詳細に整理し説明している、山本雅人『天皇陛下の全仕事』講談社現代新書、2009年を参照のこと。
4　天皇皇后・皇太子夫妻・秋篠宮夫妻以外の各宮家の動静については、MSN産経ニュースが毎週土曜日に掲載する「皇室ウィークリー」（第204号は2011年11月５日付）、および産経新聞社の取材協力になる扶桑社の季刊誌『皇室 Our Imperial Family』を、第３基本情報として参照したが、逐一の引用注は割愛する。ちなみに、この季刊誌は、第14号（平成14年春）から新装刊としてこの名称を採用、それ以前は『わたしたちの皇室』で平成11年ごろに創刊されている。

1 「天皇皇后の三大行幸啓」と「皇太子の八大行啓」

　天皇皇后は毎年数泊しつつ、春の全国植樹祭・秋季国民体育大会・全国豊かな海づくり大会の開会式等への出席と併せて「地方事情」を視察している。行幸啓に浴する三大イヴェントが各都道府県持ち回り開催の巡回型イヴェントであることにちなみ、天皇皇后の航跡・訪問軌跡は、これらの地方行幸啓を介して経時的に全都道府県をカバーしていくことになる。すなわち、三大行幸啓は、これらのイヴェントに関与しまた訪問を受ける有意な関係者のみでなく、会場や沿道の一般の人々が天皇皇后を直接に見る機会となり、様々な感慨・印象・反応を喚起する。ときに物理的距離の少ない接触・関係儀礼を参与体験して、象徴的権威者との心理的距離の縮小感を享受、あるいは距離のあるオーディエンスとして直接的な臨場・間接的な現場体験を通じて、それなりの充足・疎外・忌避感などを覚えることもあろう。

　換言すると、これらの地方事情視察の組み込まれた行幸啓は、深層象徴的には天皇（皇后）による継起的な「国見」という伝統的意義を有し、あるいは「国民統合の象徴」の安定した正統性を地域的に再確認する共時的意義を帯びる儀礼でもある。とりわけ平成に入って元号が変わり、元帥カリスマとは無縁の象徴カリスマが体現・表出するソフトパワーは、イヴェント出席・地方事情視察を介して状況的に伝播し、参与者ネットワークとして感受記憶され応答支持されることになる。昭和天皇による被占領期・戦後復興期の「戦後地方巡幸」[5]、高度成長期の「全国植樹祭・国民体育大会巡幸」によって形成され、また残影する記憶層（受容基盤）に、真正の「象徴天皇」による「平成期巡幸」に係る国民的・地域的な行動・感情体験が重ねられ、日本国憲法にも規定された象徴天皇制（皇室）のソフトパワーの威力（象徴力）は持続的に浸潤していく。と

5　戦後地方巡幸の意義や展開戦略については、拙著『象徴天皇制へのパフォーマンス』山川出版社、1989年を参照されたい。

きに、副作用・反作用も介在して、それには免疫力もついてくる。

　ここに、三大行幸啓も含む平成期の天皇行幸全般につきその目的（訪問先）別の件数データ（**表5-1**）を参考に掲載する。あわせて「昭和」の終焉期と「平成」の始動期に限定した行幸件数の対照表（**表5-2**）も参照されたい[6]。もとより、平成に入って、皇居（宮邸）内外での皇室の活動範囲は著しく拡大している[7]。象徴（皇室）カリスマが体現するソフトパワーのフル回転が日常化するとなれば、長期的にはカリスマ性の効用逓減ないし体現疲弊を、あるいは亢進させることになるかもしれない。

　天皇の象徴カリスマを支え反映する皇太子についても、イヴェント出席・地方事情視察の機会が双方向的に創出され、皇太子が国民と接し相互作用する儀礼として制度化されていく。全国植樹祭との関係では全国育樹祭が1977年に始まり、平成に入って「みどりの日」が制定されたのに呼応して全国「みどりの愛護のつどい」が創設される。国民体育大会の冬季大会では、皇太子ほか各皇族が出席を引き受けることになっており、また東京オリンピックを契機に明仁皇太子夫妻の推奨もあり、今日の全国障害者スポーツ大会が秋季国体に連続して当地で開催されるようになり、皇太子夫妻がこの大会に臨席することになった。以上の４つに加えて、主催省庁・団体からの働きかけもあり、献血運動推進全国大会、全国高等学校総合体育大会、国民文化祭、全国農業青年交換大会などが皇太子出席（地方視察）イヴェントとして制度化されている。近年、最後尾の催しに替えて全国農業担い手サミットに出席し、青年農業者と交流、併せて地方事情を視察している。

　もとより、皇太子を迎える主催者・地域にとっては、皇太子出席イヴェントという格付けが不可欠な意義を有するであろうが、一般の国民・地域住民にと

6　昭和期の天皇行幸の詳細については、拙稿「昭和期の天皇行幸の変遷—1927年〜1964年を中心として」（『学習院大学法学部研究年報24』1989年、所収）を参照されたい。

7　昭和天皇の健康期（1976〜1984）と平成の初期（1989〜1997）の各9年間を比較、宮中行事・公務の倍増度を調査分析したものとして、岩井克己「平成流とは何か—宮中行事の定量的・定性的分析の一試み」『年報・近代日本研究』第20号、1998年、232-251頁を参照のこと。

表5-1　平成期・明仁天皇の行幸件数一覧（1999〜2008年）

暦年（平成）	1999 H11	2000 H12	2001 H13	2002 H14	2003 H15	2004 H16	2005 H17	2006 H18	2007 H19	2008 H20
A										
① 御用邸・御料牧場滞在	5	5	4	6	3	5	6	3	5	5
② 皇室関連										
武蔵陵墓地・多摩陵参拝	2	6	2	2	1	1	2	2		1
豊島岡墓所		1	1	1	3	1	3	1	2	
東宮御所・宮邸訪問				5		4				
菊栄親睦会						1				1
③ 国会議事堂（開会式・記念式典）	2	5	3	2	2	3	2	2	3	2
A・小計	9	17	10	16	9	15	13	8	11	9
B										
④ ＊外国訪問＊		1		1			2	1	1	
⑤ 外国元首等来日関連儀礼	9	2	6	2	6	4	4	1	5	4
⑥ 地方事情視察、旅行等		1	1		2		1			
⑦ 三大行幸啓（植樹祭、国民体育大会、豊かな海づくり大会）	3	3	3	3	3	3	3	3	3	3
⑧ 伊勢神宮、畝傍・桃山陵等の参拝	1		1	1						
⑨ 靖国神社										
⑩ 千鳥ヶ淵戦没者墓苑										
⑪ 明治神宮			1	1						
⑫ 戦没者追悼式、遺族会・傷痍軍人会等	1	2	1	2	2	1	1	1	2	1
⑬ 園遊会	2	2	2	2	2	2	2	2	2	2
⑭ 学士院・芸術院授賞式	2	2	2	2	2	2	2	2	2	2
⑮ 日本国際賞・国際生物学賞授賞式	2	2	2	2	2	2	2	2	2	2
⑯ 美術・博物・民族館等およびデパートでの展覧会等	5	5	6	2	2	3	3	5	4	9
⑰ 博覧会等、産業施設視察						2				
産業・企業施設等の単独視察	2		1	1	1	1	1	1		1
⑱ スポーツ・相撲観戦	3	2	3	6	1	3	1	2	2	
⑲ 社会福祉視察、同大会、赤十字・恩師財団関連	3	4	3	7	4	4	3	2	2	2
⑳ 学習院、学校創立周年式典		2		1	1					
㉑ 災害・被災地状況（復興）視察	2		2		1	1	1	1	2	
㉒ その他	19	11	16	12	12	16	17	12	14	20
B・小計（元首来日を除く）	45	37	44	47	39	42	43	33	39	43
（在位10年慶祝関連・1999年）	5									
（戦後・終戦60周年関連・2005年）							3			
総件数	68	56	60	65	54	61	63	42	55	56
備考		服喪			手術					

注1）「その他」はコンサートおよび記念式典が多い。

　2）香淳皇后の死去（2000.6.16）、高円宮死去（2002.11.21）、高松宮妃死去（2004.12.18）

　3）天皇、東大病院で前立腺がんの全摘手術（2003.1.18）

（出典）宮内庁ホームページの「天皇皇后両陛下のご日程」を参照して作成

表5-2　昭和天皇・明仁天皇の行幸件数一覧（1985～1994年）

暦　年 （昭和→平成）	1985 S60	1986 S61	1987 S62	1988 S63	**1989** **H1**	1990 H2	1991 H3	1992 H4	1993 H5	1994 H6
A										
① 御用邸・御料牧場滞在等	5	5	4	4	1	1	3	4	2	5
② 東宮御所・宮邸訪問	1	3	4					4	1	
皇室行事・多摩陵参拝										
（武蔵陵墓地）					2	3	2	2	2	4
③ 国会議事堂（開会式・記念式典）	2	3	2		3	4	3	3	3	3
A・小計	8	11	10	4	6	8	8	13	8	12
B										
④ ＊外国訪問＊						1	1	2	2	
⑤ 外国元首等来日関連儀礼	**2**	**10**	**1**		**4**	**6**	**6**	**8**	**10**	**5**
⑥ 地方事情視察、旅行等								2	1	2
⑦ 全国植樹祭・国民体育大会	2	2			2	2	2	2	2	2
（豊かな海づくり大会）					1	1	1	1	1	1
（全国身障者スポーツ大会）					1					
⑧ 伊勢神宮、畝傍・桃山陵等の参拝						2				1
⑨ 靖国神社										
⑩ 千鳥ヶ淵戦没者墓苑										
⑪ 明治神宮						1		1		1
⑫ 戦没者追悼式、遺族会大会、	1	1	1	1	1	1	1	2	2	1
傷痍軍人会等										
⑬ 園遊会	2	2	1			2	2	2	2	2
⑭ 学士院・芸術院授賞式	2	2	2		2	2	2	2	2	2
（日本国際賞授賞式）					1	1	1	1	1	1
（国際生物学賞授賞式）					1	1	1	1	1	1
⑮ 美術・博物・民芸館等						3	1	7	4	3
⑯ デパートでの展覧会等								1	2	1
⑰ 産業・工芸展、博覧会、	2					1				
貿易展、見本市等										
⑱ スポーツ・相撲観戦	3	3	1			1	2	1	1	2
⑲ 社会福祉視察、同大会、					2	1	2	3	2	3
赤十字・恩師財団関連										
⑳ 学習院、創立周年式典					1	2	1	2		
㉑ 災害・被災地状況（復興）視察			1				1		1	
㉒ そ　の　他	5	1	3	1	8	11	16	15	12	8
B・小計（元首来日を除く）	17	11	10	2	20	32	34	44	36	33
総　件　数	27	32	21	6	29	46	48	**65**	54	50

注1）昭和天皇、入院（1987. 9.22）
　2）昭和天皇、容体が急変（1988. 9.19）

第5章　象徴天皇制の儀礼構造

っては、地方行啓は何よりも「皇太子ご夫妻」を目にできる稀少な機会であり、とりわけ皇太子妃の象徴的価値は大きい。すなわち、生まれながらに天皇位を継承する運命にある皇太子がどのような女性をお妃・伴侶として迎えるか、その結婚のあり方こそが国民の関心の焦点を構成する。国民・一般大衆が美智子妃、雅子妃、紀子妃に「お妃カリスマ性」をときに感得し享受し躍動したように、とりわけ、皇族（関係）以外の出身女性との皇太子の結婚は、君主制と民主制との象徴的契約といった性格を帯び、心からの拍手喝采や好意的歓迎は象徴天皇制の新たなる承認という儀礼的意義を伴っている。それゆえに、昭和期の皇太子夫妻の活発な動静と異なり、平成期において「皇太子ご夫妻お揃いで」といった様式でのお出ましが事実として少ないことは、あるいは皇太子妃の象徴的効用の逓減として憂慮され、雅子妃の長期にわたる現象的隔在・不在は、皇室入りの伝統的敷居の緩和戦略に支障をきたすことになり、また国民のあいだにアンビバレントな反応を亢進させかねない。ときに、弟宮とその妃殿下、内親王・親王に照明があてられる所以である。徳仁皇太子殿下の行啓全般の概要については、その件数データ一覧（**表5-3**）を参照していただきたい。

　ちなみに、秋篠宮殿下はどのような催しに定期的に出席しているか、簡単に紹介してみよう。概して泊りがけの行啓となる巡回型催しへの臨席の機会は、皇太子同様8つほどある。すなわち、春の全国都市緑化祭、夏季国民体育大会・秋季国体（閉会式）・冬季国体スキー大会、夏の全日本高等学校馬術競技大会、海の祭典、全国生涯学習フェスティバル、全日本愛瓢会大会などに出かけている。また、固定型の行事として、5月開催の森と花の祭典（みどりの感謝祭）、福岡アジア文化賞授賞式、日蘭協会年次総会、日本水大賞表彰式その他に紀子妃を伴って出席している。弟宮として、年間の行啓件数は非常に多く、皇太子と比べて行動の自由度は高い。秋篠宮単独では、山階鳥類研究所、生き物文化誌学会、日本動物園水族館協会などの関連会議や研究会に頻繁に出かけている（**表5-4**参照）。

　以上、天皇・皇太子・秋篠宮の主要な行幸・行啓に着目してみると、それらがどのように組み合わされ、連携的・総合的にどういったネットワークを張り

表5-3　徳仁皇太子の行啓等の件数一覧（2002～2008年）

暦　年 （平成）	2002 H14	2003 H15	2004 H16	2005 H17	2006 H18	2007 H19	2008 H20
A							
① 御用邸・御料牧場滞在、スキー等静養滞在	6	4	4	5	2	4	3
② 宮中三殿等での儀礼・拝礼	**17**	**17**	**19**	**16**	**19**	**19**	**21**
武蔵陵墓地・多摩陵参拝	1		2		2		2
豊島岡墓地	2	3	3	4		1	1
宮邸訪問	5	3	6	4		1	1
③ 御　所（挨拶、勅書伝達、報告）	3	3	5	2	7	3	8
（祝賀・家族行事）		1	1	1			5
（ご進講・説明などの陪席）	1	6	4	6	2	6	15
④ 宮　殿（宮中・祝賀・皇族行事）	7	10	10	9	10	8	9
（国賓・公賓等の歓迎、晩餐・午餐ほか）	8	9	4	8	5	11	7
（茶会、政府高官との午餐）	5	6	5	7	7	2	8
（国事行為臨時代行・執務）	6	11		5	3	5	
⑤ 天皇に代わり接見、ご名代で式典出席		5		1			
⑥ 桃華楽堂・三の丸尚蔵館ほか	1	1	3	4		2	1
A・小計	62	79	66	72	57	63	65
B							
⑦ ＊皇太子自身の外国訪問＊	2		2	1	3	1	3
天皇の外国訪問の送迎（羽田空港）				4	2	2	
⑧ 元首・王族等来日関連（皇居外）	5	5	2	2	2	1	2
⑨ 八大行啓（国体冬季、みどりの愛護、献血推進大会、 　高校総体、農業青年交換大会、育樹祭、国民文化祭、 　障害者スポーツ）	8	8	8	8	8	8	7
⑩ 伊勢神宮、畝傍・桃山陵等の参拝		1					
⑪ 千鳥ヶ淵戦没者墓苑							
⑫ 明治神宮	1		1				
⑬ 園遊会	2	2	2	2	2	2	2
⑭ 演奏会鑑賞（出演）、観劇、映画　＊注4	5	7	6	7	8	8	8
⑮ 美術・博物・民芸館・デパート等での展覧会等	4	2	2	9	4	4	6
⑯ 産業施設等の視察	1	1	3	1	3	1	1
⑰ 博覧会等視察	1	1	1	4			
⑱ スポーツ・相撲観戦	4	1		1	3	2	1
⑲ 学習院、学校創立周年式典	2	3	1	2	7	3	6
⑳ 「水の週間」・その他水問題関連	1	3	1	0	2	1	6
㉑ 登山、日本山岳会関連行事	1	1	4	3	2	6	3
「日本賞」教育番組国際コンクール授賞式	1	1	1	1	1	1	1
国際青年交流会議レセプション	1	1	1	1	1	0	1
㉒ 災害・被災地関連の儀礼、視察	1						
㉓ そ　の　他	12	17	18	14	13	16	15
B・小計	54	54	53	61	61	52	63
総　件　数	116	133	119	133	118	115	128

注1）2005年以降は、宮内庁ホームページでは宮中祭祀の記載あり

　2）香淳皇后の死去（2000.6.16）、高円宮死去（2002.11.21）、高松宮妃死去（2004.12.18）

　3）天皇、東大病院で前立腺がんの全摘手術（2003.1.18）

　4）チャリティー・コンサートも含まれる

　5）皇太子、十二指腸のポリープ摘出手術で東大病院に入院（2007.6.5～12）

（出典）宮内庁ホームページの「皇太子同妃両殿下のご日程」、および『皇室』（扶桑社、季刊）を参照
して作成

表5-4　秋篠宮文仁親王の主要な行啓、会議出席一覧

固定型		巡回開催型		研究会、学会・会議など
2月	全国中学生・高校生作文コンクール	2月	国体冬季スキー大会	生き物文化誌学会
	全国学校ビオトープコンクール			淡水魚保全研究会
	関東東海花の展覧会			
3月	日本学術振興会賞			
	日本学士院学術奨励賞授賞式・パーティ			
		4月	全国都市緑化祭	日本動物園水族館協会・関連
				（水族館・動物園技術者研究会）
5月	森と花の祭典（「みどりの感謝祭」）	5月	ジャパンフラワーフェスティバル	山階鳥類研究所関連会議、集い
6月	日蘭協会年次総会	6月	全日本愛瓢会・大会	HCMR（家禽類調査研究）
6月	日本水大賞表彰式	6月	国際園芸博覧会	人間生命科学プロジェクト
		7月	海の祭典　関連	
		7月	全日本高等学校馬術競技大会	BIOSTORY編集会議
9月	福岡アジア文化賞授賞式	9月	国体夏季大会	（参考情報）
9月	テニス観戦（ジャパンオープン）			東京大学総合研究博物館 特招研究員
				東京農業大学・同大学短期
		10月	国体秋季大会（閉会式）	大学部　客員教授特招研究員
		10月	全国生涯学習フェスティバル	総合研究大学院大学
				融合推進センター　客員研究員
11月	テニス観戦（全日本テニス選手権）			
11月	農林水産祭「実りのフェスティバル」			
12月	日本学生科学賞・中央表彰式			

注1）開催月は概要にとどまる。
　　2）秋篠宮は日本テニス協会の名誉総裁、山階鳥類研究所・日本動物園水族館協会の総裁をしている。
（出典）宮内庁ホームページの「文仁親王同妃両殿下のご日程」を参照して作成

巡らしているか、あるいは担ぎ支えられているか、その鳥瞰図の簡略版を垣間見ることができよう。

翻ってみるに、天皇・皇族の時間的・空間的な参集度が最も高い地域イヴェントは秋季国民体育大会（全国障害者スポーツ大会も含む重畳的イヴェント）である。全国植樹祭および豊かな海づくり大会が短期・空間限定的な行幸啓の機会であるのと対照的に、とりわけ秋季国体は、長期にわたり県内全域ないし広域的に開催され、直接・間接的な関与者また参加者の数が多く、天皇皇后に加えて他の皇族がたも競技見学・式典臨席等で姿を見せる、稀有のイヴェントである。以下、2011年の事例に照準をあわせて点検してみよう。

①第66回秋季山口国体にあっては、総合開会式（10.1、土曜）には天皇皇后（閉会式・10.10：秋篠宮夫妻）が、続く第11回全国障害者スポーツ大会の開会式（10.22、土曜）には皇太子（閉会式・10.24：高円宮妃）が、それぞれ臨席しては競技を観戦し、併せて地方事情を視察している。

②天皇皇后は行幸日程（9.30〜10.2）のなか弓道・軟式野球の２競技を、そして、高円宮妃（10.3〜5）は次女を伴い馬術・サッカー・ボウリング・ソフトテニス・自転車競技を、常陸宮夫妻（10.6〜8）はフェンシングとホッケーをそれぞれ観戦し、また、三笠宮寛仁殿下の長女・次女（10.8〜9）は卓球・空手競技とバレーボール・なぎなた・ウエイトリフティング競技を別々に観戦、最後に、秋篠宮夫妻（10.10〜11）がソフトボール・陸上競技・ハンドボールの３競技をご覧になっている。

③第11回全国障害者スポーツ大会に際する行啓日程は、皇太子（10.21〜22）、高円宮妃（10.23〜24）となっている。

以上の展開を見ると、天皇皇后を先導者として各皇族が式典主席を役割分担し、概して総出で、日程の途切れることなく、かつ重なりを避けて、各種の競技を見て回っていることがわかる。換言すると、イヴェントの開催期間中、みごとに経時的かつ分散的に、山口県内に皇室のプレゼンスが確保されている。国民体育大会と障害者スポーツ大会といった重畳的イヴェントは、それらを準備・運営あるいは協力参加する当事者はもとより、状況的なオーディエンス

（ないし距離をおく離在者）にとっても、皇室関係者との相互作用・関係儀礼を実体験（見聞）する、またとない機会になっている。巡回型の国民体育大会は、マレビトや競技関係者を迎える側での美しい景観づくりや普請直しの機能も含め、実質的には地方沸騰型の「県民イヴェント」に他ならず、そして皇室ソフトパワーの欠かせぬ表現舞台であり、象徴的中心を鑑賞受容する邂逅契機を構成している。スポットライトに浴する興奮・感激が稀少であればあるほど、その充足的価値は高いことになる[8]。

　すでに「はじめに」で言及また「**表5-1**」で整理区分してみせたように、天皇（皇后）の行幸（啓）は各種式典臨席、福祉施設等訪問、美術展・コンサート鑑賞、産業視察ほか多岐にわたっている。もとより、各宮殿下・妃殿下による式典や大会等への行啓の場合、協会や団体などの総裁ないし名誉総裁を引き受けていることにちなむ「お出まし」も有意に存在する。それらは、皇室ソフトパワーを推戴支持する重要なネットワークを構成している[9]。本章では、分析対象をさらに絞らざるをえないので、以下、むしろ儀礼性の高い戦没者慰霊と被災地お見舞いのケース、すなわち、皇室ソフトパワーの根源的源泉のひとつ（祈り・慰問）に照準を据えることにする。

2　戦没者・原爆犠牲者等の慰霊儀礼にみる象徴天皇・皇族の連携関係

　明仁天皇は、皇太子時の1981年8月の会見において、「どうしても忘れては

8　拙稿、「補論　町村次元における国民体育大会の象徴構造」『象徴天皇がやって来る』平凡社、1988年、46-54頁を参照のこと。

9　例えば、総裁ないし名誉総裁として、秋篠宮は高階鳥類研究所・日本動物園水族館協会・日本テニス協会、紀子妃は結核予防会、常陸宮は日本バスケットボール協会、華子妃は日本動物福祉協会・日本馬術連盟、三笠宮寛仁親王は恩師財団「済生会」・日本職業スキー教師協会・日本学生氷上協議連盟・日本ラグビーフットボール協会それに日本・トルコ協会、高円宮久子妃は日本水難協会・全日本軟式野球連盟・日本ホッケー協会・日本サッカー協会・日本フェンシング協会ほか。皇室とスポーツのつながり、スポーツ関連職については、小学館・隔週刊『皇室の20世紀・30号「皇室とスポーツ」』を参照のこと。

ならない４つの記憶すべき日」として、６月23日（沖縄戦終結の日）・８月６日（広島原爆の日）・８月９日（長崎原爆の日）・８月15日（終戦記念日）をあげ、そうした日は一家で戦没者・原爆犠牲者に思いをいたし、慰霊・追悼に専心するといった趣旨のことを語った。象徴皇太子として、象徴天皇制の歴史的因縁がどこに淵源するかを深く自覚し、大日本帝国憲法下のハードな神話的・政治的カリスマではなく、戦後の日本国憲法が規定する「国民統合の象徴」に期待された、ソフトな親和的・非政治的カリスマに賭ける信念を表明したことになる。換言すると、ソフトパワーとしての象徴天皇制（皇室）の社会的・文化的価値を前景に押し出し、その期待された任を担う決意を披露した次第である。

　ちなみに、明仁皇太子は、1960年の安保改定に伴う政治的混乱が終息した後、８月６日に「広島市原爆死没者慰霊式並びに平和祈念式」に出席しスピーチをしている。平和儀礼のイニシエーションを施されたその秋には、若き皇太子は前年４月に結婚した美智子妃と一緒に、日米修好100年記念の「米国訪問の旅」に送り出されている。実は、８月６日の慰霊式には高松宮夫妻（1954、58年）と三笠宮夫妻（1957年）が先行して出席している。1960年以降については、皇族の出席例はないようである。

　昭和天皇の崩御（1989年１月７日）をうけ、文字通り象徴天皇の座に就いた明仁天皇は、満を持していたように、1995年・戦後（終戦）50年に際し慰霊儀礼を積極的に展開してみせた[10]。すなわち、前年の２月には東京都小笠原諸島を視察（2.12〜14）、激戦が展開され多大な戦死者を出した硫黄島に皇后と赴き、天山慰霊碑と鎮魂の丘にて戦没者を悼み厳粛に拝礼した。そして、戦後50年の全国戦没者追悼式（8.15）へのご臨席に先立ち、まず長崎県・広島県行幸啓（7.26〜27）を敢行した。長崎市平和公園で供花、原爆資料センターを視察、恵みの丘長崎原爆ホームに立ち寄り、そして広島平和都市記念碑（原爆死没者慰霊碑）に供花、広島原爆養護ホーム倉掛のぞみ園を視察し、丁寧に慰霊儀礼を

10　1995年の慰霊の旅・沖縄訪問への経緯（明仁天皇の思い）、それに諸種の新しい試みの波紋について、岩井克己『天皇家の宿題』朝日新書、2006年、第１章「「平成流」の奥行きと危うさ」を参照のこと。

重ねた。続いて、天皇は1週間後の8月2日（水）に皇后と沖縄に日帰りで出かけ、糸満市の沖縄平和祈念堂で「戦災50年の概況」を聴取、国立沖縄戦没者墓苑で供花、平和の礎を視察した。そして、翌8月3日には東京都慰霊堂に足を運び、東京大空襲（1945.3.10未明）による膨大な犠牲者の霊を弔った。以上、暑い夏場での両陛下による真摯な慰霊儀礼の実践は、昭和期天皇制の象徴的負債を国内的に決済する意味あいを有し、また明仁天皇夫妻が体現するソフトパワーの象徴的威力を例証する機能を果したようである[11]。

　当時の自社さ連立政権（社会党出身首相・村山富市内閣）にあって、自民党内消極派等の抵抗で国会における戦後50年決議は低調な結果に終わったが、それに替えて格調ある村山首相談話が閣議決定を介して発信されたことによって、ともあれ国際的な儀礼体面は取り繕われることになった。その後、紆余曲折の末、歳末の12月18日まで遅延（当初は8.15狙い）、天皇皇后の臨席するなか、時機・意義を失して「戦後50年の集い」が国立劇場で開催され、戦後50年の儀礼は幕を閉じた。なお、この年、千鳥ヶ淵戦没者墓苑での拝礼式（5.20）には皇太子夫妻が出席している。

　戦後60年（2005年）のケースを見てみると、まず秋篠宮夫妻が東京都慰霊堂での春季慰霊大法要（3.10）に臨席している。そして、国外での慰霊も行いたいという天皇の強い希望を受けて、「戦後60年に当たり、戦争により亡くなられた人々を慰霊し、平和を祈念するため」、米国自治領北マリアナ諸島・サイパン島の慰霊訪問（6.27〜28）が演出され、天皇皇后の誠実な祈りの映像が世界に向けて発信された。そのあと、天皇皇后は、戦没殉職船員遺族の集い（7.4、海運クラブ）と全国戦没者追悼式（8.15）に臨席、葉山御用邸での静養の帰途に須賀市の観音崎公園に立ち寄り戦没船員の碑に供花（10.11）、年末には日本遺族会婦人部「新たなる出発の集い」（12.13、九段会館）に臨席した。

　ちなみに、「終戦60周年」にちなむ皇族の行啓事例をいくつか摘出しておこう。

11　拙稿「象徴天皇と国民の新たなる関係を—戦後50年"慰霊の旅"をめぐって」『世界』1995年10月号所収。

①三笠宮崇仁殿下は靖国神社での「終戦60周年記念戦没者合同慰霊祭」に参列（8.10）、②常陸宮夫妻は東京都慰霊堂での「関東大震災並びに都内戦災遭難者の秋季慰霊大法要」に臨席（9.1）、③高円宮妃は千鳥ヶ淵戦没者墓苑拝礼式に臨席（5.30）。

　本節では、皇族の慰霊儀礼としてあまり着目されてこなかった、東京都慰霊堂での東京大空襲関連の「春季慰霊大法要」と千鳥ヶ淵戦没者墓苑での「納骨並びに拝礼式」に照準をあわせ、皇族の儀礼的な役割分担の一端を紹介しておきたい[12]。昭和期と平成期で区分けした**表5-5-1と2**は、東京都慰霊協会主催の3月10日春季大法要と厚生省・厚労省主催の5月（1973年以降）の拝礼式とに、それぞれどの皇族が臨席したか、一覧表にまとめたものである。

　高松宮殿下は、昭和天皇の弟宮として体調のすぐれない秩父宮殿下に代わって、占領の終焉（再独立）にあわせて1952年から東京都慰霊堂での春季慰霊大法要に臨席し、当人の体調が許す限りで1986年まで連続して慰霊儀礼に精出している。先の戦争に間接的にもコミットした責任感のなせる所以か、高松宮が成人皇族を代表して天皇の儀礼的補佐役を務めており、なるほど、広島市平和儀礼への参列に高松宮がいち早く1954年に先鞭をつけたことと符合している。高松宮亡き後は、昭和の終焉まで高円宮がこの慰霊法要儀礼を引き継ぎ、平成に入って三笠宮家、常陸宮家、秋篠宮家も加わり、四宮家で適宜交代・分担して慰霊儀礼を重ねている。もっとも、2012（平成24）年からは2018年に至るまで、秋篠宮夫妻（2016年は眞子内親王）が春季慰霊大法要に連続して参列している。ちなみに、都慰霊堂では関東大震災遭難者を追悼する秋季大法要が9月1日に行われているが、2018年には同じく秋篠宮夫妻が参列している（長谷川明副知事が小池知事の追悼文を代読）。

　他方、千鳥ヶ淵戦没者墓苑の場合、その竣工・追悼式（1959.3.28）には裕仁

---

12 戦後における皇族と首相等の靖国神社参拝（春季・秋季例大祭、8.15など）の軌跡（1945年〜1997年）については、下記論説の表5（72-83頁）を参照されたい。馬渡剛「村山政権と儀礼日程」『学習院大学大学院政治学研究科　政治学論集』第11号、1998年

表5-5-1　東京都慰霊堂・春季慰霊大法要（◎）と千鳥ヶ淵戦没者墓苑・拝礼式（○）
（臨席皇族一覧／1952〜1988）

（①夫妻揃っての参列ケースは＊を、妃殿下のみの場合は☆を追加した／▽は以下（枠を活用）。

②▼は天皇・宮殿下の亡くなったケース（崩御・薨去））

秩父宮妃殿下	高松宮	三笠宮崇仁親王	常陸宮	西暦(昭和)	裕仁天皇	皇太子明仁親王	備考
	◎			1952(昭27)			
	◎			1953			▼秩父宮　1.04
	◎			1954			
	◎			1955			戦後10周年
	◎			1956			
	◎			1957			
	◎			1958			
	◎			1959	3.28○＊		千鳥ヶ淵　竣工式
	◎			1960(昭35)			
	◎			1961			
	◎			1962			
	◎			1963		8.15	全国戦没者追悼式
	◎	3.28○		1964			
	◎			1965	3.28○＊		戦後(終戦)20周年
	◎	3.28○		1966			
4.20○	◎			1967			
4.18○	◎			1968			
	◎	4.19○		1969			
	◎			1970(昭45)	4.25○＊		戦後25周年
	◎		4.24○＊	1971			
	◎	4.22○		1972			
5.12○	◎			1973			
	◎		5.11○＊	1974			
5.31○	◎			1975			戦後(終戦)30周年
	◎		5.15○＊	1976			
	◎		5.14○＊	1977			
	◎	5.25○＊		1978			
5.26○	◎			1979			
	◎			1980(昭55)		5.19○＊	戦後(終戦)35周年
	◎	5.25○＊		1981			
	◎		5.31○＊	1982			
	◎	5.30○＊		1983			
5.28○	◎			1984			
	◎		5.27○＊	1985(昭60)			戦後(終戦)40周年
5.26○	◎			1986			
▽高円宮			5.25○	1987			▼高松宮　2.03
◎・○＊				1988			5.23　拝礼式

（注）◎春季慰霊大法要は３月10日に毎年、営まれている。

表5-5-2　東京都慰霊堂・春季慰霊大法要（◎）と千鳥ヶ淵戦没者墓苑・拝礼式（○）
　　　　（臨席皇族一覧／1989〜2018）

（①夫妻揃っての参列ケースは＊を、妃殿下のみの場合は☆を追加した／▽は以下（枠を活用）
　②▼は天皇・宮殿下の亡くなったケース（崩御・薨去））

高円宮	三笠宮寛仁親王	三笠宮崇仁親王	常陸宮	改元(平成)▼天皇1.07	明仁天皇	皇太子徳仁親王	秋篠宮眞子内親王(M)	備　考
◎	5.28○＊	◎・○＊		1989(元年)				5.29　拝礼式
		◎○☆		1990				
			5.27○	1991				
		◎	5.25○＊	1992				
			◎	1993			5.31○＊	
				1994			◎＊	拝礼式？
		◎		1995(平7)	8.03＊都慰霊堂	5.20○＊		戦後(終戦)50周年　▼秩父宮妃　8.25
◎	5.27○＊			1996				
◎＊			5.29○	1997				
	◎＊			1998			5.25○＊	
5.31○＊			◎＊	1999				
◎＊	5.29			2000(平12)				▼香淳皇后　6.16
			5.28○＊	2001			◎＊	
▽		◎		2002			5.27○＊	▼高円宮　11.21
高円宮妃	5.26○＊			2003				
	◎＊	5.31○＊		2004				▼高松宮妃　12.18
5.30○				2005(平17)			◎＊	戦後(終戦)60周年　6.27　両陛下、サイパン島
		◎		2006			5.29○	
◎			5.28○＊	2007				
5.28○			◎＊	2008				
	◎	5.25○＊		2009				
	5.31○		◎＊	2010(平22)				
◎長女同伴				2011			5.30○＊	3.11　東日本大地震　▼三笠宮寛仁親王6.6
			5.28○＊	2012			◎＊	
5.27○				2013			◎＊	
				2014			◎＊　5.26○ M	▼桂宮宜仁親王6.8
				2015(平27)	5.26＊都慰霊堂		◎＊　5.25○＊	戦後(終戦)70周年　4.8-9　両陛下、パラオ
		5.30○＊		2016			◎ M	▼三笠宮崇仁親王10.27
		5.29○＊		2017			◎＊	
				2018			◎＊	5.28　拝礼式(臨席なし)

（注）◎春季慰霊大法要は3月10日に毎年、営まれている。
（参考）東日本大震災（3.11）・政府主催の追悼式
2012（平成24）〜2016（平成28）、両陛下臨席
2017（平成29）、2018（平成30）、秋篠宮夫妻臨席

天皇が皇后と一緒に臨席し、そして、両陛下は「終戦20周年（1965）、25周年（1970）」という節目の年に焦点をあわせて納骨・拝礼式にお出ましになっている。1964年から皇族の出席が制度化し[13]、昭和期は三笠宮、秩父宮妃、常陸宮の三宮家でその任を分担している。1980年（戦後35年）には明仁皇太子夫妻がデビューしているが、ここで焦点をあてている両儀礼は、**表5-5**でその軌跡をたどってみればわかるように、天皇・皇太子以外の皇族が役割分担する儀礼慣行ができあがっている。平成期において徳仁皇太子夫妻が節目の年（1995年、戦後50年）にのみ臨席する所以である[14]。平成期に入ると、春季慰霊大法要の儀礼と同様に、高円宮、秋篠宮も加わり、四宮家（三笠宮寛仁親王も含め）で５月下旬の拝礼式臨席を分担する形態になっている。もっとも、高円宮は、法要儀礼の例とパラレルに昭和の末期から参画している。

　もとより、戦没者遺骨の収集作業の管轄は厚生省・厚生労働省である。この納骨・拝礼式には、ときの総理大臣・厚生（労働）大臣、外務・防衛の大臣・長官（ないし各副大臣等）、社会労働委員会・厚生労働委員会の委員長、日本遺族会会長、墓苑奉仕会会長、それに近年は関係国の駐日大使が６人ほど出席している。都知事も参列したことがある。1995年（戦後50年）の際には、最高裁長官も出席している。

　ちなみに、10月中旬には千鳥ヶ淵戦没者墓苑奉仕会が主催して秋季慰霊祭が催されているが、その際にも皇族の臨席が慣例化し儀礼分担がなされている。参考に適宜例示してみると、2011年（10.18）は高円宮久子妃が次女の典子女王を伴って、2015年（10.19）は秋篠宮夫妻、2016年（10.18）の場合は三笠宮寛仁親王妃が臨席している。

13　ちなみに、政府主催の全国戦没者追悼式が始まったのは1963年である。
14　皇太子は、2009年10月19日に催された、墓苑創建50周年・秋季慰霊祭に臨席している。時の外相（岡田克也）も参列している。

3　「大震災被災地お見舞い」にみる皇室の慰問儀礼

　平成期に限定した場合、天皇による「被災地お見舞い」のケースは6例ある。①平成3年の雲仙・普賢岳噴火に伴う（1991.7.10）、②平成5年の北海道南西沖地震に伴う（1993.7.27）、③平成7年の阪神・淡路大震災（1995.1.31）、④平成16年の新潟県中越地震災害（2004.11.6）、⑤平成19年の新潟県中越沖地震災害（2007.8.8）、そして、⑥最も大規模な複合的被害を惹起した、平成23年の東日本大震災・大津波被害にちなむ一連のお見舞いである。

　ここでは、1995年1月17日（火）に発生した「兵庫県南部地震」と2011年3月11日（金）に襲来した「東北地方太平洋沖地震」にちなむ、お見舞いと視察を中心に扱うことにする。もっとも、阪神・淡路大震災関連の「復興状況ご視察」の事例（平成20年まで）については、6年後の視察（2001.4.23〜4.26）と「阪神・淡路大震災10周年のつどい、国連防災世界会議開会式ご臨席」（2005.1.16〜1.18）に伴うそれの2つがあるが、それらの事例紹介は省略する。

　阪神・淡路大震災（死者・行方不明者6436人）に伴う天皇対応の詳細、すなわち、「皇居・宮殿ないし御所での震災関連職務関係者や各種専門家などからの説明・報告の聴取」、および「天皇皇后の被災地お見舞い」については、戦後50年関連の関連動静とあわせた天皇動静年表（**表5-6**）を参照のこと。この表により時系列での展開をたどれば一目瞭然であるが、2011年のケース（死者・行方不明者2万人）とは対照的に、大きな震災被害が地域限定的であり、津波・原発事故を伴ったものでもなかったので、天皇は発生から2週間後に被災地を訪問したのみで（日帰りの兵庫県行幸啓）、もっぱら皇居において救護活動・被災状況等について説明・報告を聴取している。しかし、この被災地訪問に際し、天皇皇后は、避難所の体育館に赴いて、「床に膝をつき・手を握って励ます」といった慰問・激励のスタイルを打ち出した。この親和的・共感的な関係様式は、昭和天皇のそれとは異なる「平成流」の儀礼実践として、むしろポジティヴな評価・反応を国民のあいだに喚起した。明仁天皇と美智子皇后によって着

第5章　象徴天皇制の儀礼構造

写真14　阪神大震災の被災地お見舞いで兵庫県を訪れた両陛下、西宮市立中央体育館に避難している人たちを見舞い激励（1995年1月31日）（写真提供：朝日新聞社）

写真15　東日本大震災で東北の被災地を初めて訪れた両陛下、津波で壊滅的な被害を受けた宮城県南三陸町に赴き、高台にある伊里前小学校の校庭から瓦礫化した市街地跡に向かって深く黙礼（2011年4月27日）（写真提供：朝日新聞社）

表5-6　1995年・天皇の動静（阪神・淡路大震災、戦後50年関連）

（両陛下（◎）、天皇（○）、皇后（☆）／宮殿（▽）、御所（＊）、東宮御所（※）。
大震災関連の報告者・説明者、内奏事例には下線を、また戦後50年関連の事象には日程（曜日）に、
それぞれ下線を付した。）

1.17（火）	**阪神・淡路大地震が発生**
1.19（木）	○▽内奏（阪神・淡路大震災非常災害対策本部長：国土庁長官）
1.20（金）	○第132回国会開会式ご臨席（国会議事堂）
1.23（月）	◎＊ご報告（日本赤十字社社長：大震災に対する日赤の救護活動等対応状況）
1.24（火）	◎＊ご説明（地震予知連絡会会長：阪神・淡路大震災について）
1.25（水）	○▽ご説明（警察庁長官：大震災被災地の救助、救護等の状況について）
1.28（土）	◎＊ご説明（消防庁長官：大震災被災との消火、救助、救急活動等について）
1.29（日）	☆＊ご説明（日本看護協会会長：大震災被災地の看護の状況等について）
1.31（火）	**◎兵庫県行幸啓（阪神・淡路大震災被災地のお見舞い）　2週間後!!**

皇居御発（ご移動は、自衛隊機、同ヘリコプター、県バス）

兵庫県被害概要及び西宮市被害概要ご聴取（兵庫県知事、西宮市長）・お見舞（西宮
　市立中央体育館）

芦屋市被害概要ご聴取（芦屋市長）・お見舞（芦屋市立精道小学校）

兵庫県復旧状況ご聴取（兵庫県知事）（芦屋保健所：芦屋市））

神戸市被害概要ご聴取（神戸市長）・お見舞（神戸市立本山第二小学校）

被害地ご視察（神戸市　長田区菅原市場）

北淡町被害概要ご聴取（北淡町長）（北淡町役場）、お見舞（北淡町民センター）

2.02（木）	◎＊ご報告（日本赤十字社社長・同総務局長：大震災の日赤活動状況について）
2.06（月）	☆＊ご報告（日本看護協会会長：大震災被災地の看護状況について）
2.09（木）	○▽**内奏（国務大臣：阪神・淡路大震災対策担当）**
2.10（金）	○▽ご説明（防衛事務次官、統合幕僚会議議長：大震災被災地の救助、救援等の状況について）
2.16（木）	◎＊ご説明（兵庫県知事：阪神・淡路大震災現況について）　約1ヵ月後
2.20（月）	◎＊ご説明（土木学会会長：大震災による公共土木施設の被災状況等について） ◎＊ご説明（日本建築学会副会長：大震災による建築物の被災状況等について）
2.22（水）	◎▽宮中晩餐（アイルランド大統領及び同夫君［国賓］）
2.23（木）	◎＊ご挨拶（皇太子殿下：お誕生日につき）
3.01（水）	◎＊ご説明（大阪府知事：大震災による被災状況について）
3.02（木）	◎＊ご説明（日本育英会会長：大震災関係の対応について）
3.09（木）	◎多摩陵・多摩東陵・武蔵野陵ご参拝（武蔵陵墓地） ◎＊ご説明（阪神・淡路復興委員会委員長：阪神・淡路地域の復興について）
3.14（火）	◎▽宮中晩餐（エジプト大統領夫妻［国賓］）
3.15（水）	○▽内奏（建設大臣）

3.17（金）　◎＊ご説明（外務事務次官：大震災に対する外国からの支援等について）

3.28（火）　◎＊ご説明（厚生省社会・援護局長：大震災における被災障害者の状況について）

3.29（水）　○ご出席（1995年度日本魚類学会年会、懇親会）（東京水産大学）

3.30（木）　☆音楽大学卒業生演奏会ご臨席（桃華楽堂）

4.12（水）　○内奏（国務大臣：阪神・淡路大震災対策担当）

4.18（火）　◎＊▽紀宮殿下お誕生日祝賀行事（御所・宮殿）

4.21（金）　○▽内奏（内閣総理大臣）

4.24（月）　◎＊ご報告（兵庫県知事：大震災後の復旧と復興状況について）

4.27（木）　◎＊ご報告（長崎県知事：雲仙普賢岳噴火災害その後の状況について）

5.02（火）～5.06（土）　葉山御用邸ご滞在

5.08（月）　○▽勲章親授式・拝謁（勲一等以上の勲章受賞者）

5.20（土）～5.22（月）　◎広島県行幸啓（第46回全国植樹祭に御臨席併せて地方事情御視察）

　　5.20　◎ご供花（原爆死没者慰霊碑）（広島平和都市記念碑）

　　　　　◎ご視察（広島平和記念資料館）

　　　　　◎ご視察（広島原爆養護ホーム舟入むつみ園）（広島市）

　　5.21　◎第46回全国植樹祭式典ご臨席（広島県立中央森林公園）（本郷町）

　　5.22　◎ご視察（広島県立歴史博物館）（福山市）

　　　　　◎ご視察（広島県立東部工業技術センター）（福山市）

6.16（金）　◎※皇后陛下ご還暦御祝いの御晩餐

7.04（火）　◎▽宮中晩餐（南アフリカ共和国大統領［国賓］）

7.05（水）　○▽内奏（内閣総理大臣）

7.06（木）　○▽内奏（内閣総理大臣）

7.07（金）～7.14（金）　◎須崎御用邸ご滞在

7.26（水）～7.27（木）　◎長崎県・広島県行幸啓（戦後50年に当たり）

　　7.26　◎「戦災50年の概況」ご聴取（長崎県知事）（ホテルニュー長崎）

　　　　　◎ご供花（平和公園）（長崎市）

　　　　　◎ご視察（原爆資料センター）（長崎国際文化会館）

　　　　　◎ご視察（恵の丘長崎原爆ホーム）（長崎市）

　　7.27　◎「戦災50年の概況」ご聴取（広島県知事）（リーガロイヤルホテル広島）

　　　　　◎ご供花（広島平和都市記念碑（原爆死没者慰霊碑））（平和記念公園）

　　　　　◎ご視察（広島原爆養護ホーム倉掛のぞみ園）（広島市）

8.01（火）　○▽内奏（自治大臣）

8.02（水）　◎沖縄県行幸啓（戦後50年に当たり）

　　　　　◎「戦災50年の概況」ご聴取（沖縄平和祈念堂）（糸満市）

　　　　　◎ご供花（国立沖縄戦没者墓苑）（糸満市）

　　　　　◎ご視察（平和の礎）（糸満市）

8.03（木）　◎戦後50年に当たり行幸啓（東京都慰霊堂）

8.04（金）　○第133回国会開会式ご臨席（国会議事堂）

8.09（水）　◎＊ご報告（兵庫県知事：阪神・淡路大震災後の復旧と復興状況について）

8.10（木）　○ご懇談（宮内記者会員）

8.11（金）　◎＊ご夕餐（前ドイツ大統領夫妻）

8.15（火）　◎全国戦没者追悼式ご臨席（日本武道館）

8.25（金）　◎ご弔問（雍仁親王勢津子殿下薨去につき）（宮内庁病院）

　8.26　◎行幸啓（御舟入当日ご拝礼）（秩父宮邸）

　8.29　◎行幸啓（正寝移柩当日ご拝礼）（秩父宮邸）

　8.30　◎行幸啓（霊代安置当日ご拝礼）（秩父宮邸）

　9.01　◎行幸啓（斂葬後一日墓所祭当日ご拝礼）（豊島岡墓地）

8.31（木）　◎＊ご夕餐（ベルギー王妃陛下）

9.01（金）　◎＊ご夕餐（ベルギー王妃陛下）（御所）

9.06（水）　☆▽皇族たる皇室会議の議員及びその予備議員の互選の投票

9.14（木）　◎ご供花（戦没船員の碑）（神奈川県立観音崎公園）
　　　　　　◎ご視察（東京湾海上交通センター）

9.14（木）～9.19（火）　◎葉山御用邸ご滞在

9.29（金）　○第134回国会開会式ご臨席（国会議事堂）

10.06（金）　◎ご臨席（国民参政105周年・普選70周年・婦人参政50周年記念式典）（日比谷公
　　　　　　会堂）
　　　　　　◎＊ご昼餐（デンマーク王妹殿下）／◎＊ご夕餐（タイ国チュラポーン王女殿下）

**10.11（水）～10.15（日）　◎栃木県及び福島県行幸啓（第50回国民体育大会秋季大会ご臨場
　　　　　　併せて地方事情ご視察）**

10.19（木）　○▽ご会見・午餐（クウェート首長殿下）

10.20（金）　◎▽・＊　皇后陛下お誕生日祝賀行事

10.24（火）　○▽内奏（内閣総理大臣）
　　　　　　◎ご臨席（国連50周年記念の集い）（日本武道館）

10.25（水）　◎園遊会（赤坂御苑）

11.02（木）　◎＊ご報告（太平洋戦没者慰霊協会会長、厚生政務次官：ハバロフスク「日本人
　　　　　　死亡者慰霊碑」竣工追悼式終了につき）

11.03（金）　○▽文化勲章伝達式・拝謁（文化勲章受章者）

11.06（月）　○▽勲章親授式・拝謁（勲一等以上の勲章受賞者）
　　　　　　○▽拝謁（勲二等勲章受章者）

11.08（水）　○▽拝謁（勲三等から勲七等までの勲章受章者）

11.09（木）　○▽拝謁（勲三等から勲七等までの勲章受章者）

**11.10（金）～11.13（月）　◎長崎県及び宮崎県行幸啓（第15回全国豊かな海づくり大会ご臨席
　　　　　　併せて地方事情ご視察）**

　11.10　◎「雲仙・普賢岳噴火災害復興の概況」ご聴取（長崎県知事）（島原観光ホテル小涌
　　　　　　園：島原市））
　　　　　　◎ご供花（仁田団地第1公園）（島原市）
　　　　　　◎被災者お見舞い（大野木場小学校）（深江町）
　　　　　　◎ご視察（深江町導流堤）

11.11	◎ご臨席(第15回全国豊かな海づくり大会歓迎レセプション)(ホテルオーシャン 45:宮崎市)	
11.12	◎ご臨席(第15回全国豊かな海づくり大会)・ご臨席(放流行事)(油津漁港・日南市)	
11.14(火)	○▽拝謁(勲三等から勲七等までの勲章受章者)	
	◎＊ご夕餐(ルクセンブルク皇太子殿下)	
11.16(木)	○▽拝謁(褒章受章者)	
11.17(金)	○▽拝謁(褒章受章者)	
11.22(水)	○▽内奏(内閣総理大臣)	
11.29(水)	○ご視察(緊急消防援助隊合同訓練)(緊急消防援助隊合同訓練場(江東区))	
12.04(月)	◎行幸啓(豊島岡墓地)	
12.05(火)	◎＊ご説明(内閣官房副長官、内閣官房首席内閣参事官:「戦後50年を記念する集い」について)	
12.09(土)	◎＊ご挨拶(皇太子妃殿下、お誕生日につき)	
12.14(木)	◎＊ご説明(防災問題懇談会座長:国・地方公共団体の防災対策について)	
12.18(月)	◎ご臨席(戦後50年を記念する集い)(国立劇場)	
12.21(木)	○▽記者会見(お誕生日にあたり)	
12.22(金)	◎＊ご説明(長崎大学医学部教授、長崎県知事:チェルノブイリ原子力発電所事故による放射線被曝者の現象と医療支援について)	
	◎＊ご説明(兵庫県知事:阪神・淡路大震災の復旧と復興状況について)	
12.23(土)	◎▽・＊天皇誕生日祝賀の儀等祝賀行事(宮殿・御所)	
	◎▽天皇誕生日一般参賀(3回お出まし)(宮殿)	
	◎皇太后陛下へご挨拶(吹上大宮御所)	
12.27(水)	○▽ご説明(国土庁長官:阪神・淡路大震災の復旧・復興対策について)	
	◎皇太后陛下へご挨拶(歳末につき)(吹上大宮御所)	

(出典)宮内庁ホームページの「天皇皇后両陛下のご日程」を参照して作成

手されたスタイルは、平成流の皇室スタイル（専売特許）として、その後の災害被災地訪問でも反復され、他の皇族にも模倣され踏襲されていく。

　この1995年が戦後50周年に相当していた偶然もあり、むしろ行幸啓としてはその後の「慰霊の旅」のほうが、顕示的な軌跡を描いて展開されている。当然に、2011年の大震災に際しては、1995年大震災での諸対応が前例として参照されたであろう。本節では、以下、東日本大震災・大津波と福島第一原発事故にちなむ説明・報告聴取や特殊節電対策等、および皇室総出の慰問儀礼に照準をあわせ、その特徴的軌跡を記録・説明してみよう。

　2011年3月11日（金曜日、午後2：46）に突然襲来した未曾有の大地震・大津波と、それによって惹起された福島第一原発・放射能事故は、多大の死者・遭難者と壊滅的な被害をとりわけ福島・宮城・岩手3県に齎しただけでなく、日本の政治・経済・社会システムをも震撼させ、沿岸部共同体や福島県下市町村に離散危機を招来した。他方、東北人（日本人）の我慢強さ・しなやかさ（resilience）や秩序維持行動に対する状況的な共感共同体が内外に醸成され、復旧・復興への色々な支援シフト（ネットワーク）がときに自律的に編成展開され、そして、大地震・原発事故・節電にちなむ「反省共同体」の生成や関係追求欲動の現出などがみられることになった。ここに、皇室の存在理由や宮内庁の危機対応が問われ、まさしくソフトパワー（被災者に寄り添い、真摯に祈る）を実証する慰問儀礼が、以下のように精力的に展開されることになった。ここでは便宜的に、震災発生後から4カ月まで、それから8カ月まで、という2つの期間に区切って一覧表を作成した。

　①宮内庁は、さっそく3月14日（月）、両陛下の決定にもとづき春の園遊会（4.28・開催予定）の取りやめを発表、そして、両陛下の意向に沿って節電のため当分のあいだ、「信任状捧呈式と認証官任命式」以外については原則的に皇居・宮殿を使用せずと決めた。続いて15日、天皇主導で「自主停電」を始動させ、翌16日、被災者や国民に向けて天皇のビデオ・メッセージを発信（初出の表現儀礼）した。

　②天皇皇后は連日（3.15〜18）、交互に前原子力委員会会長代理・警察庁長

官・東大医科研教授・日赤社長・海上保安庁長官を御所に招請、原発事故関連や救助・救護活動の説明をうけて状況把握に専心した。そして、春季皇霊祭・春季神殿祭の儀（3.21）を終えて、今度は皇后が単独で、まず日本看護協会会長と副会長から「東北地方の災害に対する救護活動等・放射線健康管理等」について活動状況を聴取（3.23～24）、続いて、東大医学部附属病院院長に「乳児と放射線被曝」について説明を求め（3.29）、かくして、両陛下による「避難者お見舞い」に着手してゆく。天皇皇后は、4月以降も適宜、職務担当者や専門家を御所に招いて熱心に説明を聴取している。もとより、以上のような説明聴取は、天皇（皇后）のそれとの頻度の違いはあれ、皇太子（夫妻）や秋篠宮（夫妻）も並行して行っている。

③**表5-7**に見るごとく、天皇皇后は3月30日（水）に東京武道館に赴き避難者を見舞い、以後、毎週のごとく避難者訪問・津波被災地訪問・東北3県被災地訪問という慰問儀礼を重ね（2ヵ月経過までに延べ7回）、月ごとの節目にはそれぞれ深々と黙祷する儀礼を行っている。両陛下の先導をうけて、皇太子夫妻（4.6）・秋篠宮夫妻（4.7）・常陸宮夫妻（4.20）が順次連携、まず都内・神奈川県下の避難所を分散訪問しては膝をついて慰問、その後の被災地訪問の際には、対面慰問に加えて悲惨な景観を眼前にして丁寧な慰霊黙礼をそれぞれ表現してゆく。大震災後の100日間のあいだに、皇太子夫妻は雅子妃の体調考慮や愛子内親王登校の付き添いもあって月1回のペースで（計3回）、秋篠宮夫妻は程よい間隔で5回にわたり、それぞれ慰問儀礼を展開している。そして、常陸宮夫妻→三笠宮寛仁殿下→常陸宮夫妻→高円宮久子妃といった順列で三宮家による儀礼同調が軌跡として描かれている。別に、常陸宮華子妃は単独で岩手県を訪問（6.6）、避難所で被災者を見舞ったほか、日本動物福祉協会の名誉総裁として、「動物いのちの会いわて」が主催する動物救護所に激励に赴いている。先の高円宮妃の津波被害地訪問（5.30）に際しても、久子妃は「日本水難救済会」名誉総裁として、長女（承子女王）を伴って仮事務所のある海辺で献花し激励している。

④6月中旬以降の3ヵ月の展開に着目してみると、天皇皇后は8月に都内避

表5-7-1　天皇皇后および各皇族の避難所訪問、被災地お見舞い一覧

（震災発生～４カ月経過）（2011年・東日本大震災、福島第一原発事故）

（常陸宮夫妻（A）、三笠宮崇仁殿下夫妻（B1）・寛仁殿下（B2）、高円宮妃殿下（C）、小文字は妃殿下を示す。☆は単独の行啓）

経過	天皇皇后	皇太子夫妻	秋篠宮夫妻	その他の皇族
3.11 14:46 4.11 黙祷	3.15 「自主停電」スタート 3.16 天皇、ビデオで発信 3.30 避難所訪問、スタート 　　（足立区、東京武道館） 4.08 旧騎西高校 　　（埼玉県加須市）	4.06避難所訪問（調布市） 　（味の素スタジアム）	4.07 避難所訪問 　（江東区、東京国際展示場）	
5.11 ②	4.14 津波被災地訪問 　　（千葉県旭市） 4.22 被災地訪問 　　（北茨城市・大津漁港） 4.27 宮城県・被災地訪問 　　（南三陸町、仙台市） 5.06 岩手県・被災地訪問 　5.2予定＊（釜石・宮古市） ▽5.10 菅首相、震災説明 5.11 福島県・同市、相馬市 　　（自衛隊ヘリ中で黙祷）	5.07 避難所（三郷市） 　（瑞沼市民センター）	4.14 避難所訪問 　（新潟県長岡・小千谷市） 4.25 避難所訪問（群馬県） 　（中之条町・東吾妻町） 5.10 被災地訪問 　（青森県三沢市、八戸市）	A/4.20 避難所訪問 　（川崎市とどろきアリーナ）
6.11 ③	5.21～22 和歌山県 　　（田辺市、全国植樹祭） 6.4～7 葉山御用邸	☆5.14 全国みどりの 　愛護のつどい（富山市） 6.04 被災地訪問 　（宮城県岩沼市・山元町）	5.25～26 被災地訪問 　（岩手県大槌町・山田町） 5.30 千鳥ヶ淵戦没者墓苑 　　（拝礼式臨席） ☆6.2～3 山口県 （全日本愛瓢会総会・展示会）	B2/5.23～24 宮城県訪問 （自衛隊松島基地、石巻市等） A/5.27 避難所訪問 　　（栃木県大田原市） C/5.30 被災地訪問 　　（宮城県亘理町） a /6.6 被災者見舞い 　（岩手県、動物救護所も）
7.11 ④		☆6.21～25 ドイツ訪問 　（日独交流150周年）	6.17 水族館視察、避難所 　　（福島県いわき市） 6.27 被災者お見舞い 　　（宮城県気仙沼市） 7.08 被災状況視察（宮城県） 　（石巻市、松島水族館）	A/6.15 青森県大蛇漁港 　（八戸市・海岸防災林） A/7.6～14 英国訪問 　（高松宮記念世界文化賞）

（注）○の中の数字は何カ月目を表している。

（出典）主に宮内庁ホームページ、MSN産経ニュース・「皇室ウィークリー」を参照して作成

表5-7-2　天皇皇后および各皇族の避難所訪問、被災地お見舞い一覧

（5カ月～8カ月経過）（2011年・東日本大震災、福島第一原発事故）

（常陸宮夫妻（A）、三笠宮崇仁殿下夫妻（B1）・寛仁殿下（B2）、高円宮妃殿下（C）、小文字は妃殿下を示す。☆は単独の行啓）

経過	天皇皇后	皇太子夫妻	秋篠宮夫妻	その他の皇族
8.11 ⑤	7.18　W杯決勝戦テレビ観戦（「なでしこジャパン」優勝） 7.26～29　那須御用邸（避難所もお見舞い） 8.08　避難者お見舞い（板橋区・成増団地）	☆7.13～14　山形県天童市（献血運動推進全国大会） 7.26　被災者お見舞い（福島県郡山市） ☆7.27～29　青森県（全国高校総合体育大会） 8.05　被災者お見舞い（岩手県大船渡市）	7.13～14　和歌山県（全国農業コンクール全国大会） 7.27　全日本高校馬術競技大会・開会式（静岡県） 8.4～5　福島県会津若松市（全国高校総合文化祭）	
9.11 ⑥	8.23～29　軽井沢・草津町（静養・ワークショップ） ▽9.02　親任式・認証官任命式（野田佳彦新首相・新大臣等） ☆9.9～12　北海道行幸（啓）（国際微生物学連合の式典） 9.11　東北地方南部の方を向き約1分間黙祷	8.11～9.1　那須御用邸（一家で静養）	☆8.23～24　那須御用邸（眞子内親王同伴）	A/9.01　東京都慰霊堂 （秋季慰霊大法要）
10.11 ⑦	9.30～10.2　山口県訪問（国民体育大会） ▽10.7　野田首相夫妻と夕餐（首相新任につき、御所） 10.8～11　葉山御用邸		9.15　福岡県訪問（福岡アジア文化授賞式） 10.10～11　山口県訪問（国体総合閉会式に出席）	C/9.16　陸前高田市訪問（全日本軟式野球大会臨席前） C/9.24　式典に先立ち被災者お見舞い（青森）
11.11 ⑧	10.13　秋の園遊会 10.20　皇后・喜寿祝賀 ＊11.6　天皇入院（～11.24）：皇太子、国事行為臨時代行（11.7～12.6） 11.7　秋の叙勲・大綬章親授式（皇太子が臨時代行）	☆10.21～22　山口市（全国障害者スポーツ大会） 10.26～27　サウジアラビア☆（皇太子病死・弔問） ☆10.28～30　京都市（国民文化祭開会式） ＊11.1～5　愛子内親王入院 ☆11.16　宮中晩餐会（ブータン国王歓迎）	＊10.23　眞子内親王20歳に（宮中三殿参拝、勲章親授式） ＊11.3　悠仁親王「着袴の儀」	C/10.18　千鳥ヶ淵戦没者墓苑（秋季慰霊祭に臨席） B1/10.22　結婚70年 C/10.24　閉会式に臨席（全国障害者スポーツ大会）

◇11.12　政府・東京電力、福島第一原発の敷地内を報道陣に初公開（細野原発担当相の事故収束作業視察に記者同行）、吉田雅郎所長、報道陣の取材に、「3月11日から1週間で死ぬだろうと思ったことは数度あった／安定してきたのは7、8月になってから」と語る／吉田所長入院（11.24）、退任（12.01）

◇11.29　天皇皇后、東日本大震災消防殉職者等全国慰霊祭に臨席（都港区、ニッショーホール）

（出典）主に宮内庁ホームページ、MSN産経ニュース・「皇室ウィークリー」を参照して作成

難者をお見舞いしている。皇太子夫妻は７月・８月に各１回、そして秋篠宮夫妻は６月後半に２度、７月上旬に１度、それぞれ通常のイヴェント行啓をこなしつつ、東北被災地に足を運んでいる。秋篠宮の場合、日本動物園水族館協会総裁として、水族館の被害状況視察も併せて行っている。ほかに、常陸宮夫妻が６月15日に青森県をお見舞い、階上町の大蛇漁港にて津波被害にあった漁業施設を視察し、関係者を激励している。震災半年を迎えた９月11日、天皇は「国際微生物学連合2011会議記念式典」臨席・併せて地方事情視察の北海道行幸（皇后は頸椎症で同伴取り止め）の途上にあったが、地震発生時刻にあわせて東北地方南部の方角を向いて１分間の黙祷、皇居・御所では皇后がこの黙祷に共時的に同調している。

　⑤半年の区切りのついた後、11月11日までの皇室動静は「平常化」している観があるが、高円宮妃のみは、ときに地方行啓の折り（９月後半）、慰問儀礼を重ねている。すなわち、全日本軟式野球連盟の名誉総裁として、天皇賜杯第66回大会に臨席するため岩手県を訪問した際に、野球大会開会式に先立ち悲惨な津波被害を被った陸前高田市に出向き仮設住宅を見舞っている（9.16）。そして、「地域伝統芸能全国フェスティバルあおもり」等のイヴェント臨席行啓の節には、これまた式典に先立ち被災者を慰問している（9.24）。

　　以上、皇室による慰問儀礼（"祈りのたび"）を遂行するその連携作戦の展開[15]を略述してきたが、東日本大震災に伴う節電対策の状況の推移や政治儀礼への影響等を、翻って点検しておこう。

　⑥菅首相は、天皇皇后が大震災２カ月にあわせて被災地福島県（福島市・相馬市）のお見舞いに出かけるその前日（5.10）に、「東日本大震災への対応につき」両陛下に直接説明している。震災についてのかかる直接説明は「平成に入

15　５月末までの時点（天皇・皇族方、11人によるのべ27カ所訪問）での、慰問儀礼作戦に焦点をあてた一例として、「美智子さま　皇族総動員にあった　魂の電話指令！　祈りの旅は終わらない…」『女性自身』６月14日号、46-47頁を参照のこと。

って初めて」とのこと。そして、宮内庁は、那須御用邸の職員用宿舎の温泉施設を３月26日から「近隣地域にいる東日本大震災の避難者」に提供開始してきたが、大震災から２カ月経過したこの時期に、御料牧場（栃木県）で採れた卵・野菜それに缶詰等の避難所への提供終了とあわせて、その開放を終了すると発表した（5.12）。一区切りがついた次第である。

　⑦天皇は６月９日、お住まいの「皇居・御所」で西アフリカ・トーゴ国のニャシンベ大統領（前日に埼玉県加須市の避難所お見舞い）と会見されたが、外国元首との会見はこれが震災後初めてのケース。春の叙勲の発表（通常は４月下旬）は大震災を考慮して６月に延期され、その大綬章親授式は６月24日に執り行われた。６月27日の夜・午後８時半過ぎから、「皇居・宮殿の松の間」において細野豪志首相補佐官を原発事故収束・再発防止担当相に任ずる認証式が行われたが、７月５日の夜に催された認証官任命式（平野達男震災復興担当大臣・山口壮内閣府副大臣）は、「７月以降、目標を定めた節電対策が本格的に始まった」ことにちなみ、初めて「御所（の広間）」で執行された。なお、９月２日、野田佳彦新首相の親任式、新大臣等の認証式は「宮殿」で展開されている。

　⑧宮内庁は、「政府の夏場の節電計画が終了した」ことをうけて、「消費電力の大きい宮殿」の使用を10月以降は再開することとし、「国事行為に関連する行事など公的、儀式的色彩の高い行事は原則として宮殿で行う」と表明した（10.3、宮内庁次長・定例会見）。ただし、節電継続の方針は変更せず、「陛下の定例のご執務や、両陛下が新任外国大使夫妻などと親しく会われるお茶などは引き続き、お住まいの御所で行われる」。

　さて、天皇皇后は、ともあれ一連の慰問儀礼を遂行し終えて、８月下旬には例年よりも長めに軽井沢・草津町で休養する日程を確保したが、皇后は右膝下の下腿筋膜炎のため神嘗祭神宮遥拝の儀（10.17）を欠席、天皇は11月に入って、蓄積した疲労のゆえか、「お風邪による発熱のため、文化勲章受章者及び文化功労者等茶会（11.4）へのお出ましは取りやめ」、やむなく皇太子がご名代としてお出ましになった。天皇は11月６日に東大病院に入院、ここに、天皇日程や

表5-8　御用邸等での天皇・皇后の「ご静養」一覧（1989〜2011）

（＊は附属邸滞在、◎は軽井沢、○は草津滞在（☆は皇后のみ）、＃は越月滞在、▼は葬儀参列を示す。）

平成	西暦	葉山御用邸	那須御用邸	須崎御用邸	御料牧場	軽井沢、草津など	備考（外国訪問ほか）
元年	1989		＊8.26〜9.3				
2	1990		＊8.19〜26			◎　8.7〜12	千ヶ滝プリンスホテル
3	1991	1.12〜17	＊8.16〜8.21	4.26〜30			9.26〜10.6　タイ他
4	1992	1.14〜21 6.12〜16	＊8.24〜31	7.17〜21			10.23〜28　中国
5	1993	1.16〜18 12.8〜12					8.06〜9▼ベルギー 9.3〜19　伊独など
6	1994	2.4〜7 5.13〜15 10.21〜23	8.25〜30	7.18〜22			6.10〜26　米国 10.2〜14　仏西など
7	1995	5.2〜6 9.14〜19		7.7〜14			1.17　阪神淡路大震災 　　（戦後50年、慰霊巡幸）
8	1996	1.23〜29 4.5〜8 10.25〜28	7.23〜25 7.27〜29	8.16〜23			
9	1997	6.18〜22 10.11〜13 12.5〜8		8.22〜29			5.30〜6.13＃南米
10	1998	1.23〜27 3.28〜31 6.12〜17 10.9〜13	7.21〜24	8.26〜31			5.23〜6.5＃英国等
11	1999	1.21〜26 3.24〜29 10.8〜12	9.13〜17	8.24〜31			
12	2000	1.24〜28 3.23〜28 6.8〜11	8.22〜26 9.17〜21				5.20〜6.1＃オランダ他
13	2001	1.23〜29 4.12〜16	9.13〜18	8.27〜31			
14	2002	1.24〜28 4.4〜10 10.12〜14	8.1〜5	8.21〜28	9.13〜15		7.06〜20　ポーランド他 9.28〜10.3☆スイス
15	2003	2.24〜3.4　＃ 5.23〜27	9.12〜16			◎　8.26〜29 ○　8.29〜31	ホテル鹿島ノ森
16	2004	2.5〜8 3.25〜30 6.18〜22	9.17〜21	8.1〜5			
17	2005	2.2〜7 5.28〜31 10.8〜11	9.1〜5	7.25〜29	3.29〜31		5.7〜14　ノルウェー 6.27〜28　サイパン 　　（戦後60年、国外慰霊）
18	2006	3.26〜29 11.2〜5	9.13〜16		3.29〜4.2＃	☆　8.28〜30	6.8〜15　シンガポール他
19	2007	2.2〜7 6.6〜10 10.6〜10	9.12〜15			☆　8.28〜30	5.21〜30　スウェーデン他
20	2008	2.1〜6 4.25〜29 9.12〜16	10.24〜27		3.27〜30	◎　8.24〜28 ○　8.28〜30	ホテル鹿島ノ森
21	2009	2.5〜8 5.1〜5 9.12〜16	7.26〜29		3.26〜29	◎　8.24〜27	4.10　結婚50年 7.3〜17　加・米国 9.16　鳩山内閣発足 11.12　在位20年式典
22	2010	2.3〜7(取消) 6.4〜8 9.15〜19	7.26〜29	4.5〜9		◎　8.24〜27 ○　8.27〜29	6.8　菅内閣発足 9.17　菅改造内閣 　　（葉山から日帰り）
23	2011	2.2〜7 6.4〜7 10.8〜11	7.26〜29	—	—	◎　8.23〜27 ○　8.27〜29	3.11　東日本大地震 9.2　野田内閣発足

（出典）平成20年までは『皇室手帖』第5号を参照、以降は宮内庁ホームページを参照

行幸啓日程はしばし皇太子日程として変換されることになった（11.7より皇太子が国事行為を臨時代行、12.6解除）。11月3日、愛子内親王の入院するなか（11.1～5）、9月6日に5歳になった悠仁親王の「着袴の儀」「深曽木の儀」が、東京・元赤坂の赤坂東邸で催された（11.3）。

本節を結ぶにあたり、公務その他で多忙な天皇皇后の、しばしの「ご静養」（平成元（1989）年～2011（平成23）年）について、外国訪問も加味した一覧表を参考情報として掲載する（表5-8）。概して、葉山御用邸に年3回、夏に那須・須崎の各御用邸へ1回という滞在形態が見られるが、平成期の後半（2003年あたりから）は、8月下旬に軽井沢と草津（音楽会）での静養を享受している。

第2節　皇居における「対面」と「共食」にみる儀礼秩序

天皇が応対する形式については、公式性の強いものから非公式性に傾斜した様式まで多様であるが、それらは「公式―非公式」尺度をもとに分類されよう。すなわち、皇居・宮殿で行われる国賓・公賓等との「会見」や、外国の首相・議長・離任大使等の「引見」、三権関係高官・各種功労者・赴任大使等の「拝謁」、それに概して御所でなされる「接見」や「懇談」、そして、蓮池参集所などで展開される皇居清掃奉仕者への「会釈」などが、この対面儀礼尺度にそって相対的に配置されている。一般的に、宮殿で行われる関係儀礼が、御所で催されるそれよりも、公式性が強いものと見立てることができよう。ちなみに、2011年3月11日に起きた東日本大地震・大津波にちなむ節電対策に鑑み、天皇家では厳格に節電対策を講じ被災者に寄り添う象徴的行為を実践してみせたが、これに伴い宮殿での対面儀礼等を御所にて執り行う措置がとられた。

同様な尺度で、天皇との会食（共食）やお茶などのケースを分類することができるが、ここではそれを「コミュニオン」尺度と仮称しておく。食事については、宮殿で催される国賓を迎えての「晩餐会」や外国の要人・大使や国内の三権関係者等との「午餐」、それに御所で催される王族や日本の首相・議長等夫妻との「夕餐」、元首クラスでない王族や外国訪問先の日本大使等との「昼

餐」がある。「お茶」の様式にも宮殿で催されるものと御所でのケースに分けられる。後者には帰朝大使夫妻の招待、学士院・芸術院会員との懇談といったごとく非公式性が増すようである。

1 宮殿における対面儀礼の構造

ここでは、2007年の事例についてのみ便宜上、**表5-9-1、2**として、「ご会見・ご引見」と「信任状捧呈式・ご接見・ご懇談」のケースを分けて提示したが、皇居・宮殿で催される「ご会見・ご引見・信任状捧呈式（a〜c）」は国際親善・外交にからむ対面儀礼である。明仁天皇は、国賓・公賓（元首等）との「ご会見」に際しては、相手が単独であれば単独で対面し、夫妻お揃いであれば美智子皇后ともどもお会いする。この儀礼様式は、なるほど「ご引見」のケースでも同様である。もとより、天皇の専管儀礼に属する「信任状捧呈式」には皇后は臨席しない（概して外務大臣が臨席）。2007年の事例においては、ご会見の対象となる国賓・元首等の来日訪問は1月〜3月期と10月〜12月期に集中し、首相・議長等は6月下旬までの前半に、また駐日大使の離任引見（国事行為）は7月初めから8月上旬に集中している。

他方、皇居・御所で応接される「ご接見（d）」の場合、両陛下お揃いで接見するケースのほとんどは、国際親善・国際貢献の有意な関係者である。公式性の度合いの増す接見（日本青年海外派遣団員、人事院総裁賞受賞者）では、宮殿が儀礼の場として選択されている。なお、皇后が単独で御所にて接見している事例も見られる。この表に繰り入れた「ご懇談（e）」の事例は、関係担当省がときに天皇の意向を忖度し、適宜出席者をお膳立てしていると想定される。経済団体の長との懇談も恒例化している。

次に、「拝謁」儀礼を見てみよう。**表5-10**では3つのグループに編成してみた。第1系列には外交・国際親善関係（赴任大使、外国訪問随員）と叙勲褒章関連を、第2系列には広義の三権関係者および皇室を支える公的機関・側近職等の拝謁ケースを組み入れた。人事異動にちなみ、御所にて両陛下が拝謁しているケー

表5-9-1　天皇との会見・引見等一覧（2007年）

（①天皇単独で会ったケースは☆を付した。②ご会見の欄で◎が付いているのは国賓、○は公式実務訪問を表す。）

2007年	（a）ご会見（宮殿）	（b）ご引見（宮殿）
1月	1.22　○モザンビーク大統領夫妻	
2月	2.01　　キリバス大統領夫妻	
	2.14　○チェコ大統領夫妻	
		2.19　　離任大韓民国大使夫妻
		2.21　☆米国副大統領
		2.23　　ルーマニア首相夫妻
	2.28　○モンゴル大統領夫妻	2.27　　ロシア首相夫妻
3月	3.08　☆ボリビア大統領	
	3.09　　グルジア大統領夫妻	
	3.12　☆リベリア大統領	3.14　☆英国イングランド・ウェールズ
		首席裁判官
		3.14　　スリランカ国会議長夫妻
		3.16　　離任ギニア大使夫妻
	3.26　◎スウェーデン国王夫妻	
4月		4.05　　タイ首相夫妻
		4.09　☆イラク首相
		4.12　☆中華人民共和国国務院総理
5月		4.16　　イタリア首相夫妻
		5.15　☆ラオス首相
6月		6.13　　メキシコ下院議長夫妻
		6.14　☆カンボジア首相
		6.21　　離任ルクセンブルク大使夫妻
7月		7.02　☆離任シリア大使
		7.12　☆離任ハンガリー大使
		7.18　　離任クウェート大使夫妻
		7.19　　離任エジプト大使夫妻
		7.26　　離任ナイジェリア大使夫妻
		7.26　　離任キューバ大使夫妻
		7.30　　離任ニカラグア大使夫妻
8月		8.06　☆離任イスラエル大使
		8.09　　離任ジャマイカ大使夫妻
		8.30　☆ドイツ首相
9月	9.03　○☆チリ大統領	9.10　☆離任チュニジア大使
		9.21　　離任オマーン大使夫妻
10月		10.05　　離任マダガスカル大使夫妻
	10.15　○ナミビア大統領夫妻	10.15　　カンボジア国民会議議長夫妻
		10.19　　離任イエメン大使夫妻
11月	11.15　　キルギス大統領夫妻	
	11.26　◎ベトナム主席夫妻	
	11.30　☆ミクロネシア大統領	
12月	12.05　☆タジキスタン大統領	12.07　　ツバル首相夫妻
	12.10　○スリランカ大統領夫妻	
	12.17　○☆アラブ首長国連邦	
	アブダビ皇太子	12.27　　離任ベトナム大使夫妻
		12.27　　離任リビア大使夫妻

表5-9-2　天皇との接見・懇談・信任状捧呈式一覧（2007年）

（宮殿でなく「御所」で会った場合は一律に＊のマークを付した。なお、天皇単独で会ったケースは☆を、皇后単独は★を付した。）

2007年	(c)　信任状捧呈式（宮殿）	(d)　ご接見（宮殿／＊御所） (e)　ご懇談（△／＊御所）
1月 2月		1.16　△＊経済団体の長 2.16　△＊文科省研究振興局長他
3月	3.07　☆ペルー、アンゴラ 3.15　☆コロンビア、ウルグアイ	2.26　＊シニア海外ボランティア等 2.28　＊国際連合児童基金 UNICEF 3.07　△＊文科省研究振興局長他
4月 5月 6月	4.05　☆ラオス、トルコ 4.23　☆ウクライナ、ロシア 4.25　☆ボリビア、大韓民国	 6.14　△＊農林水産祭前年度関係者
7月 8月 9月	7.04　☆ホンジュラス、ニュージーランド 8.20　☆カザフスタン、オーストリア 8.23　☆ギニア、コスタリカ 9.06　☆ベナン、イスラエル	7.04　＊皇太子奨学金奨学生 9.04　＊ユネスコ事務局長 9.20　＊青年海外協力隊帰国隊員、日系 　　　　社会青年ボランティア等 9.26　　日本青年海外派遣団員
10月 11月 12月	10.01　☆ルクセンブルク、エジプト 10.19　☆キューバ、ハンガリー 11.02　☆中華人民共和国、ニカラグア 11.07　☆イエメン、バルバドス 12.03　☆タジキスタン 12.13　☆ネパール、クウェート	10.04　＊国際交流基金賞・同奨励賞受賞者 10.22　＊サラマンカ大学学長夫妻他 11.02　△★クウェート首長令妹アムサール 11.07　＊★当年度「ねむの木賞」受賞者 12.05　△＊文科省研究振興局長他 12.06　　人事院総裁賞受賞者

表5-10　宮殿・御所における「拝謁」等一覧（2007年）

（御所での拝謁には＊のマークを、また天皇単独拝謁には☆を、皇后単独のそれには★を付した。）

①　訪問随員・赴任大使・叙勲者	②　三権等の公務関連	③　その他
1.31　赴任大使夫妻（2組） 3.15　赴任大使夫妻（5組）	1.15　人事異動者 1.29　人事異動者 1.30　☆参議院副議長 2.01　人事異動者 2.15　☆全国検事長及び検事正 　　　　会同参加の検事正など 3.16　＊人事異動者／人事異動者 3.26　人事異動者	1.29　厚労大臣表彰の第35回 　　　　医療功労賞受賞者 1.31　農林水産祭天皇杯受賞者 　　　　（業績展示等をご覧） 3.01　法務大臣及び矯正協会会長 　　　　表彰の法務省矯正職員代表 3.08　☆警察大学校警部任用課 　　　　第18期学生 3.12　警察庁長官表彰の 　　　　全国優秀警察職員
4.11　赴任大使夫妻（5組） 5.02　外国ご訪問随員等（茶会） 5.08　☆春の勲章親授式・拝謁 　　　　☆春の勲章受章者 5.09　赴任大使夫妻（2組） 5.09　☆春の勲章受章者 　　　同　10、11、14、15日 5.16　外国ご訪問につき随員 5.16　☆春の褒章受章者	4.02　人事異動者／＊人事異動者 4.09　☆衆議院・参議院役員等（お茶） 4.18　宮内庁新規採用職員 5.01　人事異動者 6.15　人事異動者 6.21　☆全国地裁・家裁所長など	4.20　日本郵政公社総裁表彰の 　　　　郵政事業優績者など 5.08　日赤各都道府県支部の 　　　　有功者代表など 　　　　（日赤創立130周年） 6.14　皇宮警察本部長表彰の 　　　　永年勤続功労者 6.28　☆神宮及び勅祭社宮司等
7.05　赴任大使夫妻（2組） 7.06　皇太子モンゴル訪問主席随員 7.19　赴任大使夫妻（3組） 8.13　赴任大使夫妻（5組） 8.16　赴任大使夫妻（5組） 9.11　赴任大使夫妻（2組）	7.02　＊人事異動者／人事異動者 7.13　人事異動者 8.07　人事異動者 　　　　☆参議院正副議長（新任につき） 8.15　人事異動者 8.24　人事異動者 9.05　人事異動者 9.06　陵墓監区事務所副所長 9.10　人事異動者 9.19　新任皇宮護衛官	7.02　★新旧神宮大宮司 7.19　☆警察大学校警部任用課 　　　　第19期学生 9.26　厚労大臣表彰の第59回 　　　　保健文化賞受賞者
10.03　赴任大使夫妻（5組） 11.03　☆文化勲章親授式・拝謁 11.06　☆秋の勲章親授式・拝謁 　　　　☆秋の勲章受章者 11.07　☆秋の勲章受章者 　　　同　8、9、14、15日 11.16　☆秋の褒章受章者 11.21　赴任大使夫妻（4組）	10.02　＊人事異動者／人事異動者 11.01　☆全国警察本部長会議に 　　　　参加する全国警察本部長等 11.27　☆自衛隊高級幹部会同に 　　　　参加する統合幕僚長等 11.30　人事異動者 12.06　人事異動者 12.12　宮内庁永年勤続表彰者 12.12　陵墓監区事務所長 12.21　衆院・参院永年在職 　　　　表彰議員	10.22　文部科学大臣表彰の優良 　　　　公民館代表者 11.08　☆警察大学校警部任用課 　　　　第20期学生 11.22　総務大臣表彰の地方 　　　　公共団体税務職員 11.28　文部科学大臣表彰の 　　　　教育者表彰被表彰者 12.06　厚労大臣表彰の身障者・知的 　　　　障害者の自立更生者、更生援護 　　　　功労者、第16回デフリンピック 　　　　冬季大会等の成績優秀者

スは側近職であろう。三権等関係者との関係儀礼については、別に焦点をあて
て分析的にコメントするが、全国警察本部長会議および自衛隊高級幹部会同の
構成メンバーに対しても、司法・検察関係幹部と同様に天皇拝謁の機会がセッ
トされていることは注目に値しよう。すなわち、治安・防衛組織も日本国を公
的に支える主要機関として正統な認知を得ている。

　第3の「その他」事例では、行政機関等（関連団体）が表彰・推薦する功労
者が主要な対象になっている。ここでは、天皇のみによる拝謁儀礼の機会は、
警察大学校警部任用課修了生と伊勢神宮・勅祭社宮司とに限定されている。と
りわけ、天皇家と縁の深い伊勢神宮の大宮司交代に際しては、天皇と皇后それ
ぞれ別個に挨拶・拝謁する儀礼形式が採用されている。ちなみに、天皇は前年
（2006年）3月6日、全国護国神社宮司等にも拝謁の栄誉を賜っている。神道
ネットワークは健在ということになろう。

　本章では、記述全体においてもっぱら共時的な儀礼構造に照準を据え、その
特徴を浮描することを試みている。もとより、通時的な変化（儀礼対象・関与
者の加減）も微細に追跡し、分析の俎上にあげる必要がある。

2　宮殿・御所におけるコミュニオンの構成

　天皇皇后と「共に食事」し、あるいは「お茶」する事例を、「天皇皇后両陛
下のご日程」から抽出して編成した情報が、以下に掲載する**表5-11-1、2**である。
ここでも、2007年事例の紹介に限定するが、新年・誕生日関連の祝賀行事は割
愛する。

　まず、会食の時間帯で大きく二分し、あわせて下位カテゴリーもそこに繰り
込んでみた。すなわち、宮殿での晩餐（御所での夕餐）と宮殿での午餐（御所
での昼餐）、という組み合わせである。この一覧で明瞭なように、宮殿での正
式の「晩餐」会は「国賓」を迎え盛大に催され（皇族、三権の長ほか広範な参会
者）、他方、御所での「夕餐」は非公式性を多少帯びて展開されている（少人
数の参会者）。後者の夕食儀礼は、王室間の親善儀礼、外国訪問の事前儀礼、

表5-11-1　宮殿・御所でのコミュニオン（会食等）一覧（2007年）

（①基本的に「晩餐・午餐は宮殿」、「夕餐・昼餐は御所」、「お茶は宮殿・御所」、「茶会は宮殿」で行われている。御所でのケースにはいずれも＊を付した。②天皇皇后の同席が大半であるが、天皇のみの場合は☆を付した。宮殿での祝賀行事に新年（1.01）、天皇・皇后誕生日（12.23、10.20）の祝賀があるが割愛した。）

2007年	A		晩餐会／＊夕餐	B		午餐／＊昼餐
1月				1.22	宮殿	モザンビーク大統領夫妻
						（公式実務訪問、会見後）
2月	2.19	御所	＊在英国大使夫妻	2.14	宮殿	チェコ大統領夫妻
			（説明、欧州訪問につき）			（公式実務訪問、会見後）
				2.19	宮殿	在京外国大使夫妻・4組
				2.22	御所	＊在北欧3大使（ご説明）
						（欧州諸国訪問につき）
				2.28	宮殿	モンゴル大統領夫妻
						（公式実務訪問、会見後）
3月	3.14	御所	＊オランダ皇太子	3.07	宮殿	在京外国大使夫妻・4組
				3.19	御所	＊シンガポール首相夫妻
	3.26	宮殿	スウェーデン国王夫妻（国賓）			
	3.28	御所	＊スウェーデン国王夫妻			
4月	4.02	御所	＊在スウェーデン大使	4.23	御所	＊モナコ・アルベール2世
			（説明、欧州訪問につき）			
5月						
6月				6.19	御所	＊ブルネイ国王・アジム王子
7月				7.04	宮殿	在京外国大使夫妻・4組
8月	8.23	御所	＊前参院正副議長夫妻	8.20	御所	＊前スウェーデン兼
						ラトビア大使夫妻
9月	9.06	御所	＊新参院正副議長夫妻	9.03	宮殿	チリ大統領（公式実務訪問）
				9.20	宮殿	在京外国大使夫妻・4組
10月				10.04	宮殿	在京外国大使夫妻・4組
	10.12	御所	＊内閣総理大臣夫妻	10.15	宮殿	ナミビア大統領夫妻
	10.19	御所	＊タイ王女・チュラポーン夫妻			（公式実務訪問、会見後）
11月	11.26	宮殿	ベトナム主席夫妻（国賓）	11.22	宮殿☆	最高裁長官・判事等（お話）
				11.29	宮殿☆	総務大臣・知事等（同上）
12月				12.03	宮殿☆	会計検査院長・人事院総裁・
						公取委員長等
				12.05	宮殿☆	法務大臣・検事総長・
						高検検事長等（お話）
				12.10	宮殿	スリランカ大統領夫妻
						（公式実務訪問、会見後）
				12.17	宮殿☆	アラブ首長国連邦アブダビ皇太子
						（公式実務訪問、会見後）
				12.21	宮殿☆	総理大臣・閣僚等

表5-11-2　宮殿・御所でのコミュニオン（お茶等）一覧（2007年）

（①茶会のケースには＃を付した。無印は「お茶」の事例である。②天皇皇后の同席が大半であるが、天皇のみの場合は☆を付した。）

2007年			C　お茶（宮殿／＊御所）、＃茶会（宮殿）
1月	1.17		＊帰朝大使夫妻・3組
	1.18		新任外国大使夫妻・4組
	1.22		＊帰朝大使夫妻・4組
	1.22		＊ニュージーランド・マオリ王夫妻
	1.29		＊帰朝大使夫妻・4組
2月	2.08		＊帰朝大使夫妻・4組
	2.22		＊日本芸術院第一部会員
3月	3.26		＊元米国国務長官夫妻
4月	4.09		＊スウェーデン国王姉一家
	4.09	☆	衆院・参院役員等（拝謁）
	4.12		＊帰朝大使夫妻・4組
5月	5.02		＃外国ご訪問随員等
	5.16		新任外国大使夫妻・4組
6月	6.01		＊ヨルダン国・ムナ王母
	6.11		＃日本学士院受賞者・新会員等
	6.13		＃外国訪問尽力者
	6.18		＃日本芸術院受賞者・新会員等
7月	7.02		＊帰朝大使夫妻・4組
	7.12		新任外国大使夫妻・4組
	7.18		＊帰朝大使夫妻・4組
8月	8.09		＊帰朝大使夫妻・4組
9月	9.06		新認定重要無形文化財保持者夫妻
10月	10.03		＊日本学士院第一部会員
	10.10		＊日本学士院第一部会員
	10.11		新任外国大使夫妻・4組
	10.22		新任外国大使夫妻・4組
11月	11.05		＃文化勲章受章者・文化功労者
	11.08		＊帰朝大使夫妻・4組
	11.28		新任外国大使夫妻・4組
	11.29		＊日本芸術院第一部会員
12月	12.10	☆	退職認証官
	12.12	☆	退職認証官
	12.14		新任外国大使夫妻・4組
	12.21		新任外国大使夫妻・4組
	12.26		＊帰朝大使夫妻・4組

第5章　象徴天皇制の儀礼構造

「国権の最高機関」の長等の退任・新任儀礼、という構成になっている。

　次に、お昼の時間帯の「宮殿でのコミュニオン」に注目してみよう。天皇皇后の臨席する「午餐」会のケースは、概して天皇との会見後に催される公式実務訪問カテゴリーの元首夫妻との会食（例外事例はアラブ首長国連邦・皇太子）、折々に適宜セットされている各数組の在京大使夫妻との会食、の二種類に分類される。そして、皇后の臨席しない「午餐」は、三権関係幹部等との食事となっている。他方、「御所での共食儀礼」の事例は、天皇皇后の外国訪問に関与する内外大使夫妻を招待するケースと、公式実務訪問カテゴリーで来日したわけでない、首相夫妻や王室来訪者を招いたケースとに区分けされよう。

　第3の系譜として整理した「お茶」の儀礼ケースは、次の三つに大きく分類（さらに下位区分）される。①天皇皇后が臨席する宮殿での「お茶」は、各回4組ほどの新任外国大使夫妻を招いて催す外交儀礼であるが、2007年の事例では延べ8回行われている。②皇后が臨席を遠慮する宮殿での「お茶」には、毎年1回は催される国会役員等の拝謁とセットになった「お茶」と、憲法第7条（国事行為・5項）により天皇が執行した認証官任命式の儀礼的帰結として、そうした認証官の退職に際する慰労を兼ねた「お茶」がある。③天皇皇后が臨席する御所での「お茶」の場合、日本芸術院・日本学士院の第一部会員を各2回にわたって招待、そして、年間9回ほど開催される帰朝大使夫妻（各4組）との会合、といった制度化されたケース、それに、ときに来日した友好国元高官や王室関係者を招待するアドホックな事例がある。

　食事も伴う宮殿での「茶会」儀礼を点検してみると、いずれも両陛下が臨席しているが、日本学士院・日本芸術院にかかわる受賞者並びにその新会員等が参会するケースと、天皇皇后の外国訪問に有意に関与・寄与した人々を慰労するケースとに分類される。

　天皇皇后は、これらの儀礼を介して国際事情や文化事情などに関する知的情報を拡充・更新し、言わばソフトパワーの充電に努めている。もとより、招待された側において、交換として直接的な返礼や間接的な寄与がなされ、象徴天皇制の受容・支援ネットワークが構築・維持されてゆく。

第3節　三権関係者との関係儀礼

　天皇（皇室）と行政・立法・司法の「三権の長」等との相互作用に着目すると、首相・衆参両院議長・最高裁長官らは、新年祝賀や天皇誕生日ほか皇室のいくつかの儀式・儀礼に参向したり、新嘗祭に招待されて参列したりしている。また、天皇皇后の三大地方行幸啓や外国訪問に際しては、その羽田空港における送迎儀礼を交互に分担している。首相は、外国訪問を終え帰国すると、速やかに皇居に出向き、記帳する儀礼慣習を踏襲している。

1　祝賀行事の儀礼構造

　天皇は、2011（平成23）年元旦、早朝5時前に御所で潔斎、綾綺殿で儀礼服に着替え、新嘉殿南庭にて伊勢の神宮・山陵および四方の神々を遥拝する「四方拝、5：30」行事、引き続いて賢所・皇霊殿・神殿（宮中三殿）で「歳旦祭（小祭）、5：45」の拝礼を済ませ、お住まいの御所に戻ってくる。天皇は御所で8時ごろ皇后と「お祝膳」を召し上がる。そして、両陛下と「侍従長始め侍従職職員」が御所に参会して午前9時5分から「祝賀及びお神酒」行事が進行する。こうして御所での儀礼を終えると、天皇皇后は正装して（勲章をまとい）宮殿に移動、まず、天皇は9時30分、「花の間」で「晴の御膳」に箸をつけられ、そのあと以下のような元旦儀礼に「両陛下お揃い」で臨んでいる[16]。天皇を機軸とする2011年冒頭の公式儀礼に、序列構成の典型が看取されよう。

　①宮殿・「表御座所」棟の「鳳凰の間」で9時45分、「長官始め課長相当以上の者と参与・御用掛」より祝賀を受ける。ちなみに、鳳凰の間は首相・大臣か

16「新年（元旦）祝賀の儀」の展開次第（場所）の解説については、所功『天皇の「まつりごと」象徴としての祭祀と公務』NHK出版、2009年、158-163頁および、前掲、山本雅人、23-28頁を参照のこと。逐一の引用注は割愛したが、本節の記述はその多くを両者の説明に依拠している。なお、平成23年1月1日の行事一覧については、宮内庁ホームページを活用した。

ら内奏を受けたりする際に使われている。

　②☆10時、宮殿・「正殿」棟の「松の間」において、「皇太子同妃お始め皇族各殿下」より祝賀挨拶、これは「祝賀の儀」として取り運ばれる。ちなみに、松の間は宮殿内でも格式の最も高い部屋で、そこでは首相親任式・勲章親授式・信任状捧呈式・歌会始ほか重要な儀式が催されている。

　③続いて10時10分、正殿・「竹の間」にて、「元皇族、御親族」からの「祝賀」を受ける。

　④両陛下は「表御座所」棟の「鳳凰の間」へ移動、10時15分、「未成年皇族」より「祝賀」。

　⑤☆以上、宮内庁・皇室関係者からの祝賀儀礼を終えて、次には午前11時から「正殿」棟の三つの間で三権の長・幹部等による各挨拶儀礼が、「新年祝賀の儀」として執り行われる。「両陛下お始め」各成人皇族が「出御」されるなか、「内閣総理大臣始め」執政府高官夫妻が「梅の間（152㎡）」で、次いで「松の間（370㎡）」にて「衆議院議長及び参議院議長始め」立法府高官夫妻が、「竹の間（182㎡）」では「最高裁判所長長官始め」司法府高官夫妻が、最後に11時30分、「松の間」において「認証官等」が、すなわち、人事院人事官・公正取引委員会委員長・検事総長（次長検事、検事長）・会計検査院検察官などの認証官、それに加えて各省事務次官・都道府県知事（議会議長）・各界代表者らの夫妻が、それぞれ祝賀儀礼に参列している。

　⑥次には、再び「表御座所」棟の「鳳凰の間」で午前11時40分、両陛下に「堂上会総代（３名）」が新年に際する祝賀を申し述べた。ちなみに、堂上会は旧公家子孫の会である。以上で午前の部は終了する。

　⑦両陛下は、皇族との昼餐を挟んで、午後の部として、宮殿・「長和殿」棟の北車寄せに近い「北溜（きただまり）」に臨み、午後１時10分に「宮内庁職員及び皇宮警察本部職員」から、午後１時20分に「旧奉仕者会会員（元宮内庁職員及び元皇宮警察本部職員）」より、それぞれ集合的に新年の挨拶をうける。

　⑧次いで、両陛下は正殿・「竹の間」に出御、午後１時30分、「元参与、松栄会会員、元側近奉仕者、元御用掛」といった「内輪の縁者」から祝賀をうけて

いる。なお、松栄会は昭和天皇の旧奉仕者会。

　⑨☆締めくくりは、元旦第３回目の国事行為・「祝賀の儀」である。それゆえ、午後２時30分、「両陛下お始め」各成人皇族が正殿・「松の間」にお出ましになり、「各国の外交使節団の長及びその配偶者」が、すなわち、国柄を表す正装で各国大使が着任順に並び、一組ずつ両陛下に最敬礼する。150ヵ国弱の駐日大使夫妻と国際機関の大使夫妻が繰り出すとなれば、優に１時間以上に及ぶ儀礼となる。

　下線を付した箇所を点検しつつ、以上の儀礼展開を翻ってみてみると、「☆新年祝賀の儀」に参画するのは６グループ、他に「祝賀」グループが７つ、両陛下は総計1000人ほどから祝賀を受け、天皇が出席した行事は宮内庁発表分だけでも18件を数えるという。第１回目の「祝賀の儀」（②）の場合、天皇皇后が「松の間」の正面中央に立つと、皇族の儀礼順位に従って皇太子夫妻から順々に出御され、御前で最敬礼して新年の祝詞を申し上げる儀礼が滞りなく進展する。第２回目の「祝賀の儀」系列（⑥）にあっては、各集合が整列に及ぶと、両陛下が同じく各部屋の正面中央に立ち、その中心に向かって左側に男性皇族そして右側に女性皇族が布陣する。そこで、首相・衆議院議長・最高裁長官・最年長者が、それぞれ「御前に」進み出て簡潔な新年の祝詞を申し上げ、それに応答して天皇から「国家の繁栄と国民の幸福を祈ります」といった趣旨の「お言葉」がある。

　もとより、国事行為の儀礼空間としては正殿「松の間」がふさわしいが、三権関係者等の祝賀儀礼の系列では、出席者人数をも考慮しつつ祝賀行事が円滑に流れるように、「松の間」の左右に並置している「梅の間」と「竹の間」も儀礼空間に繰り込んで、巧みに配列されている。ちなみに、立法府関係では、衆参両院議長・副議長、両院議員、各院の事務総長（次長）・法制局長・調査局長、それに国会図書館長・副館長が「祝賀の儀」参列の招請対象になっている。

　かくして、天皇との公式的・立憲的な関係距離に従って儀礼秩序が構成され、

内輪性ないし側近性の度合いの大きなグループには、「表御座所」棟の「鳳凰の間」が準公式的な儀礼空間に充てられ、そして皇室を身近で行政的・警衛的に支える仕事をしている現（元）職員グループには、逆に懇意に応答できる「北溜」が非公式性を象徴する空間として選択・峻別されていることが了解されよう。参考に、2009年の天皇誕生日と金婚式における祝賀儀礼の次第を簡略化して掲載する。上述と同様に、「祝賀の儀」等には☆を付した。

▽天皇誕生日の祝賀儀礼（2009年12月23日　水曜日）

宮中三殿での儀礼

　　天皇　　天長祭の儀

「宮殿」での儀礼

　　天皇　　祝賀（長官始め課長相当以上の者、参与及び御用掛）

　　皇后　　祝賀（長官、次長（総代）、参与）

　　両陛下　一般参賀

　　天皇　　☆祝賀の儀（皇太子同妃お始め皇族各殿下）

　　皇后　　祝賀（皇太子同妃お始め皇族各殿下）

　　両陛下　お祝酒（皇太子同妃お始め皇族各殿下、元皇族、ご親族）

　　両陛下　一般参賀

　　天皇　　祝賀（宮内庁職員及び皇宮警察本部職員）

　　両陛下　一般参賀

　　天皇　　祝賀（旧奉仕者会会員）／祝賀（堂上会総代）

　　天皇　　☆祝賀の儀（内閣総理大臣、衆議院議長、参議院議長、最高裁判所長官）

　　両陛下☆宴会の儀（内閣総理大臣等）

　　両陛下　祝賀及びお祝酒（元長官、元参与、元側近奉仕者、元御用掛、松栄会会員等）

　　両陛下☆茶会の儀（各国の外交使節団の長等）

「御所」での儀礼

　　両陛下　祝賀及びお祝酒（侍従長始め侍従職職員）

　　両陛下　祝賀（愛子内親王殿下、眞子内親王殿下、佳子内親王殿下、悠仁親王殿下）

　　両陛下＊茶会（ご進講者始めご関係者）

　　両陛下　お祝御膳（皇太子同妃両殿下、秋篠宮同妃両殿下、黒田様ご夫妻）

▽金婚式の祝賀儀礼（2009年4月10日　金曜日）

宮中三殿での儀礼

　両陛下　賢所皇霊殿神殿祭典の儀(掌典長及び掌典次長ご代拝)

「御所」での儀礼

　両陛下　祝賀(侍従長始め侍従職職員)

「宮殿」での儀礼

　両陛下　祝賀(長官始め課長相当以上の者、参与及び御用掛)

　　　　　祝賀(宮内庁職員及び皇宮警察本部職員)

　　　　　祝賀(旧奉仕者会会員)

　　　☆祝賀の儀(内閣総理大臣、国務大臣、内閣官房副長官及び内閣法制局長官、衆議
　　　　　院・参議院の議長及び副議長、最高裁判所長官及び判事(長官代行)、会計検査
　　　　　院長、人事院総裁、検事総長及び公正取引委員会委員長等夫妻

　　　　　祝賀(皇太子同妃両殿下お始め皇族各殿下)

　　　　　お祝酒・午餐(皇太子同妃お始め皇族各殿下、元皇族、御親族)

　　　　　祝賀(外交団長夫妻)

　　　　　ご鑑賞(皇宮警察本部音楽隊演奏)（宮内庁庁舎前）

　　　　　＊茶会(本年中に結婚満50年を迎える御夫妻約100組)

「御所」での儀礼

　両陛下　祝賀(愛子内親王殿下、眞子内親王殿下、佳子内親王殿下、悠仁親王殿下)

　　　　　お祝御膳(皇太子同妃両殿下、秋篠宮同妃両殿下、黒田様ご夫妻)

2　首相の就任・退任の挨拶儀礼

　日本の政治慣行として、首相はその就任と退任とに際し、宮家に挨拶回り（記帳）を行っている。試みに2011年の首相交代に際する実例を、『朝日新聞』の「首相動静」欄から抜粋して紹介してみよう。

　民主党代表選で野田佳彦が新代表に選出されたのをうけて、菅内閣は翌8月30日（火）に総辞職し、国会での首相指名選挙で野田佳彦・民主党代表が新首相に選出され、ここに職務執行内閣に移行した。かくして、菅首相は新首相選出を見届けたあと、下記のごとく議会関係者に退任挨拶を行っている。「（午後）2時15分、衆院の横路、衛藤正副議長、川端議運委員長、与野党各会派にあい

さつ回り。枝野官房長官、仙谷副長官同行。41分、参院の西岡、尾辻正副議長、
与野党各会派にあいさつ回り。枝野長官、福山官房副長官同行」。衆議院への
挨拶には衆院議員の官房副長官が、参議院での挨拶には参院議員の官房副長官
が、退任する首相に随行するという儀礼慣行を踏襲している。そのあと、菅首
相は速やかに宮家を訪問し退任挨拶を行っている。すなわち、「（午後）３時４分、
東京・三番町の桂宮邸。退任のあいさつ。23分、東京・元赤坂の東宮御所。退
任のあいさつ。31分、東京・元赤坂の赤坂御用地。秋篠宮邸、寛仁親王邸、三
笠宮邸、高円宮邸で退任のあいさつ。４時２分、東京・渋谷の常陸宮邸。退任
のあいさつ。」

　野田内閣は９月２日（金）に皇居での親任・認証式を終えて正式に発足した。
その５日後の９月７日（水）、野田首相は「（午後）３時10分、東京・三番町の
桂宮邸で就任の記帳。26分、東京・元赤坂の東宮御所で就任の記帳。41分、東
京・元赤坂の赤坂御用地。秋篠宮邸、寛仁親王邸、三笠宮邸、高円宮邸で就任
の記帳。４時７分、東京・渋谷の常陸宮邸で就任の記帳。」といったごとく就
任挨拶儀礼を展開している。もとより、８月30日、野田佳彦が新首相に国会で
指名されたあとすぐに、退任する菅首相に先行して議会関係者に同様に挨拶回
りしている。この際には、各院の民主党国対委員長が交代で同行している。

　興味あることに、朝日新聞の「首相動静」の宮家回りの表記によると、菅首
相の場合は「退任のあいさつ」、野田新首相の事例では「就任の記帳」となっ
ている。察するに、退任する首相には皇太子や各宮殿下が直接に応接されたよ
うである。

　天皇との関係において首相の退任・就任儀礼が象徴的に完結するのは、それ
ぞれの首相夫妻が御所に招待され両陛下と「夕餐」を共にする共食儀礼（コミ
ュニオン）であろう。2010年の首相交代（６月８日）の際には、交代から２カ
月が経過した時期、すなわち鳩山由紀夫・前総理夫妻が８月12日（木）、そし
て菅直人・新総理夫妻が８月17日（火）に、換言すると８月15日の戦没者追悼
式儀礼の前後に、御所での「夕餐」にそれぞれ招かれている。続いて、７月11
日投開票の参議院選挙をうけて召集された臨時国会（7.30〜8.6）で交代した、

新旧の各参院議長・副議長夫妻は8月18日と19日に共食儀礼を享受している。ちなみに、野田首相夫妻がこの儀礼に浴したのは、政権発足・5週間後（臨時国会終了・1週間後）の10月7日（金）である。

3 衆参両院議長の挨拶・報告儀礼

宮内庁の提供する「天皇皇后両陛下のご日程」を参照してみると、両院議長はその就任後に天皇に拝謁、退任後に夕餐などに招かれている。それに両院議長は、天皇の国会開会式お出ましに対する返礼として、開会式終了後に皇居に赴いてお礼の記帳、国会閉会の数日後に宮殿で天皇に挨拶（報告）、といった対天皇儀礼を実践している。

そこで、衆議院解散・総選挙（2009年）と参議院通常選挙（2010年）のあった両年に焦点をあて、具体的に点検してみよう。なお、開会式に際するお礼記帳などは上記の「ご日程」には記載されていない。

さて、両年の対照表の事例を参照して、国会関係者の天皇との関係儀礼に照準をあわせてみると、2009年には4月13日に衆参両院の議院運営委員長などの役員が宮殿において天皇に「拝謁」し「お茶」を供され懇談している。そして、7月21日に衆議院が解散され前職となった衆議院議長と現職の参議院議長は、翌22日に皇居・宮殿に出向いて、慣例通り「国会終了につき」天皇に対し「挨拶」・報告している。8月30日投開票の衆議院選挙で民主党が大勝し、特別国会の冒頭（9.16）で新たに議長・副議長が選出されたが、さっそく新議長・副議長は皇居に赴き天皇に「拝謁」している。鳩山内閣の発足をうけて、9月18日に天皇を迎えて国会開会式が催されている。かくして、退任につき、麻生太郎・前総理夫妻が9月24日に、前任の衆議院議長・副議長夫妻が9月30日に御所に招かれ、天皇皇后と「夕餐」を共にしている。新任については、政権交代から4週間弱たった10月12日と13日に、鳩山総理夫妻と議長・副議長夫妻が同様の共食儀礼を前後してうけている。12月4日（金）に国会が閉会すると、週明けを待って火曜日（12.8）に、衆議院議長・参議院議長は皇居に出かけ宮殿

表5-12 三権等関係者の関係儀礼 （2009年＆2010年）

（①現前等の欄は、天皇単独○、天皇皇后◎、皇后単独☆で表記。場所は宮殿▽、御所＊と略す。／
②様式欄の認証官は任命式）

日付	曜日	現前等	様式	関係対象・主体等
2009年				
1.05	（月）	○国会	開会式	第171回　通常国会開会式
1.16	（金）	○▽	認証官	検事長等6名
1.26	（月）	○▽	認証官	最高裁判事等2名
2.02	（月）	○▽	お　茶	退職認証官
2.03	（火）	○▽	午　餐	会計検査院長（職務代行）
				人事院総裁、公取委委員長等
2.12	（木）	○▽	お　茶	退職認証官
2.13	（金）	○▽	認証官	大使7名
2.19	（木）	○▽	拝　謁	全国検事長及び検事正会同に
				出席する検事正等
2.20	（金）	○▽	お話・午餐	法務大臣始め高検検事長等
3.02	（月）	◎＊	夕　餐	新旧最高裁裁判官夫妻
3.25	（水）	○▽	認証官	高等裁判所長官等4名
3.30	（月）	○▽	認証官	副大臣1名
4.02	（木）	○▽	認証官	人事官等2名
4.08	（水）	◎▽	記者会見	結婚満50年に当たり
4.10	（金）	◎▽	祝　賀	宮中祝賀行事
4.13	（月）	○▽	拝謁・お茶	衆参両院の役員等
4.16	（木）	◎	園遊会	春の園遊会（赤坂御苑）
4.21	（火）	○▽	内　奏	麻生総理大臣
5.13	（水）	○▽	認証官	内閣官房副長官
5.22	（金）	○▽	認証官	大使2名
6.18	（木）	○▽	拝　謁	高裁長官、地裁所長及び家裁所長会同
				に出席する地裁所長及び家裁所長

日付	曜日	現前等	様式	関係対象・主体等
2010年				
1.06	（水）	○▽	認証官	検事長等2名
1.15	（金）	○▽	認証官	最高裁判事等12名
1.18	（月）	○国会	開会式	第174回　通常国会開会式
2.08	（月）	◎＊	お茶	新旧警視総監
		○▽	お茶	退職認証官
2.10	（水）	○▽	認証官	大臣1名
2.15	（月）	○▽	お茶	退職認証官
2.18	（木）	○▽	拝謁	全国検事長及び検事正会同に出席する検事正等
2.24	（水）	○▽	認証官	高等裁判所長官等2名
3.08	（月）	○▽	認証官	高等裁判所長官1名
4.12	（月）	○▽	認証官	最高裁判事等2名
4.15	（木）	◎	園遊会	春の園遊会（赤坂御苑）
4.19	（月）	○▽	拝謁・お茶	衆参両院の役員等
4.27	（火）	○▽	内奏	鳩山総理大臣
5.27	（木）	○▽	拝謁	全国市議会議長会定期総会に出席する市議会議長等
5.31	（月）	○▽	認証官	検事長1名
6.08	（火）	○▽	内奏	衆院議長・参院議長
		○▽	親任式	菅直人首相
		○▽	認証官	大臣等20名
6.09	（水）	○▽	認証官	副大臣22名
6.10	（木）	○▽	拝謁	高裁長官、地裁所長及び家裁所長会同に出席する地裁所長及び家裁所長
6.11	（金）	○▽	認証官	大臣1名
6.17	（木）	○▽	挨拶	衆院議長、参院議長（6.16国会終了につき）
		○▽	認証官	検事総長等9名

第5章　象徴天皇制の儀礼構造

（①現前等の欄は、天皇単独〇、天皇皇后◎、皇后単独☆で標記。場所は宮殿▽、御所＊と略す。／
②様式欄の認証官は任命式）

日付	曜日	現前等	様式	関係対象・主体等
2009年				
7.02	（木）	〇▽	認証官	大臣2名
7.3～	7.7	◎	公式訪問	カナダ及びアメリカ合衆国
7.22	（水）	〇▽	挨　拶	前衆院議長、参院議長
				（7.21衆院解散・国会終了につき）
8.05	（水）	◎＊	お　茶	新旧警察庁長官
8.06	（木）	〇▽	認証官	高等裁判所長官等3名
8.30	（日）	―	―	**衆議院総選挙（民主党大勝）**
9.07	（月）	〇▽	内　奏	総務大臣
9.16	（水）	〇▽	拝　謁	衆院議長・副議長（新任につき）
		〇▽	親任式	鳩山由紀夫首相
		〇▽	認証官	大臣等20名
9.18	（金）	〇国会	開会式	第172回　特別国会開会式
		〇▽	認証官	副大臣22名
9.24	（木）	◎＊	夕　餐	麻生太郎・前総理夫妻（退任につき）
9.30	（水）	◎＊	夕　餐	衆院議長・副議長夫妻（退任につき）

日付	曜日	現前等	様式	関係対象・主体等
2010年				
7.11	（日）	—	—	**参院通常選挙（民主党惨敗）**
7.22	（木）	○▽	内　奏	農林水産大臣
7.23	（金）	○▽	内　奏	総務大臣
7.30	（金）	○▽	拝　謁	参院議長・副議長（新任につき）
		○国会	開会式	第175回　臨時国会開会式
8.09	（月）	○▽	挨　拶	衆院議長、参院議長（8.6国会終了につき）
8.12	（木）	◎＊	夕　餐	鳩山・前総理夫妻（退任につき）
8.17	（火）	◎＊	夕　餐	菅直人総理夫妻（新任につき）
8.18	（水）	◎＊	夕　餐	新参院議長・副議長夫妻（新任につき）
8.19	（木）	◎＊	夕　餐	前参院議長・前参院副議長夫妻（退任）
8.20	（金）	○▽	認証官	大使22名
9.07	（火）	○＊	昼　餐	新旧式部副長（皇后は前席・後席のみ）
		○▽	拝　謁	自衛隊高級幹部合同に出席する統合幕僚長等
9.10	（金）	◎＊	昼　餐	新旧外務省儀典長夫妻
		○▽	認証官	大使5名
9.17	（金）	○▽	認証官	大臣10名（菅内閣改造）
9.21	（火）	○▽	認証官	副大臣19名
9.22	（水）	◎＊	夕　餐	新旧外務事務次官夫妻

（①現前等の欄は、天皇単独○、天皇皇后◎、皇后単独☆で標記。場所は宮殿▽、御所＊と略す。／
②様式欄の認証官は任命式）

日付	曜日	現前等	様式	関係対象・主体等
2009年				
10.12	（月）	◎＊	夕　餐	鳩山総理夫妻（新任につき）
10.13	（火）	◎＊	夕　餐	衆院議長・副議長夫妻（新任につき）
10.20	（火）	☆◎▽	祝　賀	皇后誕生日
10.21	（水）	○▽	拝　謁	全国町村議長会・全国大会参加の
				町村議会議長等
10.22	（木）	◎	園遊会	秋の園遊会（赤坂御苑）
10.26	（月）	○国会	開会式	第173回　臨時国会開会式
10.27	（火）	○▽	内　奏	鳩山由紀夫総理大臣
11.06	（金）	◎▽	記者会見	天皇御即位20年に当たり
11.13	（金）	◎▽	茶　会	即位20年宮中茶会（総理大臣等／副大臣等）
11.23	（月）	○	大　祭	新嘗祭（夕の儀、暁の儀）
11.25	（水）	○▽	午　餐	最高裁長官始め最高裁判事、高裁長官等
12.02	（水）	○▽	午　餐	法務大臣始め高等検察庁検事長等
12.08	（火）	○▽	挨　拶	衆院議長、参院議長（12.4　国会終了）
12.14	（月）	○▽	午　餐	会計検査院長・人事院総裁・公取委員長等
12.18	（金）	◎＊	夕　餐	新旧式部長官夫妻等
12.21	（月）	○▽	お話・午餐	総務大臣始め知事等
12.23	（水）	◎▽	祝　賀	天皇誕生日
12.24	（木）	○▽	午　餐	内閣総理大臣始め閣僚等
12.28	（月）	○▽	認証官	最高裁判事3名

日付	曜日	現前等	様式	関係対象・主体等
2010年				
10.01	（金）	○国会	開会式	第176回　臨時国会開会式
10.14	（木）	◎＊	昼　餐	新旧外務省総合外交政策局長
10.20	（水）	☆◎▽	祝　賀	皇后誕生日
10.21	（木）	○▽	拝　謁	全国警察本部長会議に出席する全国警察本部長等
10.26	（火）	○▽	内　奏	菅直人総理大臣
		○▽	認証官	検事長等３名
10.28	（木）	◎	園遊会	秋の園遊会（赤坂御苑）
11.02	（火）	○▽	内　奏	環境大臣
11.15	（月）	◎＊	説　明	参院・衆院事務総長（議会開設120年
				記念式典に当たり、歩みについて）
11.23	（火）	○	大　祭	新嘗祭（夕の儀、暁の儀）
11.25	（木）	○▽	午　餐	最高裁長官始め最高裁判事、高裁長官等
		○▽	認証官	大使１名
11.29	（月）	◎国会	臨　席	議会開設120年記念式典
12.01	（水）	○▽	午　餐	法務大臣・副大臣、検事総長始め
12.07	（火）	○▽	挨　拶	衆院議長、参院議長（12.3　国会終了）
12.13	（月）	○▽	お話・午餐	総務大臣・副大臣、知事始め
12.15	（水）	◎▽	拝　謁	参議院の永年在職表彰議員
12.16	（木）	○▽	午　餐	会計検査院長・人事院総裁・公取委員長等
12.23	（木）	◎▽	祝　賀	天皇誕生日
12.24	（金）	○▽	午　餐	内閣総理大臣始め閣僚等
12.27	（月）	○▽	認証官	検事総長等６名

で天皇に「挨拶」している。

　2010年においても、国会終了や参院議長・副議長の選出にちなみ同様の儀礼パターンが展開されているが、次のような差異も見受けられる。すなわち、鳩山由紀夫から菅直人に首相が交代するに際して両院議長が天皇に「内奏」しており、また議会開設120年記念式典に両陛下の臨席（11.29）を賜ることにちなみ、両院の事務総長が事前に御所へ「説明」に赴いている。さらには12月中旬には、参議院の永年在職表彰議員が両陛下に「拝謁」する儀礼が加味されている。

　興味あることに、2009年の衆議院総選挙や2010年の参議院選挙のあとしばらくして、総務大臣は天皇に「内奏」する機会を設け（与えられ）ている。選挙結果の概要を説明しているものと想定される。

4　司法関係者と自治体関係者等の関係儀礼

　２月に開催される「全国検事長及び検事正会同」への出席にちなみ、上京した検事正などは皇居（宮殿）において天皇に「拝謁」する儀礼慣習がある。それとパラレルに、６月開催の「高裁長官、地裁所長及び家裁所長会同」に出席する地裁所長・家裁所長も、同様の「拝謁」儀礼を踏襲している。2009年の事例では、前者は２月19日に行われているが、その翌日（金）には、法務大臣始め高等検察庁検事長等が皇居に招待され、宮殿で天皇と「お話」をし「午餐」を共にしている。そして、11月下旬には最高裁の長官・判事および高裁長官等が、また12月上旬には法務大臣始め高等検察庁検事長等が、それぞれ皇居を訪問し宮殿で天皇と「午餐」をいただく儀礼が毎年行われている。

　他方、自治体関係者の場合、全国町村議長会・全国大会に参加するために上京した町村議会議長などが、また同様の組織・定期総会に出席する市議会議長などが、ときに「拝謁」の機会を享受している。知事クラスのケースでは、毎年・12月に総務大臣・副大臣とともに知事等が皇居に呼ばれ、天皇との関係儀礼として「お話・午餐」に興じている。

　皇居・宮殿で行われる天皇臨前での認証式を経て正式にその任に就く、認証

官の別のグループ、すなわち、会計検査委員長・人事院総裁・公取委委員長等は、12月中旬に宮殿で天皇との「午餐」に臨んでいる。また、2月には、退職認証官は天皇より「お茶」の機会を供され、退任儀礼に臨んでいる。認証官などとの「午餐」儀礼の締めくくりとして、年末には総理大臣と閣僚が招待され、宮殿で天皇と共に食事し懇談している。

他にこの対照表で目にとまる事例は、その交替に際して新旧警察庁長官が（2009.8.5）、また新旧警視総監が（2010.2.8）、宮殿ではなく御所に招待されて、両陛下と「お茶」をともにしている。これらは、行幸啓などでの警備儀礼に対する儀礼バランスの回復という意味あいを有していよう。その交代に際し、御所において、天皇の身近で仕える新旧式部長官は両陛下と「夕餐」を、また新旧外務省儀典長は両陛下と「昼餐」を、いずれも夫妻揃って共にしている。外務事務次官の交代ケースでは、その共食儀礼は官位を反映して「夕餐」となっている。

2010年の事例で、もうひとつ特筆すべき宮殿での「拝謁」儀礼として、自衛隊高級幹部合同に出席する統合幕僚長等（9.7）と全国警察本部長会議に出席する全国警察本部長等（10.21）のそれがある。

■　結びに代えて

皇室のソフトパワー性は、天皇・皇太子・宮殿下それぞれの現前や儀礼によって構築されているだけでなく、皇后や妃殿下がたの各種催しへのお出まし（儀礼的プレゼンス）、親和的で細やかな接遇、お見舞いし寄り添う共感儀礼、それに深い祈りと和歌表現などによっても担保されている。ここでは、皇后・皇太子妃・秋篠宮妃が単独で動かれた各事例を、一部期間に限定・編集した動静年表を「資料5-1～3」として本章の末尾に掲載する。皇后の養蚕情報も繰り入れた。

本章では、平成の皇室（美智子皇后、雅子皇太子妃）に対する"バッシング"の問題性には触れなかった。1993年10月20日、皇后は誕生日に赤坂御所で倒れ、

心因性の失語に見舞われた。前年10月に遂行された天皇皇后の中国訪問に淵源、外交官出身の皇太子妃決定（93年1月）を契機に、平成流皇室への批判がいつしか始動し、4月から10月にかけて、とりわけ週刊文春・週刊新潮や雑誌『宝島』などで、ときにアンフェアな皇后批判が重畳的に展開された[17]。ソフトな接触スタイルに傾斜する「新しい皇室」、「心の通い合い」を重んじる（あるいはときに踏み込みすぎる）「皇室外交（国際親善）」に対しては、昭和期天皇制の権威重視（関係距離の管理）との対照性において[18]、積極的また好意的な期待感の高まりとともに保守的な反動・警戒感など、アンビバレントな反応が惹起された。換言すると、美智子皇后は、言わば平準化した「象徴天皇」カリスマの身代わりとして、批判の標的となり犠牲に供された節がある。

　翻ってみるに、こうした陰湿な批判に対する間接的回答（主体的抵抗）は、明仁天皇による「宮中儀式や皇室祭祀の厳修・精勤」（例えば、毎月初日の「旬祭」を天皇が主宰）、1995年（戦後50周年）に際する「天皇皇后の慰霊の旅」の準備・敢行であったと見立てられる。こうして、平成期象徴天皇制は固有性と普遍性の両面を重視する儀礼戦略によって、その第一次的危機を乗り越えたようである。他方、その後に醸成された、親王未誕などにちなむ、皇太子妃の心身の不調と象徴的な孤絶（公共的離在）は、男系天皇制における継承者の稀少化（2006年9月、悠仁親王誕生）とあいまって、外見的には平成天皇制に慢性的な危機を齎しているように見える。ときに条件反射的に秋篠宮家（内親王）に好感が寄せられる所以である[19]。ともあれ、ソフトパワーに占める女性皇族のプレゼンス、その親和的な魅力や象徴的な表現力の機能・効能はあらためて着目に値する。

　本章を閉じるにあたって、あらためて皇族がどのようなネットワークによっ

17　前掲、岩井克己、2006年、第2章「失われた声」を参照のこと。
18　「民主」の子と「君主」の父、2人の象徴天皇のあり方を描いた研究として、保阪正康『明仁天皇と裕仁天皇』講談社、2009年を参照のこと。
19　特集「岐路に立つ象徴天皇制」『世界』2009年6月号所収の諸論考（とりわけ、森暢平「島宇宙を漂流する「象徴」」）を参照のこと。

表5-13-1　皇族の総裁・名誉総裁等の概要（2011年現在）

（総裁は◎、名誉総裁は○、名誉副総裁は☆を付した。）

天　皇	昭和天皇：1964.10　東京五輪名誉総裁
皇　后	皇后：日本赤十字(名誉総裁)／各妃殿下：☆　日本赤十字(名誉副総裁)
皇太子	皇太子：国連「水と衛生に関する諮問委員会」(名誉総裁)／ 「日独交流150周年」(日本側名誉総裁)／☆日赤名誉総裁

	医療福祉・国際親善関連	生物・動物関係、その他	スポーツ関連
秋篠宮	○　日蘭協会 ○(公財)世界自然保護基金ジャパン ☆サイアム・ソサエティ	◎(財)山階鳥類研究所 ◎(財)日本動物園水族館協会 ○　日本愛瓢会 ○　御寺泉涌寺を護る会 ○　日本水大賞委員会	○(財)日本テニス協会
紀子妃	◎(公財)結核予防会 ○(社福)恩賜財団母子愛育会		
常陸宮	◎(社福)日本肢体不自由児協会 ◎日本丁抹(デンマーク)協会 ◎(公財)日本障害者 　　　　リハビリテーション協会 ◎(公財)日仏会館 ○　日本瑞典(スウェーデン)協会 ○　日本ベルギー協会 ○(公財)がん研究会 ○　日本パスツール協会	◎(財)日本鳥類保護連盟 ◎(財)発明協会 ◎(財)大日本蚕糸会 ○(公財)日本美術協会 ○(公財)東京動物園協会 ☆　日本赤十字	◎(財)日本バスケットボール協会
華子妃	○(社)日本・ラテンアメリカ婦人協会	○(公社)日本動物福祉協会 ○(社)日本馬術連盟 ○(社)日本いけばな芸術協会	○(社)日本馬術連盟
三笠宮 崇仁親王	○　日本・トルコ協会	○(財)中近東文化センター ☆　日本赤十字	○(公財)日本ワックスマン財団
寛仁親王	◎　恩賜財団済生会 ◎　日本・トルコ協会 ○(社福)友愛十字会 ◎(社福)ありのまま舎 ◎(公財)高松宮癌研究基金 ○(社)日英協会 ○　日本ノルウェー協会	○(財)中近東文化センター ◎(財)新技術開発財団	○(社)日本ビリヤード協会 ◎(社)日本職業スキー教師協会 ◎　日本学生氷上協議連盟 ○(財)日本ラグビーフットボール協会
信子妃	◎(社)東京慈恵会	○(財)日本ばら会	
桂　宮 宜仁親王	○(社)日・豪・ニュージーランド協会	◎(社)大日本農会 ◎(社)大日本山林会 ◎(社)日本工芸会 ◎(社)日本漆工協会	
高円宮 憲仁親王 久子妃	○(財)日本スペイン協会 ○　日本アジア協会 ○　フランス語婦人会 ○　日本・エジプト協会 ○　日加協会 ○(社)いけばなインターナショナル ○「高円宮記念日韓交流基金」	◎(財)日本アマチュアオーケストラ連盟 ○(公社)日本水難救済会 ○(財)地域伝統芸能活用センター ○(公財)稲盛財団 ◎(財)日本海洋少年団連盟 ○　日本学生協会基金 　バードライフ・インターナショナル 　　同上のレアバード・クラブ　名誉顧問 (財)国際教育振興会賛助会 　　　　　　　　　　　名誉会長	◎(公社)日本グラススキー協会 ○(社)全日本軟式野球連盟 ○(公社)全日本アーチェリー連盟 ○(社)日本フェンシング協会 ○(社)日本ホッケー協会 ○(財)日本サッカー協会 ○(財)日本セーリング連盟 ○(公社)日本スカッシュ協会 ○　国際弓道連盟

（出典）宮内庁ホームページを参照して作成

て推戴されているか、その縮図的表出として総裁職・名誉総裁職の一覧（**表5-13-1**）を掲載する。

　この表は2011（平成23）年現在の情報であるが、それぞれの名誉職などの枠で、常陸宮正仁親王（明仁天皇の弟）、三笠宮寬仁親王（明仁天皇の叔父・三笠宮崇仁親王の長男）、高円宮憲仁親王（三笠宮の二男）亡き後の久子妃、といった３名の熟年成年皇族が数多く引き受け、次いで相対的に若い秋篠宮文仁親王（徳仁皇太子の弟）が適度に関与していることが読み取れる。

　ここで、新規に作成した2018（平成30）年８月現在の**表5-13-2**と比較してみると、７年経過のあいだに三笠宮家の３名（当主・長男・二男）が亡くなり、替わって秋篠宮家（眞子内親王）、三笠宮家（彬子・瑤子女王）、高円宮家（承子・絢子女王）において、すべて女性皇族が成年皇族に達するや社会的・儀礼的な役割を担う、あやうき世代交代が進展していることに気づく。あるいは、この実情は「女性宮家」を早期に樹立する必要性を示唆しているのかもしれない。彬子女王殿下は、三笠宮家の中核として三笠宮記念財団の総裁を務め、また心游舎を引き立て、さらには様々な学術的・文化活動を精力的に展開している。

　試みに、逝去された宮殿下の名誉職がいかに引き継がれているか点検してみる。まず、三笠宮寬仁親王が担当していた医療福祉関連の有意な総裁職（恩賜財団済生会→秋篠宮、高松宮癌研究基金→常陸宮、友愛十字会→瑤子女王）と国際親善ほか諸団体の総裁職（日本・トルコ協会→彬子女王、中近東文化センター・日本職業スキー教師協会→彬子女王）、それに桂宮の関与した団体関連の総裁職（大日本農会・山林会→秋篠宮、日本工芸会→眞子内親王）の移動は括弧の通りになっている。三笠宮の日本ワックスマン財団（名誉総裁）は秋篠宮が引き継いでいる。以上、３つの総裁と１つの名誉総裁を引き継ぎ、さらに新規に日本植物園協会総裁に推戴された秋篠宮は、その多忙さを軽減するためか、日本テニス協会の名誉総裁を眞子内親王に譲っている。

　次に高円宮家の状況に焦点をあててみると、久子妃殿下は高円宮の死因をあるいは勘案して新たに日本AED財団と日本心臓財団の名誉総裁に就き、それ

表5-13-2 (1)　皇族の総裁・名誉総裁等の概要 （2018年8月現在）

（総裁は◎、名誉総裁は○、名誉副総裁は☆を付した。）

天　皇			
皇　后	○日本赤十字社　名誉総裁		
皇太子	☆日本赤十字社　名誉副総裁	各宮殿下　☆日赤名誉副総裁	
皇太子妃	☆日本赤十字社　名誉副総裁	各妃殿下　☆日赤名誉副総裁	
	医療福祉・国際親善関連	生物・動物関係、その他	スポーツ関連
秋篠宮 文仁親王	◎(社福)恩賜財団済生会 ◎(公財)世界自然保護基金ジャパン ○　日蘭協会 ☆　サイアム・ソサエティ	◎(公財)山階鳥類研究所 ◎(公社)日本動物園水族館協会 ◎　御寺泉涌寺を護る会 ◎(公社)大日本農会 ◎(公社)大日本山林会 ◎(公社)日本植物園協会 ○　全日本愛瓢会 ○　日本水大賞委員会 （＊は参考情報：以下同様） ＊東大総合研究博物館　特招研究員 ＊東京農業大学　客員教授 ＊オーストラリア博物館　名誉会員	○(公財)日本ワックスマン財団 ○2019年ラグビーワールドカップ 　日本大会
紀子妃	◎(公財)結核予防会 ◎(社福)恩師財団母子愛育会	○大聖寺文化・御友会 ＊日本学術振興会名誉特別研究員 ＊お茶の水女子大学人間発達教育科学研究所　特別招聘研究員	
眞　子 内親王		◎日本工芸会 ＊東大総合研究博物館　特招研究員	○(公財)日本テニス協会
常陸宮 正仁親王	◎(社福)日本肢体不自由児協会 ◎日本丁抹(デンマーク)協会 ◎(公財)日本障害者 　　　リハビリテーション協会 ◎(公財)日仏会館 ◎(公財)高松宮妃癌研究基金 ○　日本瑞典(スウェーデン)協会 ○　日本ベルギー協会 ◎(公財)がん研究会 ○　日本パスツール協会	◎(公財)日本鳥類保護連盟 ◎(公社)発明協会 ◎(一財)大日本蚕糸会 ◎(公財)日本美術協会 ◎(公財)東京動物園協会	◎(財)日本バスケットボール協会
華子妃	○(社)日本・ラテンアメリカ婦人協会	○(公財)日本いけばな芸術協会 ○(公社)日本動物福祉協会 ○(公社)日本馬術連盟	○(公社)日本馬術連盟
三笠宮 百合子妃			
寬仁親王 信子妃	◎(公社)東京慈恵会	◎(公財)日本ばら会	
彬子女王	◎　日本・トルコ協会	◎(一社)心游舎 ◎(公財)中近東文化センター ◎三笠宮記念財団	◎日本プロスキー教師協会
瑤子女王	◎(社福)友愛十字会	◎国際ユニヴァーサルデザイン 　協議会	

（出典）宮内庁ホームページを参照して作成

表5-13-2 (2)　皇族の総裁・名誉総裁等の概要 （2018年8月現在）

（総裁は◎、名誉総裁は○、名誉副総裁は☆を付した。）

	医療福祉・国際親善関連	生物・動物関係、その他	スポーツ関連
高円宮 久子妃	○(一社)いけばなインターナショナル ○(財)日本スペイン協会 ○　日本アジア協会 ○　フランス語婦人会 ○　日本・エジプト協会 ○(一財)高円宮記念日韓交流基金 ○(一財)日本AED財団 ○(公財)日本心臓財団	◎(公社)日本アマチュア 　　　　オーケストラ連盟 ○(公社)日本水難救済会 ○(一財)地域伝統芸能 　　　　活用センター ○(公財)稲盛財団 ○　日本学生協会基金 ○バードライフ・インターナショナル 　同上のレアバード・クラブ　名誉顧問 ○仁和会 ○中宮寺奉賛会 (一財)国際教育振興会 　　　賛助会　名誉会長	◎(公社)日本グラススキー協会 ○(公財)全日本軟式野球連盟 ○(公社)日本フェンシング協会 ○(公財)日本ホッケー協会 ○(公財)日本サッカー協会 ○(公財)日本セーリング連盟 ○　国際弓道連盟
承子女王			○(公社)全日本アーチェリー連盟 ○(公社)日本スカッシュ協会
絢子女王	○　日加協会	○(公社)日本海洋少年団連盟	
	2018.10.29　高円宮家の三女(絢子女王)、守谷慧さんと結婚		
高円宮 久子妃	◇名誉博士 (法学)カナダ：アルバータ大学 (法学)カナダ：プリンス・エドワード・アイランド大学 (教育学)大韓民国：韓南大学校 城西大学		平成16年 平成16年 平成26年 平成27年
三笠宮 彬子女王	◇参考情報 法政大学国際日本学研究所 立命館大学衣笠総合研究機構 京都市立芸術大学 同大学　芸術資源研究センター 京都産業大学日本文化研究所 学習院大学国際センター 國學院大學 国士舘大学大学院人文科学研究科	客員所員 客員協力研究員 客員教授 特別招聘研究員 研究員 客員研究員 特別招聘教授 客員教授	

（出典）宮内庁ホームページを参照して作成

に皇室と縁の深い仁和寺・中宮寺関連の名誉総裁を引き受けている。なるほど、いろいろと積極的に儀礼的役割を引き受けている久子妃は、名誉総裁職・4増を相殺すべく娘2人に均等に役割分担している（アーチェリー・スカッシュ→承子女王、日加協会・海洋少年団→絢子女王）。もっとも、絢子女王は2018年10月末に結婚し皇族の身分を離れることになったが、2つの名誉総裁職はいかに扱われてゆくのだろうか。

　ちなみに、寛仁親王と宜仁親王の担っていた国際親善職（日英・日本ノルウェー・日豪 NZ 協会）は、つながりの深い充当可能性のある親王が不在なのか、宙に浮いているようである。あるいは親王の稀少化がこうした国際親善にも間接的影響を及ぼしているのであろうか。

〈本章初出〉学習院大学東洋文化研究所『東洋文化研究』第14号、2012年3月、267-345頁。単純に漢数字を算用数字に変換するだけでなく、節の見出し他を修正、それにいくつかの表を微修正。加えて新たに2018年に至る表に再編成・追加作成したので、関連個所では新規に文章を追加している。ちなみに、初出原稿は2011年11月中旬に擱筆している。

資料5-1　美智子皇后の単独行啓一覧（2003〜2008年）

年月日	お出かけ先	目的	行啓の趣旨・対象など
2003年	**（平成15）**		
＊1.18	**天皇、東大病院に入院**		**前立腺がん全摘手術　（2.08　退院）**
3.27	桃華楽堂	鑑賞	音楽大学卒業生演奏会
3.31	松戸市戸定歴史館	ご覧	「現代かな書の最高峰　藤岡保子展」
4.05	自由学園明日館	覧・臨	婦人之友社建業100周年記念「読者と歩んだ一世紀展」及び講演会
4.11	原美術館	ご覧	「篠田桃紅　朱よ」展
4.18	霞会館	臨席	故近衞秀健を偲ぶ会
4.25	楽　部	臨席	雅楽演奏会
5.01	紅葉山御養蚕所	養蚕	御養蚕始の儀／5.7山つけ（天蚕・柞蚕）、5.9ご給桑（第1回）、5.12ご給桑（第2回）、5.23上蔟、5.30初繭掻
5.08	明治神宮会館	臨席	平成15年全国赤十字大会
5.12	東京国立近代美術館工芸館	ご覧	「今日の人形芸術－想念（おもい）の造形」展
5.28	第一生命ホール	鑑賞	アイザック・スターン・メモリアル・チャリティー・コンサート
6.19	日本赤十字社	臨席	フローレンス・ナイチンゲール記章授与式
6.27	紅葉山御養蚕所	養蚕	御養蚕納の儀
7.17	サントリーホール	鑑賞	難民を助ける会主催新垣勉チャリティコンサート
7.29	横浜美術館	ご覧	生誕100年記念・没後20年「岡田謙三展」（横浜美術館及び岡田夫人からの願い出により）
8.21	東京都現代美術館	ご覧	「田中一光回顧展　われらデザインの時代」
9.03	宮　殿	出席	皇族たる皇室会議の議員・予備議員の互選の投票
9.06	青山劇場	ご覧	第5回日本太鼓全国障害者大会
10.02	すみだトリフォニーホール	鑑賞	フィンランド・ラハティ交響楽団コンサート　シベリウス　クレルヴォ交響曲
11.05	桃華楽堂	臨席	絲竹会例会
11.18	上野の森美術館	ご覧	「ピカソ・クラシック展1914－1925」
12.01	東京国立博物館	臨席	国際シンポジウム「国際アンデルセン賞の軌跡」　同レセプション（国際子ども図書館）
12.10	国立西洋美術館	ご覧	「レンブラントとレンブラント派　聖書　神話　物語」展
12.12	東京文化会館	鑑賞	サンクトペテルブルグ建都300周年記念ロ

年月日	お出かけ先	目的	行啓の趣旨・対象など
			シア芸術祭
			「巨人ロストロポーヴィチ2大チェロ協奏
			曲の世界」
2004年	**（平成16）**		
2.04	東京芸術大学大学美術館	ご覧	「赤松麟作とその周辺」展
3.12	ギャラリー川船	ご覧	「水村喜一郎展」
3.16	サントリーホール	鑑賞	ロンドン交響楽団創設100周年記念公演
3.22	桃華楽堂	鑑賞	音楽大学卒業生演奏会
3.24	東京ステーションギャラリー	ご覧	没後30年「香月泰男展―〈私の〉シベリア、
			そして〈私の〉地球―」
4.30	紅葉山御養蚕所	養蚕	御養蚕始の儀／5.12、19ご給桑（定例）、5.21
			上蔟（定例）、5.28初繭掻（定例）
5.07	ホテルオークラ	午餐	日本・ラテンアメリカ婦人協会創立30周年
			記念午餐会
5.13	明治神宮会館	臨席	平成16年全国赤十字大会
5.15	立教女学院	鑑賞	滝乃川学園「天使のピアノ」コンサート
5.18	ニューオータニ美術館	ご覧	堀文子展
5.22	国際子ども図書館	ご覧	―インドの児童文学―展示ご覧、講演会ご
			臨席
6.09	楽　部	臨席	絲竹会例会
6.11	損保ジャパン東郷青児美術館	ご覧	「ピエール・ボナール－彩られた日常」展
6.25	紅葉山御養蚕所	養蚕	御養蚕納の儀
6.30	サントリーホール	鑑賞	難民を助ける会主催天満敦子＆池田直樹チ
			ャリティコンサート
7.20	北とぴあ	鑑賞	ナサニエル・ローゼンチェロリサイタル（清
			水勝雄追悼リサイタル）
7.28	京王プラザホテル	臨席	第26回国際女医会議オープニングレセプシ
			ョン
▽10.20	皇后、古希を迎える		
11.07	Bunkamura オーチャードホール	出席	小児がん征圧キャンペーン・チャリティー
			コンサート
			「生きる2004～小児がんなど病気と闘う子
			供たちとともに」
12.03	国立西洋美術館	ご覧	「マティス展」
＊12.30	**宮内庁、紀宮の婚約内定を発表**		
2005年	**（平成17）**		
2.21	東京都庁	ご覧	「人道の記録～写真で見る赤十字145年の歴
			史～」
2.23	東京オペラシティコンサートホール	鑑賞	難民を助ける会主催インド洋大津波・新潟
			県中越地震被災者支援のための中村紘子チ

年月日	お出かけ先	目的	行啓の趣旨・対象など
			ャリティコンサート
2.24	東京宝塚劇場	鑑賞	宝塚歌劇宙組公演グラン・ファンタジー「レビュー伝説」―モン・パリ誕生77周年を記念して―
3.12	霞会館	鑑賞	CWAJ版画展50周年記念「菊地崇ヴィオラコンサート」
3.14	桃華楽堂	鑑賞	音楽大学卒業生演奏会
3.25	三の丸尚蔵館	ご覧	皇后陛下古希記念特別展「皇后陛下のご養蚕と正倉院裂（ぎれ）の復元」
4.01	サントリーホール	鑑賞	和波孝禧60歳バースデーコンサート
4.22	国立西洋美術館	ご覧	ジョルジュ・ド・ラ・トゥール展
5.18	紅葉山御養蚕所	養蚕	御養蚕始の儀／5.25、6.2ご給桑（定例）、6.10上蔟（定例）、6.15初繭掻（定例）
5.20	明治神宮会館	臨席	平成17年全国赤十字大会
6.08	桃華楽堂	臨席	絲竹会例会
6.15	イイノホール	鑑賞	映画「マザー・テレサ」試写会
6.21	帝国劇場	鑑賞	東宝ミュージカル特別公演「ラ・マンチャの男」
7.06	紅葉山御養蚕所	養蚕	御養蚕納の儀
7.06	東京芸術劇場	鑑賞	日本・メキシコ友好コンサート　黒沼ユリ子と12人の子どもたち
7.08	東京プリンスホテル	臨席	第40回フローレンス・ナイチンゲール記章授与式
8.27	泉屋博古館分館	ご覧	特別展「人間国宝　江里佐代子・截金の世界」
9.08	国会図書館国際子ども図書館	ご覧	ロシア児童文学の世界―昔話から現代の作品まで―
9.12	浜離宮朝日ホール	鑑賞	朝日賞受賞記念「秋吉敏子コンサート」
10.08	Bunkamura オーチャードホール	鑑賞	大野和士・ベルギー王立歌劇場来日公演オペラ「ドン・ジョヴァンニ」
10.13	京王プラザホテル	臨席	国際ゾンタ26地区（日本・台湾・韓国）第8回地区大会オープニング・レセプション
11.25	日生劇場	鑑賞	NISSAY OPERA 2005　オペラ「夕鶴」
12.05	三の丸尚蔵館	ご覧	第39回展覧会「やまとうた―美のこころ」
12.12	東京都美術館	ご覧	プーシキン美術館展
12.26	板橋区立美術館	ご覧	赤ずきんと名作絵本の原画たち　トロースドルフ絵本美術館展
2006年	**（平成18）**		
1.14	東京オペラシティコンサートホール	鑑賞	NHK東京児童合唱団第34回定期演奏会
1.24	新国立劇場	鑑賞	オペラ「魔笛」

年月日	お出かけ先	目的	行啓の趣旨・対象など
2.04	紀尾井ホール	鑑賞	ワークショップとコンサート「子どもたちのためのオーケストラ入門」
＊2.7	**宮内庁、秋篠宮妃の懐妊を発表**		
2.15	Bunkamura ザ・ミュージアム	ご覧	「渋谷で会う　ポーラ美術館の印象派コレクション展」
3.06	ギャラリーパレス	ご覧	「ベーテルから、愛をこめて」絵画展
3.17	高島屋東京店	ご覧	「小原豊雲生誕百年・創流百十一年記念　いけばな小原流展」
3.20	世田谷文学館	ご覧	「花森安治と『暮らしの手帳』展」
3.25	旧東京音楽学校奏楽堂	鑑賞	星の王子さまの会レクチャーコンサート
3.29	桃華楽堂	鑑賞	音楽大学卒業生演奏会
4.11	日本橋三越本店	ご覧	旭出学園工芸展
5.01	紅葉山御養蚕所	養蚕	御養蚕始の儀／5.10ご給桑（定例）、5.15天蚕山つけご作業（定例）、5.18ご給桑（定例）、5.24上蔟（定例）、5.30初繭掻（定例）
5.03	東京国立近代美術館	ご覧	生誕120年　藤田嗣治展
5.07	サントリーホール	鑑賞	舘野泉ピアノ・リサイタル
5.25	明治神宮会館	臨席	平成18年全国赤十字大会
5.26	東京文化会館	鑑賞	黒沼ユリ子＆ヨゼフ・オレホフスキ　デュオ・コンサート
6.28	紅葉山御養蚕所	養蚕	御養蚕納の儀
7.03	Bunkamura オーチャードホール	出席	小児がん征圧キャンペーン・チャリティコンサート「生きる2006〜小児がんなど病気と闘う子供たちとともに」（第2部）
7.05	ブリヂストン美術館	ご覧	石橋美術館開館50周年記念「坂本繁二郎展」
7.21	ヤマハホール	鑑賞	スペシャルオリンピックス日本を支援するチャリティコンサート「小林研一郎のハートフルコンサート」
7.31	新宿文化センター	鑑賞	ミュージカル「葉っぱのフレディ—いのちの旅—」（第2部）
8.04	板橋区立美術館	ご覧	2006イタリア・ボローニャ国際絵本原画展
8.11	日本赤十字社	臨席	殉職救護員慰霊祭、慰霊碑供花、懇談ほか
8.28〜30	草　津	出席	第27回草津夏期国際音楽アカデミー＆フェスティヴァル
9.03	東京オペラシティコンサートホール	鑑賞	難民を助ける会主催　天満敦子チャリティ・ヴァイオリンコンサート（第2部）
9.16	サントリーホール	鑑賞	サントリーホール20周年記念フェスティバル公演「内田光子ピアノ・リサイタル」
9.20	平塚市美術館	ご覧	開館15周年記念「世界の絵本がやってきたプラティスラヴァ世界絵本原画展」

年月日	お出かけ先	目的	行啓の趣旨・対象など
9.27	出光美術館	ご覧	国宝　風神雷神図屏風—宗達・光琳・抱一 琳派伝統の継承と創造—
10.07	横浜国際プール	臨席	第10回ウーマンズ・フェスティバル2006開会式
10.09	東京国立近代美術館	ご覧	モダン・パラダイス展
10.27	新高輪プリンスホテル	ご覧	第9回いけばなインターナショナル世界大会50周年記念「花展」
11.12	めぐろパーシモンホール	鑑賞	目黒ユネスコ平和コンサート・2006「井上久美子　ハープの世界」
11.15	国立科学博物館	ご覧	南方熊楠—森羅万象の探求者—
11.18	紀尾井ホール	鑑賞	滝乃川学園本館修復チャリティー 「天使のピアノ」へのいざない〜デュオコンサート〜
11.30	東京国立博物館	ご覧	特別展「仏像—木にこめられた祈り」
12.05	楽　部	臨席	絲竹会例会
2007年	**（平成19）**		
1.17	国会図書館国際子ども図書館	ご覧	北欧からのおくりもの—子どもの本のあゆみ—
2.01	表参道・新潟県ネスパス（渋谷区）	ご覧	新潟県文化振興財団25周年特別企画展「諸橋轍次博士と大漢和辞典」
3.08	高島屋東京店	ご覧	草月創流80周年記念　勅使河原茜展「私の花」
3.20	桃華楽堂	鑑賞	音楽大学卒業生演奏会
4.06	目黒区美術館	ご覧	「チェコ絵本とアニメーションの世界」展
5.02	松屋銀座本店	ご覧	サン＝テグジュペリの星の王子さま展
5.08	明治神宮会館	臨席	平成19年全国赤十字大会
5.09	紅葉山御養蚕所	養蚕	天蚕山つけご作業（定例）、6.4同左／6.13御養蚕始の儀／6.20＆6.29　給桑（定例）、7.4上蔟（定例）、7.11初繭掻（定例）
5.09	有楽町朝日ホール	鑑賞	映画「眉山〜びざん」試写会
5.15	九段会館	臨席	日本助産師創立80周年記念レセプション
5.31	パシフィコ横浜	臨席	日本看護協会レセプション
6.15	高島屋東京店	ご覧	「画業70年自然と共に生きて　堀文子展」
6.17	東京国立博物館	ご覧	「レオナルド・ダ・ヴィンチ—天才の実像」
6.28	森アーツセンターギャラリー	ご覧	ねむの木の子どもたちと　まり子美術展〜ねむの木学園創立40周年記念〜
7.07	国会図書館国際子ども図書館	出席	国際児童図書評議会会長歓迎の夕べ
7.09	東京プリンスホテル	臨席	第41回フローレンス・ナイチンゲール記章授与式・茶話会

年月日	お出かけ先	目的	行啓の趣旨・対象など
7.10	Bunkamura オーチャードホール	出席	小児がん征圧キャンペーン・チャリティコンサート「生きる2007〜小児がんなど病気と闘う子供たちとともに」（第2部）
7.25	教文館	出席	菱木晃子氏講演会『私にとっての「ニルス」の魅力〜「ニルスのふしぎな旅」を訳して〜』
7.26	紅葉山御養蚕所	養蚕	御養蚕納の儀
8.28〜30	草　津	出席	第28回草津夏期国際音楽アカデミー＆フェスティヴァル
9.04	Bunkamura オーチャードホール	鑑賞	チューリッヒ歌劇場来日公演　歌劇「ばらの騎士」第3幕
9.05	宮　殿	出席	皇族たる皇室会議の議員・予備議員の互選
9.17	サントリーホール	鑑賞	アイメイト誕生50周年記念　第25回アイメイトチャリティーコンサート
9.18	森美術館	ご覧	「ル・コルビュジュ展　建築とアート、その創造の軌跡」
10.18	紀尾井ホール	鑑賞	花房晴美デビュー30周年　ピアノ・リサイタル
10.19	東京国立博物館	ご覧	「平山郁夫　祈りの旅路」展
10.23	ロイヤルパークホテル	臨席	日本中近東東アフリカ婦人会創立25周年チャリティーバザー
10.26	東映会館	鑑賞	第20回東京国際映画祭特別チャリティー上映会
11.08	昭和女子大学人見記念講堂	鑑賞	ヘルシンキ大学男声合唱団公演
11.16	日本書道美術館	ご覧	秋季特別展「書にみる近現代日本女流展」
12.03	桃華楽堂	臨席	絲竹会例会
12.13	国立市・くにたち郷土文化会館	ご覧	滝乃川学園創立者生誕140周年記念展
12.14	三井記念美術館	ご覧	特別展「美の求道者　安宅英一の眼―安宅コレクション」
2008年	**（平成20）**		
1.13	上野の森美術館	ご覧	日本和紙ちぎり絵協会「創立15周年記念和紙ちぎり絵『和展』全国選抜秀作展」
2.20	東京文化会館	鑑賞	東京二期会オペラ公演「ワルキューレ」第三幕
＊2.25	**宮内庁、「陛下に今後、骨粗しょう症の可能性」と発表**		
3.26	日本橋本店	ご覧	第22回旭出学園工芸展（知的障害者のための教育・福祉事業）
3.27	桃華楽堂	鑑賞	音楽大学卒業生演奏会
5.01	吹上西通り（皇居内）	養蚕	天蚕山つけご作業（定例）

年月日	お出かけ先	目的	行啓の趣旨・対象など
5.04	サントリーホール	鑑賞	ウイーン少年合唱団公演
5.07	紅葉山御養蚕所	養蚕	御養蚕始の儀、5.23ご給桑（定例）、5.27ご給桑（条桑育）、5.30上蔟（定例）
5.08	明治神宮会館	臨席	平成20年全国赤十字大会
6.05	紅葉山御養蚕所	養蚕	初繭掻（定例）
6.06	東京ミッドタウン	ご覧	三宅一生ディレクションによるアート＆デザイン展「XXIc.─21世紀人」
6.21	日仏会館ホール	出席	JBBY（日本国際児童図書評議会）国際講演会「子どもに本を届けるということ─発展途上国の図書館活動を中心に─」
6.25	紅葉山御養蚕所	養蚕	御養蚕納の儀
7.15	東京藝術大学大学美術館	ご覧	バウハウス・デッサウ展
	Bunkamura オーチャードホール	出席	小児がん征圧キャンペーン・チャリティコンサート「生きる2008〜小児がんなど病気と闘う子供たちとともに」（第2部より）
7.24	国立新美術館	ご覧	「エミリー・ウングワレー展─アボリジニが生んだ天才画家─」
8.13	国立西洋美術館	ご覧	「コロー　光と追憶の変奏曲」展
8.19	国立国会図書館国際子ども図書館	ご覧	「チェコへの扉─子どもの本の世界─」
8.28	草津音楽の森セミナーハウスⅡ	参加	ワークショップ（翌日8.29も参加）
8.30	草津音楽の森コンサートホール	鑑賞	スチューデントコンサート
9.21	昭和女子大学人見記念講堂	鑑賞	日本メキシコ友好400年記念「世田谷フィル　メキシコ人歌手による日本語上演オペラ『夕鶴』」
9.22	高島屋東京店	ご覧	天龍寺塔頭宝厳院本堂再建襖絵完成記念「田村能里子展」
10.05	文京シビックホール	ご覧	第10回日本太鼓全国障害者大会
10.08	サントリーホール	鑑賞	「難民を助ける会　おかげさまで30周年記念チャリティコンサート〜中村紘子とN響の仲間たち〜」（第2部）、御休所で同会の活動報告聴取
10.11	聖心女子学院	臨席	聖心女子学院創立100周年記念式典
	東京文化会館	鑑賞	第6回本間一夫記念日本点字図書館チャリティコンサート「和波孝禧 Violin Recital」（第2部）
10.18	京王プラザホテル	出席	「浜本勝行さんを偲ぶ会」（日本車椅子バスケットボール連盟名誉会長）
11.07	損保ジャパン東郷青児美術館	ご覧	展覧会「西洋絵画の父　ジョットとその遺産─ジョットからルネサンス初めまでのフィレンツェ絵画─」

年月日	お出かけ先	目的	行啓の趣旨・対象など
11.20	紀尾井ホール	鑑賞	「清虚洞一絃琴演奏会―あらたな歩みから20年―」（第2部）
11.25	国際文化会館	臨席	日本サラマンカ大学友の会創立10周年記念「感謝の集い」レセプション
＊12.2	**天皇、夜になって不整脈による胸部変調で血圧上昇（3日間、公務休み）**		
12.25	憲政記念館	出席	「相馬雪香先生を追悼し感謝する会」（第2部）
2009年	**（平成21）**		
1.22	TOHO シネマズ　六本木ヒルズ	鑑賞	あけの星会設立55周年・青少年福祉センター設立50周年記念チャリティ映画会（「マンマミーア！」特別試写会）
＊1.29	**宮内庁、天皇の公務等軽減策を公表**		
2.05	東急百貨店本店	ご覧	「第40回現代女流書100人展」
2.21	王子ホール（中央区）	鑑賞	「前橋汀子　ベートーヴェン・ヴァイオリン・ソナタ全曲演奏会」（後半）
3.24	桃華楽堂	鑑賞	音楽大学卒業生演奏会
＊3.24	**宮内庁、皇后が左ひざの靭帯の一部を損傷と発表（御料牧場静養に同行せず）**		
＊4.10	天皇・皇后ご成婚50年		

以下、省略

（備考）絲竹会とは、明治天皇の雅楽保存の意向に沿い、明治22年に有志によって創立された演奏団体。
　　　　滝乃川学園とは、日本最初の知的障害児童福祉施設。
（出典）主として宮内庁ホームページの「天皇皇后両陛下のご日程」を参照

資料5-2　皇太子妃のお出かけ一覧 （1999〜2008年）

（＊愛子内親王（A）を同伴したケースではそのイニシャルを冒頭に付した。）

年月日	お出かけ先	目的	行啓の趣旨・対象など
1999年	（平成11年）		
	1〜3月　該当なし		
4.08	ホテルニューオータニ	臨席	商工会議書婦人会創立50周年記念式典
5.06	**東京国立近代美術館**	ご覧	鏑木清方展
5.17	**東京全日空ホテル**	臨席	アジア婦人友好会創立30周年記念「アジアの祭典1999」チャリティーバザー
5.20	明治神宮会館	臨席	平成11年全国赤十字大会
6.09	東京国際フォーラム		更生保護制度施行50周年記念 **第36回「全国更生保護婦人会の集い」**
6.23	日本赤十字社	臨席	第37回フローレンス・ナイチンゲール記章授与式（皇后陛下は服喪につき、ご名代）
6.26	ホテルオークラ別館		渋谷健司さん・小和田節子さん結婚披露宴
6.28	東京都美術館	ご覧	ワシントンナショナルギャラリー展
7.28	日本橋三越本店	ご覧	藤城清治影絵の世界展
	8〜12月該当なし		
2000年	（平成12年）		
	1〜4月　該当なし		
5.10	明治神宮会館	臨席	平成12年全国赤十字大会
	6〜10月　該当なし		
11.05	日本都市センター会館	臨席	ヒューマン・アニマル・ボンド2000講演会
	ニッショーホール	臨席	50周年記念「児童福祉施設文化祭」
2001年	（平成13年）		
	1〜5月　該当なし		
▽5.15	**宮内庁、皇太子妃の懐妊を発表**		
6.27	日本赤十字社	臨席	第38回フローレンス・ナイチンゲール記章授与式
▽12.01	**愛子内親王が誕生**		
2002年	（平成14年）		
	1、2月　該当なし		
3.06	京王百貨店新宿店	ご覧	第35回なるほど展
	4月　該当なし		
5.04	国立国会図書館子ども図書館	臨席	国立国会図書館子ども図書館全面開館記念内覧会

年月日	お出かけ先	目的	行啓の趣旨・対象など
6.27	国立成育医療センター	臨席	国立成育医療センター開設記念国際シンポジウム
	7、8月該当なし		
9.15	教文館	ご覧	藤城清治影絵展
11.04	明治神宮会館	臨席	第52回児童福祉施設文化祭
11.20	児童養護施設「福音寮」（世田谷区）	視察	
2003年	**（平成15年）**		
1.23	松屋銀座本店	ご覧	第20回読売招待闊秀書展
	2～4月　該当なし		
5.08	明治神宮会館	臨席	平成15年度全国赤十字大会
6.19	日本赤十字社	臨席	第39回フローレンスナイチンゲール記章授与式
7.04	女性と仕事の未来館	視察	
	8～10月該当なし		
11.19	児童養護施設東京都石神井学園	視察	
＊12.12	**宮内庁、皇太子妃の「静養」発表**		
2004年	**（平成16年）**		
＊5.10	**皇太子、訪欧前の記者会見で、雅子妃の病状に関連し「人格否定」発言**		
＊7.30	**林田東宮大夫、雅子妃が「適応障害」との診断を受けたと発表**		
11.29	御　所	挨拶	江頭寿々子逝去に伴う第一期服喪明けにつき、両陛下に挨拶
2005年	**（平成17年）**		
6.27	御　所	見送り	両陛下アメリカ合衆国北マリアナ諸島サイパン島訪問につき
6.28	御　所	出迎え	ご帰国につきお出迎え
	7月、8月、9月該当なし		
10.15	キャピトルホテル東急	聴講	GEA国際会議開会式の特別講演
10.20	宮　殿	祝賀	皇后誕生日につき祝賀
11.06	明治神宮会館	臨席	第55回「児童福祉施設文化祭」
2006年	**（平成18年）**		
	1月、2月該当なし		
3.03	学習院幼稚園	出席	A：学習院幼稚園ひなまつり
3.23	聖路加国際病院小児総合医療センター	視察	
	4月～9月　該当なし		

年月日	お出かけ先	目的	行啓の趣旨・対象など
10.04	御　所	挨拶	江頭豊逝去に伴う第一期服喪明けにつき、両陛下に挨拶
10.14	学習院初等科		Ａ：学習院初等科運動会
10.18	埼玉県		Ａ：学習院幼稚園遠足
11.17	東京都多摩動物公園		Ａ：学習院幼稚園園外保育
	12月該当なし		
2007年	**（平成19年）**		
	1～4月、該当なし		
5.15	新宿御苑		Ａ：学習院幼稚園遠足
6.06	東京大学医学部附属病院	見舞い	皇太子手術のお見舞い
6.09	東京大学医学部附属病院	同	Ａ：お見舞い
6.14	明治神宮		Ａ：学習院幼稚園園外保育
	7～9月、該当なし		
10.13	学習院初等科		Ａ：学習院初等科運動会
	11月、12月　該当なし		
2008年	**（平成20年）**		
	1月、2月該当なし		
3.06	こどもの国（神奈川県）	遠足	Ａ：学習院幼稚園年長組おわかれ遠足
5.19	都立葛西臨海公園	遠足	Ａ：学習院幼稚園遠足
	6～9月、該当なし		
10.12	学習院初等科		Ａ：学習院初等科運動会
	11～12月、該当なし		
2009年	**（平成21年）**		
3.03	京王百貨店新宿店	ご覧	**「第42回 ちょっとしたアイデアなるほど展」**（＊取材を前提とした単独公務は06年3月23日以来、3年ぶり！）

以下省略

（出典）皇太子妃の動静（2003.1～）は宮内庁ホームページを参照、それ以前は『皇室』（季刊　扶桑社）を参照

資料5-3　秋篠宮紀子妃の単独行啓一覧 （2003～2008年）

（＊眞子内親王(M)、佳子内親王(K)、悠仁親王(H)）

年月日	お出かけ先等	目的	行啓の趣旨・対象など
2003年	（平成15年）		
2.17	国際協力事業団　国際協力総合研修所	臨席	結核予防会結核国際研修40周年記念式典およびシンポジウム
3.05	京王新宿百貨店新宿店	ご覧	第36回ちょっとしたアイデアなるほど展
3.06	ガボン大使公邸		駐日アフリカ大使夫人の会（AWAAJ）主催年次晩餐会
3.25～26	宮城県	臨席	宮城県ご訪問・第54回結核予防全国大会ご臨席
4.25	楽　部	鑑賞	平成15年度春季雅楽演奏会
5.08	明治神宮会館	臨席	平成15年度全国赤十字大会
5.29	ホテルメトロポリタンエドモント	臨席	第50回産経児童出版文化賞贈呈式、祝賀レセプション
6.12～13	山形県	臨席	山形県ご訪問・平成15年度山形県赤十字大会
6.19	日本赤十字社	臨席	第39回フローレンス・ナイチンゲール記章授与式および茶会
7.10	リーガロイヤルホテル東京	臨席	結核予防会　資金寄付者感謝状贈呈式
8.30	有楽町朝日ホール	臨席	第20回全国高校生手話スピーチコンテスト
9.06	国立劇場	ご覧	「若樹会」公演会
9.18	福岡県	臨席	第14回福岡アジア文化省授賞式」ご臨席、特別演奏会ご鑑賞
10.17	有楽町朝日ホール	ご覧	映画アイラブピース完成披露試写会
10.27	ホテルニューオータニ		結核予防会平成15年度胸部検診車（けいりん号）
12.09	東京都美術館	ご覧	創立250周年記念「大英博物館の至宝展
12.11	東京駅丸の内北口ホール	臨席	「難民の子どもたちに光を」募金キャンペーン「愛の木」点灯式
2004年	（平成16年）		
1.23	東京ドーム	臨席	「東京国際キルトフェスティバル」
2.06	駐日オマーン大使公邸	昼食会	駐日アラブ大使夫人の会（昼食会）
2.12	東急百貨店本店	ご覧	第35回現代女流書100人展・新進作家展
2.18	メルパルク東京	臨席	第8回結核予防婦人団体中央講習会開校式
2.27	京王百貨店新宿店	ご覧	第37回なるほど展
3.09	サントリー美術館	ご覧	「歌を画く、絵を詠む、和歌と日本美術」
3.15～16	福井県	臨席	福井県ご訪問　第55回結核予防全国大会
5.13	明治神宮会館	臨席	平成16年度全国赤十字大会

年月日	お出かけ先等	目的	行啓の趣旨・対象など
5.21	草月会館	鑑賞	第8回日本太鼓チャリティコンサート
5.27	ホテルメトロポリタンエドモント	臨席	「第51回産経児童出版文化賞」贈賞式・祝賀レセプション
6.14	リーガロイヤルホテル東京	臨席	結核予防会　平成16年度資金寄付者感謝状贈呈式
8.28	有楽町朝日ホール	臨席	第21回全国高校生の手話によるスピーチコンテスト開会式、同コンテスト、特別プログラムご覧
9.22	ホテルオークラ神戸（兵庫県）	臨席	兵庫県訪問・平成16年兵庫県赤十字大会ご臨席・視察
9.28	ホテルニューオータニ	臨席	結核予防大会平成16年度胸部検診車「けいりん号」完成伝達式ならびに　同　結核対策推進優良市町村表彰式・午餐会ご臨席
9.28	青山劇場	鑑賞	ブロードウェイミュージカル「ビッグリバー」　ハックルベリー・フィンの冒険
10.14	山脇ギャラリー	臨席	日蘭協会創立50周年記念行事「デ・リーフデ会作品展」開会式・レセプション
12.07	東京駅丸の内北口ホール	臨席	第16回「難民の子どもたちに光を」募金キャンペーン「愛の木」の点灯式
2005年	**（平成17年）**		
1.25	パレスホテル	出席	国際福祉協会恒例昼食会
1.27	東京ドーム	臨席	東京国際キルトフェスティバル～布と針と糸の祭典2005～開会式・内覧会
2.25	都　庁	ご覧	「人道の記録～写真で見る赤十字145年の歴史～」展
3.04	京王百貨店新宿店	ご覧	第38回ちょっとしたアイデアなるほど展
3.13	国立劇場	ご覧	M：第100回民俗芸能公演　新潟県中越地震復興支援「佐渡の芸能—伝統を受け継ぐ子供たち—」
3.14	桃華楽堂	鑑賞	音楽大学卒業生演奏会
4.22	楽　部	鑑賞	雅楽演奏会
4.26～27	千葉県	臨席	第56回結核予防全国大会
5.14	東京国際空港	お迎え	天皇皇后ノルウェー訪問から帰国につきお出迎え
5.20	明治神宮会館	臨席	平成17年全国赤十字大会
5.24	東京国立博物館	ご覧	世界遺産・博物館島「ベルリンの至宝展—よみがえる美の聖域—」
6.1～2	愛知県	臨席	平成17年愛知県赤十字大会ご臨席、2005年日本国際博覧会ご視察（愛知県）

年月日	お出かけ先等	目的	行啓の趣旨・対象など
6.07	ホテルメトロポリタンエドモント	臨席	「第52回産経児童出版文化賞」贈賞式、祝賀会
6.08	桃華楽堂	臨席	絲竹会例会
6.17	東京国立近代美術館	ご覧	近代日本画の名匠「小林古径展」
6.30	リーガロイヤルホテル東京	臨席	結核予防会平成17年度資金寄付者感謝状贈呈式・お茶会
7.08	東京プリンスホテル	臨席	第40回フローレンス・ナイチンゲール記章授与式及び茶話会
8.28	有楽町朝日ホール	臨席	第22回全国高校生の手話によるスピーチコンテスト開会式 　同　スピーチコンテスト、特別プログラムご覧
9.28	ホテルニューオータニ	臨席	結核予防会平成17年度胸部検診車「けいりん号」完成伝達式ご臨席 　同　結核対策推進優良市町村表彰式・午餐会
10.13	東京アメリカンクラブ	ご覧	CWAJ50周年現代版画展「表紙を飾った版画」
10.20	東京アメリカンクラブ	臨席	第50回CWAJ現代版画展オープニングセレモニーご臨席、「50周年記念版画展」「版画賛歌：50周年回顧展」ご覧、関係者とのご懇談
11.05	広尾ホール	聴講	赤十字シンポジウム2005 「つないでいく支援―スマトラ沖地震・インド洋津波被災地の今とこれから」
11.13	国立オリンピック記念青少年総合センター	聴講	M：少年の主張全国大会～わたしの主張2005～ （聴講、懇談）
11.25	国立歴史民俗博物館	ご覧	人間文化研究機構連携展示「うたのちから―和歌の時代史―」
12.07	東京駅丸の内北口	臨席	第17回「難民の子供たちに光を」募金キャンペーン・「愛の木」点灯式
2006年	**（平成18年）**		
1.20	東京ドーム	臨席	「東京国際キルトフェスティバル～布と針と糸の祭典2006～」開会式、内覧会
1.27	東京藝術大学大学美術館	ご覧	写真・映像展「世界遺産からのSOS―アジア危機遺産からのメッセージ―」
▽**2.07**	**宮内庁、秋篠宮妃の懐妊を発表**		
2.08	メルパルク東京	臨席	第10回結核予防婦人団体中央講習会開講式、複十字シール展示等ご覧
＊3.21	秋篠宮夫妻、皇太子メキシコ訪問より		

年月日	お出かけ先等	目的	行啓の趣旨・対象など
	帰国につきお出迎え　（東宮御所）		
5.17	リーガルロイヤルホテル	臨席	結核予防会平成18年度資金寄付者感謝状贈呈式、お茶会
5.21	ホテル JAL シティ田町	臨席	国際ろうスポーツ委員会アモンズ委員長講演会〜第16回デフリンピック冬季大会に向けて〜
5.25	明治神宮会館	臨席	平成18年全国赤十字大会
6.06	ホテルメトロポリタンエドモント	臨席	「第53回産経児童出版文化賞」贈賞式、受賞者とのご懇談
6.08	御　所	見送り	天皇皇后シンガポール、タイご訪問につき
6.15	御　所	出迎え	天皇皇后シンガポール、タイ訪問から帰国につき
7.27	宮内庁病院	検診	
＊8.01	**御着帯**		
▽9.06	**悠仁親王を出産（男子皇族の誕生は41年ぶり）（愛育病院）**		
11.12	オリンピック記念青少年総合センター	聴講	M：第28回少年の主張全国大会〜わたしの主張2006〜（聴講、懇談）
＊11.14	秋篠宮夫妻、悠仁親王　賢所皇霊殿神殿に謁するの儀（賢所仮殿）、両陛下に挨拶		
12.04	丸の内 OAZO ビル	臨席	第18回「難民の子どもたちに光を」募金キャンペーン・「愛の木」の点灯式
12.08	第一生命ホール	鑑賞	「韓国国立国楽管弦楽団来日公演」
2007年	**（平成19年）**		
1.19	東京ドーム	臨席	「東京国際キルトフェスティバル〜布と針と糸の祭典2007〜」開会式、内覧会
2.14	メルパルク東京	臨席	第11回結核予防関係婦人団体中央講習会開講式
2.15	桃華楽堂	鑑賞	楽部洋楽演奏会
2.23	東宮御所	祝賀	皇太子誕生日につき祝賀
3.18	学習院初等科	臨席	佳子内親王　学習院初等科卒業式
	御　所	挨拶	K：同卒業につき天皇皇后に挨拶
3.20	桃華楽堂	鑑賞	音楽大学卒業生演奏会
3.21	賢所仮殿	祭祀	春季皇霊祭・春季神殿祭の儀
3.22	学習院女子中等科	臨席	眞子内親王　学習院女子中等科卒業式 ＊眞子内親王、同卒業につき両陛下に挨拶（御所）
3.28	岡山県	臨席	第58回結核予防全国大会
4.06	学習院女子高等科・中等科	臨席	眞子内親王　学習院女子高等科入学式／

年月日	お出かけ先等	目的	行啓の趣旨・対象など
			佳子内親王　同中等科入学式
			＊両内親王、入学につき両陛下に挨拶
			（御所）
5.08	明治神宮会館	臨席	平成19年全国赤十字大会
5.15	九段会館	臨席	日本助産師会創立80周年記念式典
5.16	リーガロイヤルホテル東京	臨席	結核予防会平成19年度資金寄付者感謝状
			贈呈式、お茶会
5.31	ホテルメトロポリタンエドモント	臨席	「第54回産経児童出版文化賞」贈賞式、
			祝賀会
6.16	沖縄コンベンションセンター	＊臨席	秋篠宮と合流・夫妻で「アジア学術会
			議・太平洋学術協会合同シンポジウム」
6.18	帝国ホテル	臨席	第20回ドンペリニヨン　セーブ・ザ・チ
			ルドレン・チャリティ・ガラ
7.09	東京プリンスホテル	臨席	第41回フローレンス・ナイチンゲール
			記章授与式、茶話会
7.15	スペース FS 汐留	鑑賞	M：映画「ブラインドサイト～小さな登
			山者たち～」試写会
8.06	明治記念館	臨席	日本学術振興会　特別研究員―RPD研究
			発表会、懇談会
8.16	賢所仮殿	式年祭	堀河天皇九百年式年祭の儀
8.25	有楽町朝日ホール	臨席	第24回全国高校生の手話によるスピーチ
			コンテスト開会式
9.06	御　　所	挨拶	H：悠仁親王お誕生日につき両陛下へ
			挨拶
9.14	ホテルニューオータニ	臨席	全国結核予防婦人団体連絡協議会創立30
			周年記念大会
9.23	時事通信ホール	ご覧	喜如嘉の芭蕉布　平良敏子展　―喜如嘉
			に生かされ芭蕉布に生きる―
10.02	品川区立総合区民会館	臨席	日タイ修好120周年記念行事「タイ・シ
			ルク・ファッションショー〝魅惑的な
			タイ・シルク〟」
10.12	愛知県	臨席	日本赤十字社愛知県支部創立120周年
			記念大会（愛知県）
10.21	松坂屋上野店	ご覧	M：東京芸術大学創立120周年記念「日本
			絵画の謎を解く」展
10.29	オリンピック記念青少年総合センター	臨席	日本・ASEANユースリーダーズサミッ
			トオープニング
			文化交流プログラム、活動紹介パネル展
			示ご覧、参加青年と懇談
11.11	オリンピック記念青少年総合センター	聴講	K：第29回少年の主張全国大会～わたし

年月日	お出かけ先等	目的	行啓の趣旨・対象など
			の主張2007〜（聴講、懇談）
12.03	憲政記念館	臨席	「第30回聴覚障害児を育てたお母さんをたたえる会」開会式、児童生徒等の発表ご聴講
12.04	丸の内 OAZO ビル	臨席	第19回「難民の子どもたちに光を」募金キャンペーン 「愛の木」の点灯式、活動パネル展示ご覧
2008年	**（平成20年）**		
2.06	メルパルク東京	臨席	第12回結核予防関係婦人団体中央講習会開講式
2.13	お茶の水女子大学	臨席	「女性研究者支援モデル育成事業等合同シンポジウム〜女性研究者等の活躍促進のために〜」
3.04	京王百貨店新宿店	ご覧	第41回ちょっとしたアイデアなるほど展
3.25〜26	新潟県	臨席	第59回結核予防全国大会
3.27	桃華楽堂	鑑賞	音楽大学卒業生演奏会
5.08	明治記念会館	臨席	平成20年全国赤十字大会
5.14	リーガロイヤルホテル東京	臨席	結核予防会資金寄付者感謝状贈呈式、お茶会
5.17	帝国ホテル	臨席	第21回ドンペリニョン　セーブ・ザ・チルドレン・チャリティ・ガラ
5.27	梅若能楽院会館	臨席	日蘭協会デ・リーフデ会10周年記念式典
6.02	ホテルメトロポリタンエドモント	臨席	「第55回産経児童出版文化賞」贈賞式、祝賀会
6.27	東宮御所	出迎え	皇太子ブラジルより帰国につきお出迎え
7.14	明治記念館	臨席	日本学術振興会「平成20年度特別研究員—RPD 懇談会〜出産・育児による　研究中断から復帰する研究者の集い〜」
7.16	東宮御所	見送り	皇太子スペイン訪問につきお見送り
7.17	栃木県昭和館	臨席	第44回献血運動推進全国大会
7.24	国際連合大学	臨席	「国際結核シンポジウム（世界における結核の征圧に向けて：アジアからアフリカまで」開会式ご臨席、基調講演などを聴取、レセプションご臨席
7.25	国際連合大学	臨席	同　パネルディスカッション、総括セッション
7.25	国際連合大学	臨席	結核国際研修45周年記念祝賀会
8.19	丸の内 TOEI	臨席	M：映画「三本木農業高校馬術部〜盲目の馬と少女の実話〜」試写会
8.26	セルリアンタワー能楽堂	鑑賞	日本・チェコ2ヵ国語による「なごみ狂

年月日	お出かけ先等	目的	行啓の趣旨・対象など
			言会チェコ」東京公演
8.30	有楽町朝日ホール	臨席	M：第25回全国高校生の手話によるスピーチコンテスト開会式ご臨席、ご覧
9.09	御　所	挨拶	H：悠仁親王誕生日（9.6）につき両陛下に挨拶
9.11	御　所	挨拶	紀子妃、誕生日につき両陛下に挨拶
10.10	明治記念館	出席	平成20年度東京都赤十字大会　東京都日赤紺綬有功会午餐会に出席
		臨席	同　大会式典に臨席
10.14	在京アメリカ大使公邸	臨席	日米婦人クラブ2008秋季例会
10.15	自由学園明日館・豊島区	ご覧	アイスランド児童作家ノンニ・スウェンソン訪日70周年記念「ノンニの70年後の再訪日」展示会
10.20	御　所	祝賀	MKH：皇后誕生日につき祝賀（3人のこどもを同伴）
10.25	オリンピック記念青少年総合センター	臨席	第38回全国ろうあ婦人集会開会式
10.26	高島屋東京店	ご覧	MKH：「皇后さまと子どもたち」写真展
10.27	オリンピック記念青少年総合センター	臨席	展示視察（「東南アジア青年の船」事業参加国ブース）／臨席（日本・ASEANユースリーダーズサミット　オープニング）、ご覧（文化交流プログラム）、参加、青年との懇談
11.06	シェラトン・グランデ・トーキョーベイ・ホテル	臨席	「第49回日本母性衛生学会学術集会」メインシンポジウムに臨席、懇談
11.08	国連大学ウ・タント国際会議場	臨席	「第6回母子手帳国際会議〜世界に届く、いのちのメッセージ〜」特別講演・招請講演およびパネルディスカッションに臨席、懇談
11.09	オリンピック記念青少年総合センター	聴講	K：平成20年度少年の主張全国大会〜わたしの主張2008〜、歓談
11.22	自由学園・東久留米市	鑑賞	第29回自由学園美術工芸展
11.27	静岡市	臨席	日本赤十字社静岡県支部創立120周年記念赤十字大会
12.02	丸の内OAZOビル	臨席	第20回「難民の子供たちに光を」募金キャンペーン「愛の木」の点灯式
12.08	憲政記念館	臨席	第31回「聴覚障害児を育てたお母さんをたたえる会」開会式、児童生徒の発表ご聴講、受賞者との懇談

（出典）秋篠宮妃の動静（2004.7〜）は宮内庁ホームページを参照、それ以前は『皇室』（季刊、扶桑社）を参照して編集した。

あとがき

　思い起こすほどの時間がたっているわけではないが、憲法に依拠した正当な臨時国会召集（野党要求）を幾重にも忌避し、諸般の理由から形勢不利とまっとうな議会論戦を巧みに（あるいは狡猾に）回避してきた安倍晋三首相は、2017年秋の臨時国会召集・冒頭解散（"ぼくちゃん・わがまま解散"）——"みなさ〜ん（お兄さん方）寄ってらっしゃい"に籠絡・分断された衆院民進党の滑稽な姿態——総選挙でのみたび自民大勝を権力資源にして2018年秋には自民党総裁三選を果たし、首相在任期間の新記録樹立に邁進（慢心）しているかに見えるこのごろである。平成30（2018）年は「明治（維新）150年」を記念する催しが西日本有意で林立していたが、その50年（桂太郎）・100年（佐藤栄作）の節目も"長州政権"という巡り合わせ（偶然）で推移していた。

　2019（平成31）年を迎えると、1月2日には恒例の新年一般参賀（快晴に恵まれ平成最多の15.5万人／宮殿のベランダへのお出ましは2回増の7回）、1月7日に昭和天皇・30年式年祭、2月23日に平成最後の皇太子誕生日、その翌24日には在位30年記念式典（政府主催）が国立劇場で催される。そして、両陛下は退位報告のため、3月下旬の春季皇霊祭のあと26日に神武天皇山陵、4月18日に伊勢神宮、下旬に昭和天皇山陵などを参拝する。政府は「新元号」を4月1日に公表、4月10日（ご成婚60周年）には保守系議員等が中心となって即位30年奉祝感謝の集いが予定されている。かくして、4月第1・第3日曜（4.21）の統一地方選挙を介して、10連休入りのなか平成最終日（4.30）の「退位礼正殿の儀」を経て「上皇（上皇后）」となりすべての公務から引退し、しばし高輪皇族邸で仮住まいのあと元赤坂の仙洞御所で過ごされることとなる。

　翻ってみるに、1952（昭和27）年11月の立太子礼から66.5年、1959（昭和34）年4月の皇太子妃おなり（ご結婚）以降まさしく60年が経過、昭和・平成と「2世代」がめぐることになる。ここでは、「象徴としてのお務めについての天皇

陛下のおことば（2016.8.8）」と「84歳の誕生日に際する皇后さまの回答
（2018.10.20）」とにこだま（共鳴）している"エピローグ：平成の終楽章（閉幕
の辞）"に、しばし耳を澄ましてみよう。"初代象徴天皇"として「全身」・「全
霊」をもって務めを果してきた——すなわち「日本の皇室が、いかに伝統を現
代に生かし、生き生きとして社会に内在し、人々の期待に応えていくか」を考
えつつ、「天皇として大切な国民を思い、国民のために祈るという務めを、人々
への深い信頼と敬愛をもってなし得たことは、幸せなことでした」——ご譲位
後は「私も陛下のおそばで、これまで通り国と人々の上によき事を祈りつつ、
これから皇太子と皇太子妃が築いてゆく新しい御代の安泰を祈り続けていきた
いと思います。」——平成の余韻やいかに。

　ちなみに、政権交代に際しては、「ハネムーン期間」という試運転歓迎（批
判猶予）の期間が、マスメディア等によって保障される慣例がある。同時に好
意的雰囲気が期待できる最初の100日間は、もとより新政権にとって極めて重
要な実質的３カ月であり、選挙等で訴え・公約した政策を具体的に披露し新し
い政権のスタイルを国民に印象づけることで、政権がモメンタムを確保するダ
ッシュ期間である。こうした"時間比喩"を代替わりする象徴天皇の始動に試
みに応用してみよう。
　2019年５月１日の即位儀礼にちなむ諸行事を終えるとそのモメンタムとして
待ち構えているのは、新象徴天皇ご夫妻による初の地方視察、国民との交流機
会（すなわちイニシエーションとしての行幸啓）たる全国植樹祭（６月、愛知県）
である。次に「予定」として、改元後最初の国賓たるトランプ米大統領との会
見・晩餐会、大阪でのG20首脳会議（6.28〜29）が介在し、７月には参議院選
挙（政治的季節）が到来する。そして８月・ハネムーン期間の終了前後には、
広島・長崎での平和儀礼と8.15終戦儀礼の季節が巡ってくる。すでに「戦後」
が70年超を経過しその象徴力の逓減しているなか、代替わりの清新なあるいは
国民を魅了したドラマの序幕終了を、はたしてどのような政治経済・社会文化
的な環境状況で迎えることになるのだろうか。

あとがき

新しい天皇陛下の時代が始まると、平成期に皇太子徳仁親王殿下と秋篠宮文仁親王殿下が担っていた行啓儀礼の多くは新設の皇嗣（秋篠宮）が担うことになろうが、もとより一人で抱え込むわけにはいかない。悠仁親王が成年皇族に達するまでは、成年女性皇族が一部を分担して引き継ぐか、あるいは「国民統合のリゾーム」として機能している一部の催し、それへの行啓から撤退することもやむを得ないだろう。

　閑話休題。私は長期にわたる大学院生・研究修行を経て幸いにも大学での教職を40年間つとめ遂せて、2019年3月末に文字通り定年退職を迎える。なんと退職年度に入って急遽、研究業績をまとめて出版しようと思い立った。その可能性を追求していた矢先、夏休みに数名で久しぶりに会食した折に、研究指導にちなみ縁深いMさんに話したところ、運よく北樹出版の椎名寛子さんを紹介してもらった。かくして、とんとん拍子で出版準備が進展し、めでたく退職前に刊行できることになった。まずは、ご両名に感謝申し上げたい。

　本書の第1章3節「「政治と時間」研究」でも示唆したように、「待つこと…」をめぐっては誰しもがエッセイを綴れる経験をおもちと思われる。なるほど、「待てば海路の日和あり」とはリスク回避当然の待機論であろうが、退職到来の身にとっては「待てば悔恨の日和見あり」となるのは無様である。ゆえに「乾坤一擲」を賭し、ともあれほっとしている。纏めて4年半分もらっていた老齢基礎年金を"タイミングよく"投資でき、ここでは「待った甲斐があった」ということになろう。さぞや出版を期待してくれていたであろう、2010年代に次々に見送った小生の両親と女房の父親とに、"一世代の時間幅"をもつ拙文で構成された本書を遅ればせながら捧げ献じることにしたい。

　翻ってみるに、第3章に掲載した首相の就任儀礼研究は《「政治と儀礼」研究ノート》シリーズの魁をなしていて、「次回の研究ノート」では、「外国訪問や祝賀（お見舞い）にちなむ首相の記帳儀礼、首相の年末・年始儀礼、そのほか天皇（皇室）に対する首相儀礼に詳細に言及する予定である（2009.12.6擱筆）」と"日本シリーズ研究"を予告していた。しかし、パソコンを介して英国紙の

オンライン記事をフォローできる状況到来によって、いつしか多大な時間を費やし英国王室や議会政治の動静記事・コメント等を熱心に追跡しストックするようになって、「政治と儀礼」研究は"英国シリーズ"に傾斜していくことになった。もっとも、日本研究予告の大半は、本書の第5章論文に結実していると言えなくもないので"約束は果した"と容赦していただこう。

かくして、2012年・エリザベス女王の在位60年祝賀（ロンドン・オリンピックと同期）、2013年・11月の戦没者追悼儀礼（第一次世界大戦100周年キャンペーンとシンクロ）、2015年・総選挙後の英国議会儀礼、王室の関与するイベントと儀礼（総論）、といったテーマの論稿が《研究ノート》のⅡ～Ⅴを構成することになった。爾来、講義・日本政治過程論でも日英比較情報をしばしば提供し、ときに英文記事の配布を心がけてきた。

さて、退職後は「英国王室・議会儀礼の研究」の刊行を課題とし、料理の好きな母親似の女房の尽力も懇請して"浮かばず沈まず"延命に心することにしよう。いましばらくは、大学史料館長の任を果しつつ、"WWⅠ百周年キャンペーン"のフィナーレ、"Brexit問題"の最終調整の渦中にあえぐ英国における"Remembrance Sunday（11 Nov.）"の状況観察に、しばし揺蕩う贅沢を享受できる研究環境に感謝しよう。（2018年11月8日・擱筆）

一旦は筆を擱いてみたものの、その後の有意な追加情報をもとに加筆修正を施した。明仁天皇は、最後の天皇誕生日に際する記者会見（12.20）において、象徴としての立場を受け入れ支え続けてくれた多くの国民に衷心より感謝するとともに、美智子皇后の献身を心からねぎらうメッセージを述べ、23日の一般参賀（平成最多の8.3万人が訪れる）に臨んだ次第である。

2019年1月7日

坂本　孝治郎

索　引

Adam, B.　25
Gurvitch, G.　25
Hassard, J.　24
Levine, R.　26
Linz, Juan J.　19
Pierson, P.　22
Rutz, H. J.　23
V-E Day　56

あ 行

アイゼンハワー大統領　95
秋の国連総会　57
握手する天皇・皇后　134
安倍晋三　15
維新後時間体制　44
維新後体制　46
維新後プレート　46
伊勢湾台風　111
1月召集　41
イデオロギー的な綱引き　17
伊藤幹治　2
意味空間　52
ウェイティング・ゲーム　26
歌会始　133
内田健三　41
「英霊」神話　148
A級戦犯　42
会釈儀礼　160
エリザベス女王戴冠式　128
遠近法　20
エンペラー上位　107-108
小川有美　20
お妃カリスマ性　166
沖縄海洋博覧会　144
沖縄サミット　60

か 行

韓国訪問　67, 137
議会開設120年記念式典　212
帰国の記帳　79
紀子さんブーム　120
キコシメス　9
国見　162
警備のソフト化　116
経路依存性　22
ケガレの記号（有標）化　6
ケの枯渇　3
ケの政治過程　7
権威主義体制　18
顕教的地位　109
元帥カリスマ　162
原爆慰霊碑　47
権力と時間　24
皇居清掃奉仕者　190
皇后批判　142
皇嗣　11
公式参拝　53
皇室バッシング　142
皇太子妃決定　131
皇太子訪米　95
講和条約　53
五箇条の誓文　12
国事行為臨時代行　61, 115
国民体育大会　47
国民統合の儀礼　54
国会開会式　205
国会日程　17
国交回復20年　129
「言葉」への嗅覚　16
コミュニオン　190

さ 行

固有天皇制　14
御料牧場　188

歳時記　33
在職儀礼　89
先の大戦　127
桜井徳太郎　3
佐藤卓己　55
3月7日　41
三権の長　52
三項関係　6
自衛隊高級幹部会合同　195
時間条件　28
「時間」センス　16
時間の無償贈与　27
時間の歴史政治学　21
時間予算　20
時限的統治　19
資源としての時間　19
自社連立政権　139
自然成立　40
自然的時間　1
失語　214
衆参同日選挙　66
巡回型イヴェント　119
小選挙区制導入　58
象徴カリスマ　162
象徴皇太子　109, 127
象徴大統領　147
「象徴天皇」カリスマ　214
常民の日常性　3
女性宮家　216
初代象徴天皇　121, 239
シロシメス　9

242

真珠湾訪問　140
新象徴天皇制　123
神聖天皇観　12
死んだふり解散　66
信任状捧呈式　157
新年儀礼化　104
親王の稀少化　219
政教分離　118
『聖書』事件　113
生存者叙勲　54
生命の危機状況　5
世襲の象徴天皇制　120
世代交代周期　135
1955年体制　117
1947年体制　11
選挙制度改革　34
全国護国神社宮司　195
全国植樹祭　47
戦後政治の総決算　138
戦後体制　46
戦後地方巡幸　13
戦後プレート　46
戦後レジーム　22
1889年体制　11
戦没者叙勲　54
葬儀参列　155
即位儀礼　9
即位後初　123

た　行

代替わり　107
待機戦略　27
大嘗祭　10
大日本帝国憲法　11
谷川健一　4
男系世襲天皇制　120
男系天皇制　214
単独訪問　126
地域イヴェント　169
血のメーデー　109
朝儀再興　10
朝見の儀　117

通過儀礼　2, 82
出来事時間　26
デュルケーム, É　24
テロ対策特別措置法　15
天安門事件　141
天皇の御名代　127
東京オリンピック　102
東京サミット　67
東京大空襲　145
堂上会　200
統治の時間的階層性　21
答礼訪問　126
時計時間　26
都市民俗学　5
トラウマ　44

な　行

永井陽之助　18
中沢新一　6
波平恵美子　3
日程構成　34
日本国憲法　13
認証官任命　198
年頭記者会見　93
農耕モデル　4

は　行

ハト派　49
ハネムーン期間　239
ハレとケの混交　2
ハレの政治過程　7
万歳三唱　118
比較政治学　33
非自民・連立政権　59-60
ひめゆりの塔　114
表現舞台　170
平石直昭　8
ファミリー天皇制　111
福島第一原発・放射能事故　183
プリンセス上位　14
プレート　70

米国訪問　86
平成のスタイル　134
平成のプリンセス　133
平成流皇室　214
平和儀礼　49
平和国家建設　110
報告儀礼　77
奉仕としての政事　8

ま　行

真木悠介　25
丸山眞男　9
ミコトモチ　8
美智子妃いじめ　116
ミッチーブーム　110
宮田登　4
魅力的なプリンセス　130-131
民主主義体制　18
向井英明　5
無責任体制　9
武藤祥　21
村山首相談話　172
明治維新後体制　113
名誉総裁　113
メディア・イヴェント　120-121

や・ら・わ　行

靖国神社の春季例大祭　42
ライブリー・ポリティックス
　（lively politics）　7
陸軍記念日　42
両ひざをつく　123
歴史的記念日　71
湾岸戦争　136

著者略歴

坂本孝治郎（さかもと・こうじろう）

学習院大学法学部教授

1948年・鹿児島県生まれ。ラ・サール中学校・高等学校、東京大学文化Ⅰ類（法学部）、同大学院法学政治学研究科博士課程を単位取得退学。立教大学法学部助手（79年度）を経て1980年・学習院大学法学部助教授に着任。2019年3月末で定年退職。法学博士。著書に『象徴天皇がやって来る―戦後巡幸・国民体育大会・護国神社』（平凡社）、『象徴天皇制へのパフォーマンス―昭和期の天皇行幸の変遷』（山川出版社）。近年の論文として、「「政治と儀礼」研究ノート（Ⅲ）―2013年・戦没者追悼儀礼を中心として」、「同（Ⅳ）―2015年・総選挙後の英国議会儀礼を中心として―」。

「マツリゴト」の儀礼学
象徴天皇制と首相儀礼をめぐって

2019年3月22日　初版第一刷発行

著　者　坂本孝治郎

発行者　木村　慎也

定価はカバーに表示　　印刷　新灯印刷／製本　新里製本所

発行所　株式会社　北樹出版

〒153-0061　東京都目黒区中目黒1-2-6
URL : http://www.hokuju.jp
電話(03)3715-1525(代表)　FAX(03)5720-1488

© Kojiro SAKAMOTO 2019, Printed in Japan
ISBN 978-4-7793-0593-1　（落丁・乱丁の場合はお取り替えします）